JN084303

ビジネスヒストリーと市場戦略

澤田貴之［著］

創 成 社

資料：海外と国内に向けた各社の広報・宣伝活動

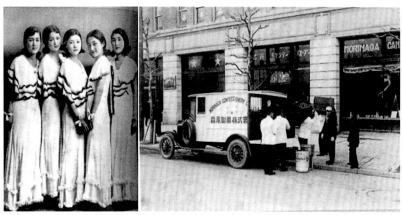

上左から戦後のサントリーウィスキーの海外向け広告，鐘紡の商標（戦前），下左から
森永のスイートガールと丸ビルの森永キャンデーストア（戦前）『サントリーの70年
Ⅱ』『鐘紡百年史』『森永55年史』『森永製菓100年史』（参考文献参照）より

はじめに

　経営学や経済学など多くの学問には，周知のごとく細かく分業化された専門領域がある。

　経営史を例にとれば，特定産業や時代区分による専門分化まで含まれることになる。こうした非常に細かく細分化された専門領域とこれに対応した研究者がいることで，各々の研究は，顕微鏡を用いたように細かく観察されるようになった。

　こうした点は，類似の経済史などの歴史研究にもあてはまることである。時代を現代に至るまで広角的に捉えることは，専門細分化が時代とともにあまりにも進んだために，もはや個々の研究者にとって困難となっている。そうした学問的な動向と並行して経営史の存在意義も議論の的になってきた。

　経営史は「何の役に立つのか」という疑問に対して，おそらく歴史家らしく経営史研究者は「再現性」の有益性を主張するであろう。むろん「再現性」は歴史関係の学問だけでなく，特に理系の学問全体で重視されてきたことである。理系であれば実験によって「再現性」が確認されれば済むことでも，社会科学系では必ずしもそうはいかないのである。

　こと経営史についての「再現性」とは，1つの産業や事業であれば，それを運営するのは中核的な企業や経営者である。リーディングカンパニーが交代する場合，後発のフォロワーは，初期の参入段階では模倣によるキャッチアップを達成することができるかもしれない。しかし，覇権の交代自体は，単なる模倣だけで成功の「再現性」が実現されるものではない。

　クリステンセンが唱えた既存企業による「持続的イノベーション」ではなく，「破壊的イノベーション」，すなわち劇的に低価格を実現するか，もしくは従来の製品価値を破壊して新しい価値を創る企業こそが，新しいリーディングカンパニーになりえる資格があることは，ビジネスヒストリーが示す通りである。

　他方で「持続的イノベーション」を通じて，長期にわたってリーディングカンパニーの地位を維持している企業が存在していることも歴史は示している。企業の持つ蓄積された経営資源が戦略的に用いられるならば，組織も進化し経営の持続性は保たれる。むろん戦略的な失敗もつきもので，これも覇権の交代を生む元となろう。

　経営史の泰斗であるチャンドラーは，初期のビッグビジネスにおける戦略の重要性を早くから見抜いていた。「組織は戦略に従う」という言葉はあまりにも有名である。他方で経営史研究はアメリカの例に見られるように，国内市場における事業展開を中心に描かれており，対外市場に関わる市場戦略分析については疎遠な関係を保ち続けた。細分化された経営学や経済学の世界では，対外市場の総合的分析は多国籍企業論に委ねられてきたのである。

　戦略論自体もチャンドラーが提示したビッグビジネスによる多角化戦略に伴う事業部制型組織（multidivisional type of organization）の形成以降，むしろ経営史に取り入れられることなく，マイケル・ポーターらによって現代的な研究として浸透してきたという経緯がある。隣接する研究領域の蓄積だけでなく，国内外における実際の企業間競争の事例も蓄積が進んでおり，長い時間軸に沿って，国内市場だけでなく，対外市場も含めた市場戦略論（マーケティングなども含む）とビジネスヒストリーの結合が改めて必要になっていると思われる。

　広い意味での市場戦略という視点を取り入れるにあたって，これまでのビジネスヒストリー研究では，対外市場におよぶ現状分析は別の領域であったことを強調しておきたい。これらの研究成果も踏まえれば，産業別・業種別の違いに加えて，国内市場と対外市場でも様々な要因や障壁によって，市場戦略は異なってくることがわかっている。

　様々な産業と業種がある以上，製品そのものの「商品特性」も市場戦略を決める大きな要素となっている。素材・中間財なのか，耐久消費財なのか一般消費財なのか，あるいは嗜好品なのか，さらに同じ耐久消費財でも，生活必需品的要素が強いのか，弱いのか，「商品特性」によって，市場規模が決まってくるのである。その「商品特性」から市場規模に限界がある場合，企業は多角化戦略を進めなければならないが，この多角化自体も産業・業種ごとに有利・不

利がある。

　以上の点について留意しつつ，本書では現代に至るまでの長期的な産業と企業間競争の流れの中で，日本企業を中心にしてどのような市場戦略が採られ，なぜ有効だったのか（あるいは失敗だったのか）という視点から，ビジネスヒストリーと戦略論のクロスオーバー（融合）を試み描き出していくことに努めた。ここでは広く知られた特定産業，とりわけ FMCG（Fast Moving Consumer Goods）と呼ばれる一般消費財と企業のビジネスヒストリーを中心に取り上げたが，考察範囲の限界については著者に責任があることは言うまでもない。

　2022 年秋

著　者

目　次

第 *1* 章

ビジネスヒストリーから
読み解く市場戦略論

1 —— リーディングカンパニーの盛衰と経営史

　経営史は過去の企業経営や戦略，組織を取り扱うものと一般的に理解されて
いる。と同時にそれが一定の過去を取り扱っているために，現代的な企業経営
の参考にはなりにくい，要するに「役に立たない」という声も少なくない。こ
うした声は経営史研究者たちにとって耳が痛いのではなかろうか。そうした声
に，現代においても他の諸科学と同じように「再現性」を持ち出し，歴史は繰
り返されるからという，よく聞かれる反論も可能である。

　このような反論は経営史だけでなく，歴史学全般にも言えることであるが，
技術の発達に伴う外部環境の変化に加えて，世界も一国の経済構造も 50 年前
と比較しただけで大きく変わっており，企業はまったく異なった市場構造，法
制度，金融構造の中に置かれている。1929 年恐慌の「再現性」はよく現代へ
の警鐘として頻繁に語られてきたが，1987 年のブラックマンデーでの株価暴
落も，2008 - 09 年のリーマンショックも，周知のごとく別の原因によって生
じている。似た事象は繰り返されるが，同一のものではない。過去に存在して
いたリスクを制度的に排除できたとしても，また新たなリスクが台頭するから
である。

　19世紀後半からアメリカでは製造業を中心として，規模の巨大化がはじまり，20世紀の第1四半期頃までにはシンガー，GE，GM，フォード，ウェスチングハウスなど数多くのビッグビジネスが形成されていた。消費財では大衆消費社会の到来の象徴として，P&G，ケロッグ，コカ・コーラ，キャンベルなどが続き，これら巨大企業はビッグビジネスであるとともに，多国籍企業化していったことで共通していた。モノ・カネ・ヒト・技術などの巨大企業への集積が強まり，不確実な外部取引を内部化し買収による製品レンジの広域化や多角化も進展していった。

　経営史研究の泰斗として知られるチャンドラー（Chandler [1962][1977]）は，巨大企業による内部化の進展を通じて，それまでの個人企業中心のアダム・スミス的な「神の見えざる手」の下に置かれていた市場経済が，ビッグビジネスの形成によって「見える手」（Visible Hand）になったと主張した。そして巨大企業の産業史における存在意義を提起するとともに，デュポン，GM，スタンダードオイル，シアーズ・ローバックの4社のビッグビジネスを研究対象として，規模の拡大，垂直統合，多角化，市場の地理的拡大というような戦略に対応して企業組織も進化するとした。すなわち19世紀後半の垂直的な統合の進展に対しては集権的職能別組織が，1920年代の多角化の進展に対しては事業部制が形成されたとし，有名な「組織は戦略に従う」という言葉を定着させた[1]。

　チャンドラーが示した戦略の重要性は，マイケル・ポーター（Porter [1990]）に代表されるように，アメリカだけでなくヨーロッパや日本企業も含めた国ごとの国際的な競争戦略に対する研究にもつながっていくことになる。また多角化は競争優位の構築と維持に必要な戦略として，バーニー（Barney [2002]）のMBA（経営学修士）テキストの中で取り上げられ，国境を越えた事業機会の創出も多角化戦略の1つであり，その延長にあるものとして捉えられていった[2]。

　このようにポーターやバーニーなどの競争戦略論が脚光を浴びるようになったのは，一国のビッグビジネスが直面してきた産業構造の転換（製造業中心から情報・サービス経済へ），情報革新とデジタル化の進展，さらなる市場の地理的拡大（グローバリゼーション）に伴って，ますます多角化や対外市場に対する戦略性が重要性を増しているからである。そうした中で長期の時間単位では，

リーディングカンパニー（以下 LC と略す）も交代するか，それ自身も戦略によって大きく変貌を遂げてきた。

　LC に該当する多くの企業が 100 年単位で見て，交代と衰退，破たんを繰り返してきた。例えば，現在のアメリカのダウ・ジョーンズ工業株 30 種として知られるダウ平均銘柄は，1896 年に鉱工業などそれぞれの産業を代表する 12 銘柄から始まり，1928 年に現在の 30 銘柄となった。驚くべきことに 2020 年 8 月の銘柄の入れ替えまで，一貫してダウ構成銘柄にとどまった LC は 1 社もないのである。GE が最も長い期間構成銘柄にとどまったが，2020 年以降ははずれている。

　ダウ・ジョーンズ社（現在は S&P ダウ・ジョーンズ・インデックス社が公表）が公表してきた当初の 12 銘柄で今日も社名が残っているのは GE だけである。また世界恐慌前，第 2 次大戦前の上場企業の多くもその社名を消滅させている。ほとんどは M&A（Mergers and Acquisitions）などによるものだが，経営不振で吸収されるか，破たんした LC のケースも少なくない。逆に M&A を通じて，世界の LC になっていったケースも多い。アメリカの場合，LC は伝統的に M&A を通じて製品品目を増やし，関連多角化を進め，規模の拡大とともに世界市場シェアも拡大させるというのが常だからである。

　ダウ銘柄の 30 社はアメリカと世界を代表する選りすぐりの 30 社であると同時に，時代を反映した象徴的な企業でもある。広く投資家の関心を集め，安定的な成長を遂げている上場企業の中から選ばれる代表的な優良企業である。第 2 次大戦前から 1950 年代にかけて石油や鉄鋼会社，製造業が構成銘柄の中心だったが，次第に消費財産業から銘柄入りする企業も現れるようになった。以後時代を経て，2000 年代に入る頃に情報セクターを含め第 3 次産業の比率が高まり，不定期に入れ替えられるダウ構成銘柄の変遷は，同時にこうした産業全体の変遷を表してきた。

　ちなみに 1959 年にダウ構成銘柄に入っていた各産業の LC では，図表 1 - 1 に示したように，老舗百貨店のウールワース，ウェスチングハウス・エレクトリック（電機），シアーズ・ローバック（小売り），コダック，ジョンズ・マンヴィル，ナショナルスチール，ベッレヘム・スチールがその後破たんしている。

図表 1 − 1	ダウ構成銘柄 30 社の変遷（1939 年〜 2022 年）

1939 年	1959 年	2022 年 （2020 年 8 月の銘柄入れ替え）
アライド・ケミカル（化学）	アライド・ケミカル	アップル（コンピュータ）
アメリカン・キャン（製缶）	アメリカン・キャン	アムジェン（医薬品）
アメリカン・スメルティング（Asarco，鉱山・銅精錬）	アメリカン・スメルティング	アメリカン・エキスプレス（金融）
デュポン（化学）	デュポン	ボーイング（航空機）
イーストマン・コダック（フィルム製造）	イーストマン・コダック	キャタピラー（重機）
グッドイヤー（タイヤ製造）	グッドイヤー	セールスフォース・ドットコム（ソフトウェア）
ベツレヘム・スチール（鉄鋼）	ベツレヘム・スチール	シスコシステムズ（情報通信）
クライスラー（自動車）	クライスラー	シェブロン（石油）
GE（製造業）	GE	ウォルト・ディズニー（娯楽・メディア）
GM（自動車）	GM	ダウ（化学）
アメリカンタバコ（煙草製造）	アメリカンタバコ	ゴールドマン・サックス（金融）
スタンダードオイル・オブ・カリフォルニア（現シェブロン）（石油）	スタンダードオイル・オブ・カリフォルニア（現シェブロン）	ホームデポ（小売り）
インターナショナル・ハーベスター（農機）	インターナショナル・ハーベスター	ハネウェル・インターナショナル（機械・精密機器）
インターナショナル・ニッケル（非鉄金属）	インターナショナル・ニッケル	IBM
コーン・プロダクツ・リファイニング（食品）	コーン・プロダクツ・リファイニング	インテル（半導体）
P&G（日用品）	P&G	ジョンソン・エンド・ジョンソン（医薬品）
ジョンズ・マンヴィル（アスベスト製造）	ジョンズ・マンヴィル	JP モルガン・チェース（金融）
ロウズ（住宅，小売り）	インターナショナル・ペーパー（製紙）	ザコカ・コーラカンパニー（飲料）
ゼネラル・フーズ	ゼネラル・フーズ（食品）	マクドナルド（外食）
ナッシュ・ケルビネータ（自動車，電気製品）	ユナイテッド・エアクラフト（現ユナイテッド・テクノロジーズ）	スリーエム（化学）
シアーズ・ローバック（小売り）	シアーズ・ローバック	メルク（医薬品）
スタンダードオイル・オブ・ニッケルージャージー（現エクソン・モービル）（石油）	スタンダードオイル・オブ・ニッケルージャージー	マイクロソフト（ソフトウェア）
テキサスコーポレーション（テキサコ）（石油，現シェブロン）	テキサスコーポレーション	ナイキ（スポーツ用品，衣料）

図表1－1 つづき

1939年	1959年	2022年 （2020年8月の銘柄入れ替え）
ナショナル・ディステイラー （アルコール製造）	ナショナル・ディステイラー	P&G
ユニオン・カーバイド（化学）	ユニオン・カーバイド	トラベラーズ（金融・保険）
USスチール（鉄鋼）	USスチール	ユナイテッド・ヘルス（保険）
IBM（情報）	AT&T（通信）	Visa（その他金融）
ウェスチングハウス・エレクトロニック（製造業）	ウェスチングハウス・エレクトロニック	ベライゾン・コミュニケーションズ（通信）
ウールワース（百貨店）	ウールワース	ウォルグリーン・ブーツ・アライアンス（小売り）
ナショナルスチール（鉄鋼）	ナショナルスチール	ウォルマート（小売り）

（注）網掛けは破たん・消滅した企業。買収・統合などで社名が消滅したケースは除く。
出所：筆者作成。

アメリカの各産業史発展を代表した企業でもこのような状況になっており，構成銘柄から外れることは将来の斜陽化を予知させる一面もある。1959年から今日に至るまで残ったのはP&G1社のみである。また製缶で全米最大だったアメリカン・キャンのように，金融事業に転換し，M&Aを繰り返して現在のトラベラーズの前身になっているケースもある。

　日本の株式市場では日経225は，代表的な銘柄を示すとともに主要指標となっているが，ダウ平均銘柄ほど歴史はなく，数も多いために長期的な企業の盛衰を知るには向いていない。代わりに図表1－2のように資産総額ランキングで比較対照したものを見てみよう。一瞥すれば，1955年時点と2022年の違いにまず驚かざるを得ないのではないだろうか。1955年では鉱工業と製造業がほとんどを占め，鉄鋼，造船などが加わり，日本が重厚長大産業へ向かう高度経済成長期の入り口にあったことがわかる。とりわけ軽工業に属する，一般的に紡績会社と呼ばれた繊維関連企業だけでも10社が入っている。

　対照的に2022年に時間移動してみると，鉱工業・製造業が激減しており，代わって通信，その他金融，流通など第3次産業が増えていることがわかる。先進国が経済発展とともにサービス産業へ比重を移していくのは，「ペティ＝クラークの法則」が教える通りで，アメリカにおいてもこれは同じだが，この

順位	社名 1955 年下期	社名 2022 年	順位	社名 1955 年下期	社名 2022 年
1	八幡製鉄	日本郵政	26	三菱鉱業	三井不動産
2	富士製鉄	トヨタ	27	昭和電工	日本製鉄
3	日本鋼管	日本取引所	28	宇部興産	SBI
4	日立製作所	ソフトバンク G	29	北海道炭鉱汽船	セブン＆アイ
5	東京芝浦電機	ソニー G	30	日本セメント	丸紅
6	新三菱重工業	NTT	31	旭硝子	パナソニック
7	三菱造船	ホンダ	32	川崎重工業	デンソー
8	東洋紡績	三菱商事	33	倉敷レイヨン	ZHD
9	住友金属工業	日産自動車	34	三菱金属鉱業	豊田自動織機
10	川崎製鉄	オリックス	35	帝国人造絹糸	イオン FS
11	鐘淵紡績	武田	36	三井金属鉱業	三菱地所
12	大日本紡績	楽天 G	37	呉羽紡績	三菱 HC キャピタル
13	東洋レーヨン	三井物産	38	日本毛織	中部電力
14	三菱電機	ソフトバンク	39	間組	住友不動産
15	日産自動車	日証金	40	丸善石油	東京センチュリー
16	三井鉱山	東電 HD	41	石川島重工業	オリコ
17	大洋漁業	日立	42	倉敷紡績	JT
18	三菱日本重工業	イオン	43	古川電気工業	三菱ケミカル HD
19	小野田セメント	伊藤忠	44	鹿島建設	豊田通商
20	日本石油	KDDI	45	松下電器産業	九州電力
21	日立造船	JR 東海	46	十條製紙	大和ハウス工業
22	日本鉱業	JR 東日本	47	三菱化成工業	三菱重工
23	住友化学工業	住友商事	48	古河鉱業	三菱電機
24	旭化成工業	関西電力	49	日本水産	JFE
25	神戸製鋼所	ENEOS	50	富士紡績	INPEX

図表 1 － 2　日本における 1955 年と 2022 年の総資産上位ランキング企業

(注) 金融機関（銀行）は除く。各資産額は省略。
出所：宇田川，中村編［1999］p.167，日本経済新聞総資産ランキング（電子版，2022.3.）
　　　より作成。

　間に日本では GAFAM（グーグル，アップル，フェイスブック，アマゾン，マイク
ロソフトを指す。フェイスブックは現メタ・プラットフォームズに社名変更した）のよ
うな新しい巨大企業が生まれるようなことはなかった。
　破たんにまで至らなくても，日米ともに産業構造の転換や同一産業内から

の新しい業態の登場によって，それまでのLCや花形企業は旧産業側の企業として，多くの企業指標（売上高，時価総額，収益率などのランキング）の第一線からしりぞくことになった。先の紡績会社（化繊メーカーを含む）10社は2022年には1社も顔を出していない。70年近くの間に，各企業指標で見たランキングは変化し続けており，紡績会社が消えたといっても，他の指標から見れば，LCもしくは優良企業でなくなったということを必ずしも意味するものではない。

　1955年の10社中，破たんしたのは鐘淵紡績（鐘紡）1社だけである。その後も東洋レーヨン（現東レ）は素材メーカーとして世界トップクラスの企業になっているし，他の紡績会社も繊維だけでなく，関連多角化を通じて，総合的な素材・化学メーカーに脱皮して脱軽工業化を達成しているところが少なくない。後述するように素材・中間財メーカーの場合，関連多角化を通じて細分化された部材を広域的に製造できるならば，その製造領域において国内外のLCとしての地位が揺らぐことはないのである。

　「電子立国」を目指しながら，GAFAMのような次世代企業も形成できず，半導体製造でも凋落してしまった日本のモノづくりだが，図表のメーカー以外にも，実際には東京エレクトロン（半導体製造），村田製作所，信越化学などが半導体製造装置や部材で世界トップクラスのメーカーとして君臨している。耐久消費財では周知のごとく，トヨタ，ホンダ（二輪），ヤマハ発動機（二輪，船外機エンジン等），ヤマハ（ピアノ，楽器），JUKI（工業用ミシン），ダイキン（業務用エアコン）などが世界のLCとして思い浮かぶであろう。

　そもそも東京エレクトロン，村田製作所，そしてホンダやヤマハ発動機は戦後生まれの企業で，1950年代には複数の企業指標ランキングに入るほどの規模ではなかった。また戦前生まれの企業でもブリヂストンや信越化学も戦前の新興企業組であった。これらの企業は高度経済成長と世界的な需要に対応できたことで，国内LCから世界的なLCへと発展を遂げた企業である。現在では産業別規模で見た場合でも，これら企業は世界のトップクラスである。

　これら企業も素材，中間財，耐久消費財，一般消費財に分類すると，世界的LCになるまでに市場戦略面で大きな温度差があったことがわかる。ニッチ的

な部品などに製造特化して世界トップのメーカーになっている中小企業は数多く存在するが，規模の大きな企業については特定製品への製造特化ではなく，製品の広域化と関連多角化を通じて大規模化していることで共通している。これらメーカーは素材，中間財メーカーが中心である。他方で耐久消費財，一般消費財になると事情はより複雑で異なってくる。

耐久消費財や一般消費財の場合，個別の製品ごとの「商品特性」によって市場規模が異なってくる。またB2Bか，それを含んでいるかでも企業にとっての市場規模は異なってくる。例えば，市場規模の違いから比較すれば，一般的な家電製品の需要は大きく低価格化も進みやすいため，消費者にとって購買に至る障壁はない。しかし，同じ耐久消費財でもピアノはそうではない。必需性が低く，演奏が可能になるために多くの練習時間が必要なだけでなく，価格も高く，サイズ的に家庭に置くのも難しかった。ヤマハ楽器は戦前から代替的製品としてオルガンや戦後においては電子ピアノや最新の軽量型電子ピアノを市場に投入しつつ，ヤマハ楽器教室の展開を通じて需要を創出してきたのである。このように，製品ごとにその「商品特性」に対応した市場戦略が必要となるのである。

2 ── ビッグビジネスと多角化戦略

多角化そのものが重要な市場戦略の1つであることは間違いない。アンゾフ（Anzoff［1965］）の『経営戦略論』に基づけば，多角化は次の4つに分類される（事例は澤田による）。

1. **水平型多角化**　同種同類の分野で事業を拡大していく場合の多角化

　　乗用車メーカーがトラックを生産する場合，またオートバイメーカーが自動車生産を行う場合もこの多角化に近いとされている。他にもPCメーカーがスマホを製造する場合など隣接する製品やサービスなどを広げていく場合がこれに該当する。

2．**垂直型多角化**　上流もしくは下流，または両方に事業を拡大していく多角化
　　自動車の組み立てメーカーが上流の部品製造を行うことや下流の販売も行うことなど。

3．**集中型多角化**　特定の中核技術を用い，新しい市場・製品へ向かう多角化
　　カメラなどの光学機器メーカーが胃カメラなどの医療用機器に進出するケースや，バイオ・発酵技術を持つアルコール飲料メーカーが健康食品・医療品の分野に進出するケースを挙げることができる。

4．**集成型多角化**　関連のない異業種に進出する場合
　　銀行がスーパーマーケットを経営したり，エレクトロニクスメーカーがホテルを経営するなど，まったくの異業種に参入するタイプの多角化である。この場合，他のタイプの多角化と異なってシナジー効果はほとんど期待できない。

　このように多角化というものを市場戦略論として位置づけようとしたパイオニアこそがアンゾフであった。一般に成長マトリックスとして知られているのが図表1－3である。縦軸の既存市場と新規市場，横軸の既存商品，新規商品に対して，市場浸透，新市場開拓，新製品開発，多角化が対応している。例えば市場浸透の場合，既存商品で既存市場において売上を伸ばすにはどのような方法が考えられるかということになる。当然複数の対応が可能だが，価格を下げるか，付随するサービス向上（アフター保証など）などが考えられよう。

　新市場開拓では，化粧品メーカーにとって国内既存市場での従来の顧客が女性だとすれば，男性まで顧客を広げるような場合が考えられる。もう1つは地理的な拡大で海外へ進出する場合である。新製品開発は，スマホのメーカーが価格の引き下げと同時に機能も簡略化した新製品を投入するか，逆に従来よりも高機能・高価格の新製品を発売することなどが考えられよう。最後の多角化では，新規市場と新規商品の軸に対応することで，先に紹介した多角化戦略が主な対応となる。

　このマトリックスは，市場浸透，新市場開拓，新製品開発，多角化が縦横それぞれに位置する既存と新規の市場と商品に対応しているものと理解されてき

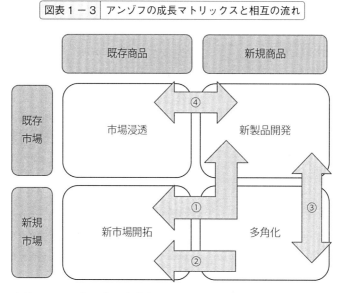

図表1-3　アンゾフの成長マトリックスと相互の流れ

出所：Anzoff［1965］より作成。

　たが，現在では実際の相互関係や対応はより複雑かつ密接になっている。そうした背景から図表1-3の相互関係も含む矢印は，従来の成長マトリックスをより複線的かつ動態的に表現したものである。①の矢印は，対外市場の嗜好やニーズに対応してローカライズされた製品（新製品）の投入を示している。ネスレの現地向けソフトドリンク，加工食品やGEによる新興国市場向けに開発された低価格の超音波画像診断装置などの市場への投入を挙げることができる。

　このケースではゴビンドラジャンとトリンブル（Govindarajan and Trimble［2012］）が示したように，新興国向け製品が現地開発を経て，開発企業の本国や先進国市場でもブーメランのように逆輸入されることがあり，リバースイノベーションとも呼ばれている。その場合，既存市場においても市場浸透が進展するために，④の相互関係が成立することになる。②は多角化が国内外の新市場開拓につながることを示しているが，アンゾフが多角化戦略の説明に重点をおいたように，実は最もリスクを伴うものである。多角化によって最適な事業

ポートフォリオが形成されるならば，全体の事業は安定的な成長に向かうことになる。

　B2C の企業が B2B の事業を組み入れる，あるいはその逆も多角化であって，事例については，ブラザーのようなミシンメーカーによる家庭向けミシンと工業用ミシンの製造，三菱電機の家電製品と工場向けファクトリーオートメーションの供給，キヤノンの家庭用プリンターと半導体製造装置の製造など枚挙に暇がない。この場合の B2B は中間財的な製品になるが，最初のコア事業において蓄積された技術をベースにしている場合も多い。

　②の多角化から新市場開拓への矢印は，B2C と B2B の双方を含む関連多角化であって，アンゾフの集中型多角化に該当する。そしてハイテク・機械・化学・素材メーカーなどが，業種としては「潜在的」に優位性を備えていると考えられる。「潜在的」というのは，関連多角化による適切な事業ポートフォリオが構築されない場合もあるということを意味している。デジタル技術への移行に伴い，富士フイルムはグループ全体として液晶テレビのフィルムと高級化粧品・製薬事業にコア事業をシフトさせ成功したが，コダックはデジタルカメラ製造などには対応したが，このシフトはうまくいかず破たんに至っている。

　先進国企業の場合，多角化と言ってもそのコア事業の数は限られる。またそのコア事業に特化したライバル企業が既に存在していることもあって，市場が過度の多角化を評価しないことと，それが経営資源の分散と非効率を生み，不振や経営破たんを生じさせることも少なくない。アメリカにおける産業革命期の LC だった 1857 年創業のベッレヘム・スチールや 1866 年創業のウェスチングハウスも，次の適切なコア事業とポートフォリオを形成できず，産業史に名を残すだけになった。

　なお新興国企業の場合は集成型多角化だけではなく，アンゾフが分類したすべての多角化が含まれたコングロマリット型も珍しくなく，澤田［2017］が示したように，特定の財閥・ビジネスグループがその資本優位の下で，国内において市場成長が見込まれる事業に参入を遂げることによって，コングロマリットが形成されていくことになる。

　先進国企業では，旧コア事業から新コア事業シフトを中心とした事業ポート

フォリオの再構築が持続的な発展への鍵となっている。アメリカ企業の場合,多角化の多くは既存企業の買収によって行われるため,買収によるシナジー効果が発揮されにくいことも手伝って,企業そのものは巨大化するものの,事業ポートフォリオは不採算事業や競争劣位の事業で構成されやすかった。

GE では,1980 年代のジャック・ウェルチによる市場で 1 位と 2 位の事業のみで事業ポートフォリオを構築する「選択と集中」が断行された。もしこの荒療治がなかったならば,GE もウェスチングハウスと同じ道をたどっていたかもしれない。外部環境の変化と技術革新や後発企業の追い上げに対して,現存する巨大企業は,経営史が示す通り,コア事業シフトに成功してきた企業であると言っても過言ではない。

3── リーディングカンパニーと市場戦略

ここでは国内市場における LC の市場戦略を,長期的視点から分類・検討してみることにしたい。売上・市場シェア 1 位もしくは寡占的な数社を既存の LC とすれば,アメリカのように GDP 規模がトップ,さらに日本のように GDP 3 位の国内 LC は,同時に世界市場でも業種別では売上・市場シェアで上位に食いこんでいることが多い。ただし,四半世紀以上の期間で見れば,後発国 LC の台頭によって順位の変動は激しくなっている。ここでは 2010 年代までの状況を通じて,日本の国内 LC が世界市場でどのような位置にあるかを振り返っておこう。

3－1 素材・中間型

業種別には先に検討したように,素材型・中間型,FMCG (Fast Moving Consumer Goods) 型に分けて順に見ていくことにしよう。素材産業とはここでは基本的に B2B (B2C も含む場合がある) で,加工組立メーカーに部品・中間財を供給する側と定義しておく。この定義に沿うならば,自動車・機械部品,化学,繊維,製紙,鉄鋼,硝子,非鉄金属など幅広い製造業を含むことになる。大企業から中小企業に至るまで,これらのメーカーの強みは技術的な蓄積を

ベースとしており，B2C 事業を含まなければ，マーケティングコストを節約でき，その分，技術的な蓄積を応用してプロダクトの幅を広げることができる。

　素材・中間型は台湾や韓国などの後発メーカーの追い上げによって，世界市場でその地位を後退させてきた日本メーカーが多い。真っ先に思い浮かぶのは半導体製造であろう。ところが半導体メーカーは，サムスン電子のように家電やスマホなどを製造する中間型メーカーも多く，東芝などの日本のメーカーも元々はこうした型に入っていた。他方で台湾の TSMC のような専業の場合もある。これら後発国のメーカーが世界的な LC となっていることは言うまでもない。

　半導体製造そのものではなく，キヤノンのように B2C 製品だけでなく，半導体製造装置製造を事業に組み込んでいるならば中間型，村田製作所や信越化学のように，半導体部材を主に製造しているならば素材型と分けることができる。規模の大きい半導体・半導体関連メーカーの場合も，世界の市場規模が大きいために部材や製品そのものの広域化には進むが，まったく異なる製品製造や多角化については経営側による戦略オプションの問題ということになる。

　サムスン電子のように，半導体を用いる川下の家電やスマホ製造に事業部門を拡大する，いわゆる関連多角化もあれば，露光装置の EUV でトップの ASML（蘭）の半導体装置製造や TSMC の半導体製造のように，専業事業の規模を集中的に拡大する特化型もある。半導体・装置特化メーカーはその世界的市場規模が大きいために，最新の専業技術開発に重点を置き多角化に向かわないことも理にかなっている。ここでは戦略のオプションが行使されている。

　メーカー自体の規模が大きいならば，この型の国外への進出はそれほど困難ではない。特に素材メーカーの場合，市場規模の大きい進出国でも，製造業の成長が著しい新興国市場でも，工業的な規格ではほぼ共通しているのでストレートに需要を取り込みやすい。B2B であるため，対外市場においては関連業界での市場シェアと認知度が高いことが必要であるが。

3－2　FMCG 型

　まず多角化という戦略について，川下に位置する最終消費財メーカーや流通

業は，素材・中間型に比較して明らかに不利な立ち位置にある。関連多角化や製品を広域化するだけの製造技術的な蓄積が少ないからである。これらのメーカーは主力製品の開発速度と商品の回転を速めることに集中しがちで，その結果，同一業界内での競争圧力も強くなる傾向がある。またB2Cを中心とした一部耐久消費財メーカーもこの型に近い。鴻海精密工業の傘下に入ったシャープはまさしくそうした立ち位置にあった。ソニーのような事業シフト型の多角化も，三菱電機のようなB2B，B2C双方の事業を合わせ持つこともできなかったためである。家電メーカーでは，やはりハイアールが買収したサンヨーの白物事業がこれに該当しよう。

日用品や加工食品（菓子類も含む）や飲料メーカー（アルコール飲料も含む）も同様であるが，これらの製品は商品の回転速度が速いため，製品レンジを広域化しやすく，共通の技術を用いて新製品のアイテムを増やすことが比較的容易である。とりわけ日本のメーカーは多角化に代わって，そうした製品の広域化と新製品投入という代替的な市場戦略を採用する傾向が強い。

同じFMCGの中でもアパレルの場合は，この多角化の困難がより鮮明になる。現代のアパレルメーカーは商社や小売りが中心的なプレイヤーで，ファストファッションは製造小売り（SPA）と呼ばれるデザイン・企画と川下の販売に特化している。製造そのものは外部委託であるため，GAPやファーストリテイリングのように価格帯に差をつけたブランド別事業とブランドそのものを増やしていくことしかない。

新製品開発において自社内に技術的蓄積がなくても，素材メーカーと連携することによって革新的な製品を市場に投入し，製品レンジを拡大することは可能で，東レや帝人などの新素材を使った製品を販売してきたファーストリテイリングのユニクロやワークマンの例がそれを物語っている。しかし，多角化自体が他業種より困難であることは確かである。かつてユニクロが野菜の販売を試みたことや，家電販売店とのコラボレーションを推進したのはそうした困難を反映したものでもある。

最も顕著な例は紳士服業界であろう。コロナ禍を契機にして脱オフィス化が進み，紳士服業界は脱スーツ化の逆境に直面してきた。AOKIホールディング

ス，青山などはスーツ・アパレル事業の多角化が進展せず，カフェ，外食や100円ショップ代理店などで糊口をしのぐのが精いっぱいであった。これも表面的には多角化なのだろうが，実際は「副業」に近い性質のものである。

　類似の事業シフト，多角化の困難はアメリカのアパレル業界でも見られ，大統領のスーツ御用達でも知られた老舗ブルックスブラザーズが2020年に破たんしている。他業種よりも先行して在庫を持たなければならないリスクも抱え，日本でのレナウンの破たんや欧米も含む多くのアパレルメーカーの破たんが生じたのは，事業シフトと関連多角化の困難を反映したものである。

　このように産業・業種別には関連多角化において，その潜在的な能力（ポテンシャル）に明確に差が存在している（ここでのポテンシャルは個人ではなく，業種・企業・組織に備わっていると想定している）。それをイメージ的に表したものが図表1－4である。素材・中間型の場合，蓄積された技術とノウハウを基に関連多角化を遂行しやすい。他方FMCG型の場合，ポテンシャルは明らかに低い。また番外として，第3次産業に属するGAFAMなどのような巨大IT系企業は，ネット関連のサービスなどを中心に多角化しやすく，ポテンシャルは高いと考えられる。

　FMCG型以外では流通，外食，伝統的な第3次産業なども事業シフト，多角化のポテンシャルは非常に限定されたものとなる。食品やアパレルメーカーが主にブランドを増やしていったように，これらの産業も専業としての規模の拡大は可能だが，販売する商品やサービスを拡大することが中心になる。流通業はFMCGのメーカーと連携してプライベートブランド商品などを投入するか，業態を変えることはできるが，いずれにしても厳密な関連多角化には最も向いていない。

　ハメル，プラハラード（Hamel & Prahalad [1994]）の『コア・コンピタンス経営』で提唱されたコア・コンピタンス（Core Competence）概念は，企業の競争優位を説明する核心的な概念として現在に至るまで用いられてきた。他社が模倣できない，技術やスキル，組織などのことで，それが顧客に利益をもたらしていること，複数の製品や市場に応用できる能力のことである。時間をかけて獲得されたコア・コンピタンスはそれだけで競争優位の源泉となり，複数の

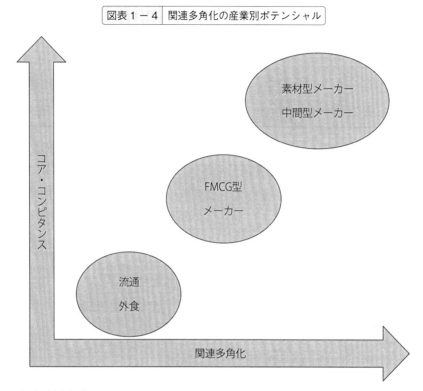

図表 1 － 4 ｜ 関連多角化の産業別ポテンシャル

出所：筆者作成。

製品に応用できることから製品レンジの広域化と関連多角化，新市場の開拓に
までつながるとされている。

　戦略論の多くで経営学者たちが想定するのは主として製造業であって，日本
ではコア・コンピタンスの具体例として，ホンダのエンジン技術，シャープの
液晶技術などが想起されるが，実際のコア・コンピタンスは単に技術だけでは
なく，組織学習を通じて獲得された目に見えない認識能力も指し，適切な多角
化や市場の開拓が遂行できることを含んでいる。すべての産業・業種にあては
まるものだが，コア・コンピタンスそのものの形成については，既に見てきた
ように産業・業種別に実は大きな差があるのが実情である。

　このように従来の競争戦略論研究は，産業・業種を考慮することがなかった

ことを1つの欠陥として指摘することができる。むろん関連多角化のポテンシャルはあくまでもポテンシャルであって，それが高い産業・業種であっても，適切なシナジー効果の発揮に結び付かないならば「戦略の失敗」となる。それ自体が経営者の判断とコア・コンピタンスの充実度に依存しているからである。少なくともこれが今日までにわかっていることである。

　話をビジネスヒストリーに戻そう。半世紀・1世紀単位で世界の，あるいは一国のLCに焦点を絞れば，少なくともこれらの長寿企業は，これまで説明してきたいずれかの多角化を展開してきたということである。創業から成長期までのコア事業や主力製品だけに専業化しているケースはほとんど存在しない。「戦略の成功」と「戦略の失敗」はこの半世紀から1世紀単位の時間軸において繰り返されてきたのである。

4── 新興市場の開拓―もう1つの市場戦略―

　一国のLCが世界のLCになるには，地理的に新しい市場の開拓が欠かせない。古典的にはこの課題は戦略論というよりも，多国籍企業論の中で展開されてきた。主にアメリカを念頭に置いて，先進国内のLCは国外市場では複数の優位性を当初から備えているため，現地でも競争を排除して優位性を確保でき，そうした優位性が進出する動機と目的になっているとしたのは，ハイマー（Hymer [1960]）やダニング（Dunning [1979]）だった。

　この時期の多国籍企業論は先進国を本国とする企業側の観点から，そもそも技術，組織，経営，製品などで現地企業よりも優位性を備えているという前提に立っていたので，現地での組織も製品も基本的に大きく変更する必要はなかった。初期の多国籍企業論が展開された1960－70年代はアメリカからヨーロッパへの進出が主流だったため，比較的市場が似通っていたことも関係していたが，世界市場そのものが拡大し新興国市場への進出も顕著になるにつれて，事情は変わっていった。

　本国市場とは異なる現地での製品のグローバル化（標準品）とローカル化（非標準品）の選択も課題として浮上し，組織面ではバートレット，ゴシャール

(Bartlett & Ghoshal［1989］) による本社・子会社間との組織・機能・ネットワークの重要性と違いなども新たな課題として提示されるようになった。他方でこうした研究の流れは，既に見たように多国籍企業の歴史から見れば最近のことに過ぎない。

　現実には多国籍企業となった多くの LC にとって，製品のローカル化がオプションになることは少なく，特に素材・中間財はグローバル製品であることが当たり前であった。それは現在においてもほぼ変わらない。問題は耐久消費財や一般消費財であるが，これも少なくとも価格設定も含めて製品のローカル化とは当初は無縁であった。多国籍企業の本国より所得水準の低い国，例えば日本市場では，戦前から高度経済成長期までは，輸入耐久消費財（戦前の GE 製冷蔵庫やフォード車など）はごく一部の人のモノでしかなく，一般消費財も高根の花だった。

　端的に言えば，所得水準の低い国において，多国籍企業は現地の消費者のボリュームゾーンに対して当初からほとんど対応していなかったのである。しかもそうした対応は比較的新しく，企業間にも差があるのが現状である。製品「現地化」という観点から，FMCG を代表するメーカーとして，食品ならばネスレ，日用品なら P&G とユニリーバー（英蘭）はケーススタディとして多くの研究者によって取り上げられてきた。同じ製品製造で老舗メーカーであるとともに，世界市場への進出に長い経験を積んできたにもかかわらず，これら個別企業においても差がある。

　アジア新興国や途上国では先進国と流通構造やシステムが異なっており，零細な小売店舗（フィリピンのサリサリストアやインドのキラナなど）が今も日常的に利用されており，卸売りシステムも複雑な場合が多い。井原［2017］によれば，ユニリーバーはこの点で成長するアジアの中間層・低所得層に適した製品展開や流通チャネルで，ライバルの P&G に先行しており，特に現地流通業者を通して低所得層にも届く流通網を再構築していた。P&G も遅れて 21 世紀に入ってから現地適応型に転換しており，こうした現地適応は比較的新しい市場戦略となっている。

　プラハラード（Prahalad and Hart［2002］) らの研究を発端として，世界人口

の所得下位層をターゲットとした新興国・途上国のBOP（Base of Pyramid）ビジネスの事例で真っ先に取り上げられてきた例は，低所得国の消費者に向けたユニリーバーのインド現地法人ヒンドゥスタン・ユニリーバーによる小分けにしたシャンプーであろう。このようにBOPビジネスによるターゲット層の見直しも，現地適応型市場戦略の浸透に大きな役割を果たしてきた。そしてこのような戦略を採用するには，権限の現地への委譲と現地開発に伴う組織形成が欠かせない。

　BOPビジネスの先駆的なケースとして紹介されるのが2000年代初頭のGEである。GEは現地開発を通じて小型低価格の医療機器を中国，インドで販売してきた。インド市場で携帯型心電計を開発しており，中国市場で販売された超音波診断装置は逆輸入もされ成功している。またBOPビジネスを意識せずとも，所得水準が上がり続けている新興国では段階を経た現地開発と製品投入も欠かせない。

　エアコンの事例は，LCとなりえる企業の柔軟な市場戦略のあり方を示唆している。インド市場ではエアコンが低価格のウィンドウ型（窓取り付け）ではなく壁掛け型が主流になるまでにそれほど時間がかからなかった。それでも国内メーカーから外資まで，モーターによって温度を自動調節できるインバーターを搭載していない旧モデルをボリュームゾーンに投入していた。冷えすぎたらオフにするしかなかったのだが，これは言うまでもなく低価格を維持するためだった。ダイキンはあえてインバーター搭載のハイエンドモデルを投入，本国の技術を活用しながら，現地開発を通じてハイエンドモデルにおいて先駆的に中間層以上の需要に対応することができた[3]。

　グローバル化か現地化かという二者択一的な戦略概念ではなく，現時点においても世界はセミグローバリゼーションの状況にあるとし，ゲマワット（Ghemawat [2007]）は，文化的（Cultural），制度的・政治的（Administrative/political），地理的（Geographical），そして経済的（Economic）の4つの側面から，国・地域ごとに適応した戦略を採用する必要性を説いている。このCAGEフレームワークを用いた市場ごとの対応は，新興国市場だけでなく先進国市場でも有効性を備えていると考えられる。ただし，単に製品の現地化だけでなく，

情報や経営資源の集中か分散かという問題も含めて，地域化か本国をハブにするかは産業別ではなく，企業ごとに異なっているとゲマワットは説明している。

　グーグルやウォルマートのような世界的LCであっても，中国やロシアで成功しなかった理由として，ゲマワットはCAGEフレームワークを用いたが，実際には対外市場において世界的なLCが想定以下の市場シェアに甘んじ撤退せざるをえない事例は多い。コンビニが西欧で普及しないのは労働法制が厳しいなどの背景からある程度説明がつく。他方でウォルマートは日本や韓国でも定着せず，カルフールも同様だった。FMCGの場合もP&Gが日本に進出したとき，小売流通現場には花王やライオンの製品が陳列棚を占拠していた。CAGEをある種の市場障壁とするならば，先進国，新興国市場を問わず，現地には強力なローカル企業が存在していることも考慮しなければならない。

　もう1つの市場障壁は，中間型同様，最終消費財を開発・販売する企業は，その「商品特性」によって国内市場とは異なる現地市場の壁に直面することが多い。FMCG型は加工食品，飲料，菓子，日用品，アパレル，家電など幅広く，耐久消費財なども含む。ここでは流通業，外食もこの型に含まれるものとする。その「商品特性」（現地での嗜好も含む，グローバル商品とは異なった特性を有する）に合致した製品を提供しているローカル企業があるならば，世界的なLCといえども対抗するのは難しい。

　こうした現地市場の障壁に直面した場合，改めて適応した商品を現地開発するしかない。もし自国のグローバル商品に固執するならば，グローバル企業になることは困難であろう。耐久消費財もカメラなどの光学機器のように内外共通で現地仕様への変更を要しない製品もある。それでも電圧や気候，宗教，文化，水道水など外部環境の違いによって，家電などの耐久消費財をはじめ多くのFMCGは製品の現地化を迫られることになる。

　FMCGで最もわかりやすい例は，インスタント麺であろう。日本で販売されている同じインスタント麺（袋麺）を海外で見かけることはまずない。現地消費者に適応した「商品特性」を備えていないからである。従って現地の日系メーカーは現地の嗜好に合わせた製品を販売している。そして，このような

「商品特性」の違いは強力な競合する現地企業を生みやすい。

　耐久消費財の例としては，硬水が主流の欧州では，水の浸透度が低いために一種の叩き洗いをするドラム式洗濯機が普及してきた。そのため水温別に洗えるように日本のメーカーは欧州仕様で対応する必要があるだけでなく，洗剤もそうした硬水に適応しなければならず，洗剤を販売する日用品メーカーも現地化に対応する必要が生じるのである。

　ファストファッションのように一見，製品のローカル化が必要ないようなLC の場合でも，対外市場を拡大していけば，やはり市場の壁に突き当たることになる。特に女性のファッションについて欧米と宗教的，文化的隔たりのあるトルコやアラブ首長国連邦などのイスラム圏では，ZARA や H&M などの代表的なアパレルの LC といえども女性購買層を獲得することは難しく，ローカル企業のブランドが圧倒的に強いのが現状である。女性購買層を獲得するには，現地のイスラムデザイナーと商品開発などをして製品をローカル化することが必要になる。実際にユニクロも，バングラデシュで同じ市場障壁に向き合わなければならなかった。

　CAGE フレームワークにせよ，様々な市場障壁にせよ，巨大 LC が形成され，対外市場へと市場を拡大していった歴史は長く，先駆的な事例としては 19 世紀半ばから，また多くは約 1 世紀の歴史を持ちながら，現地化や市場別の対応（現地開発体制と組織も含むトータルパッケージでの対応）は非常に新しい対外市場戦略であると認識されてきた。実際の個別産業と企業のビジネスヒストリーを顧みるならば，欧米の場合，LC となる企業にはまず国内市場に適応した戦略と製品を開発・販売することが自然で，それが成功したならば，その製品は同時にグローバル製品とされ一応のゴールだったからである。

　グローバル製品の歴史が長く続いたわけだが，その長い時間軸の中で世界のLC の交代が起きてきたのも事実である。と同時に従来見落とされていた産業別の「商品特性」と，それに伴う市場規模の違いによって，LC 自体の規模とグローバル化も制約されることになるのである。その意味では，後発の日本におけるLC のビジネスヒストリーと市場戦略を考察の中心対象として，LC の条件と限界を含めて国際的な比較考察を進めていくことは，経営史と戦略論の

クロスオーバー（融合）の試みとして1つの意義があると思われる。

【注】
1) チャンドラーとアフターチャンドラーをめぐる経営史に関する研究整理については，安部［2019］を参照。
2) チャンドラー以来，巨大企業の多角化の理由と目的については，範囲の経済が拡大していく上での必然性（ただし個別企業においては戦略オプションの1つ）であったこととM&Aと同じくシナジー効果を追求するためというのが一般論であった。また多角化の目的とメリットはほぼ重なっているが，コトラーとブルームは，アメリカ的な事情として巨大企業や市場シェア1位の企業は，反トラスト法や強力な消費者団体からの圧力を避けたいとすることも多角化の動機だと指摘している。Kotler and Bloom［1975］（邦訳版第4章市場シェアのマネジメント）．
3) インドにおけるエアコンの事例研究については，上野［2018］参照。

第2章

糸へん産業とアパレルメーカーの盛衰

1 ── 糸へん産業の経営史

18世紀半ばから19世紀にかけてイギリス産業革命を支えた産業は綿工業である。綿工業はイギリスから世界に伝播し，第1次大戦後には，欧米諸国だけでなく，広く日本やアジア（中国，インド）においても普及していた。水力紡績機の発明から目まぐるしい技術革命を経たイギリスの綿工業は，20世紀に入るまでに世界市場で他の追随を許さない地位を築いていた。

産業革命から第1次大戦前後にかけては，軽工業の代表格である綿工業は，一国の経済発展と規模を測る上で重要な指標の1つとなっていた。いち早く機械化と量産体制を整えたイギリス綿工業は，19世紀には世界における貿易で優位に立ち，大英帝国の経済的な礎の1つになっていた。なかでもイギリス北西部に位置するマンチェスターは，綿工業の一大集積地となっていた。

現在のマンチェスターは，かつて綿工業の中心地だった往時の面影をほとんど残していない。一部の工場と運河などが残っているが，都市計画のために産業遺産としての世界遺産登録申請を見送ったという経緯もある。産業史が示す教訓は，世界市場における一国の主力産業や有力企業の優位性は永続しないこと，それは次の覇権国に移らざるをえないことである。さらに既存の産業その

ものが革新的な技術の登場によって新産業に置き換わる場合もある。

　では世界市場でマンチェスターに置き換わったのはどこの国の綿工業だったのだろうか。その答えは日本だった。技術水準における優位性は技術流出と移転によって比較的早く他国に移るが，当時のミュール紡績機を用いた労働では一定の熟練を要した。またそれによって一種の徒弟制が定着し，労働者たちが編成されていた。これに対して，日本でも渋沢栄一らによって設立された最初の大規模紡績会社であった大阪紡績（1882 年設立，後の東洋紡）も当初ミュールを導入していたが，すぐに扱いが比較的簡単で生産性の高いリング紡績機に移行していった。

　リング紡績機の導入は，同時に労働力の編成の違いも生み出した。熟練度の低い若年女子労働力を定期的に採用することによって，労働力コストを低く抑えることができたからである。綿紡績業の原料は綿花であるが，アメリカやインド，中国などからの綿花供給ルートは，紡績会社による先物を含めた買い付けだけでなく，東洋綿花（豊田通商と合併して消滅）や日本綿花（現双日）のような専門商社ルートを含めた大規模な調達が可能になっていた。さらに物流面では日本郵船による原料綿花を運ぶインド航路が形成され，原料コストの削減が図られていた。

　第 1 次大戦前後までには，東洋紡，鐘紡（鐘ヶ淵紡績，1971 年から鐘紡に社名変更），大日本紡績などの大手から中堅を含めた多くの紡績会社が国内で操業する一方で，3 大紡績をはじめ内外綿や倉敷紡績などが中国へ進出しており，1940 年時点で 19 社が中国（主に上海，青島，天津など）で操業していた[1]。そうした現地の紡績会社は在華紡と呼ばれた。綿工業の発展は流通・物流全般におよぶ裾野を広くし，各地に産地織物業（知多や遠州など）が形成され，綿製品は日本の主力輸出品となり，日本経済全般の成長牽引力となっていた。

　日本の綿製品が世界市場で浸透していくにつれて，次第にイギリスとの間に貿易摩擦が生まれ，やがて 1930 年代までにはイギリス連邦を中心として，大英帝国の版図内で対日関税の引き上げが行われていくほど貿易摩擦は悪化してくことになった。イギリスが保護貿易を進めた背景には，この頃までに日本との競争で疲弊していたマンチェスター綿工業の政治的圧力があった。

　アメリカの綿工業も18世紀末東部ニューイングランドで綿工業が発達し，その後南部の綿工業も発展を遂げ，19世紀後半から第1次大戦期にかけて繁栄を極めたが，世界恐慌を機に大きく衰退していくことになった。貿易面での打撃も少なくなかったが，アメリカ綿工業の製品は主に広大な国内需要向けであったために，専ら世界市場ではイギリスと後発の日本との競争と対立が顕在化していたのである[2]。

　イギリスの綿工業が日本との競争に敗れていった背景については，既に膨大な当該産業の研究によって明らかにされてきた。後発の日本では第1次大戦後，紡績会社の合併が進み，さらに会社の大型化・寡占化が進展していた。大正期以降，東洋紡や大日本紡績などは買収・合併を繰り返し，3大紡績，6大紡績のような寡占体制がいち早く形成されていた[3]。

　日高［1966］によれば，このような日本の動向に対してイギリスでは合併や大型化が遅々として進まず，日本の大手紡績会社では織布兼営が中心で，垂直的統合が進展していたのに対して，イギリスでは紡績と織布製造，さらに加工部門が別々の会社によって生産され，古典的な分業構造を有したままだった。また阿部［2020］によれば，当時の業界団体（大日本紡績連合会，現紡績協会）による適度の操業短縮や，産地綿織物業や綿花輸入・綿製品輸出の役割を担った商社なども含む綿工業界の組織力も，当時の競争力の源泉となっていたとしている[4]。

　日英綿工業の産業構造と組織力の違いに加えて，既に述べたように若年女子労働力が中心だった日本の綿工業は労働コスト面においても優位に立っていた。さらにアメリカ綿に安価なインド綿や中国綿をブレンド（混綿）することで，アメリカ綿もしくは高価なエジプト綿を原料として用いていたイギリスよりも原料コスト面でも優位に立っていた。例えば鐘紡は，明治期末の1910年前後でインド綿の使用比率が60〜70％前後にも達していた[5]。こうした日英綿業の対照的な状況は，1930年代の貿易摩擦と関税戦争という日英の経済対立に収れんしていった。

　とりわけ，こうした戦前までの綿工業の隆盛を反映した象徴的な企業こそが鐘紡だった。三井財閥の名番頭と称された中上川彦次郎から経営を継承した武

武藤山治（1921-1930年鐘ヶ淵紡績会長・社長）
鐘紡株式会社［1988］『鐘紡百年史』より。

藤山治の社長時代に，綿紡績の吸収合併を進め，繊維（絹糸布，毛糸，化学繊維
など）の多角化にとどまらず，異業種への進出も加速させた。武藤の社長時代
の昭和初期には鐘紡は日本で売上１位の企業になっており，文字通り日本を代
表するリーディングカンパニー（LC）となっていた。多角化は武藤から津田信
吾へ経営が継承されてからも続き，積極的に中国大陸へ進出するとともに，鉱
業，化学，牧畜業などにまで手を広げていた。これらの事業部門は1938年に
鐘ヶ淵実業に移管されたが，この頃までに鐘紡は巨大なコングロマリットとな
っていたのである。

　軽工業部門の戦災からの復興は早く，綿工業に代表される糸へん産業は
1950年代前半の朝鮮特需を経て，基本的には1960年代までは戦前と同じく花
形産業として日本経済に君臨していた。東洋紡やニチボー（旧大日本紡績）は
大卒新卒者にとっても人気の就職先だったのである。化繊が普及するにつれて
大手メーカー間の競争も激しくなり，1960年代末以降，日米間での繊維をめ
ぐる貿易摩擦と自主規制，変動相場制移行を契機として，日本の綿工業は次第
に輸出競争力を失くしていった。

　地引［1997］によれば，戦後の繊維産業の50年間を振り返るならば，1970
年頃までは復興・発展期だったが，後半の25年間は調整・改革の時期であっ
たと時期区分している。大手紡績はこの後半期において，図表２−１に見るよ
うに繊維以外の事業比率を高めて多角化経営にシフトしていくことになった。

図表2－1 紡績会社・糸へん企業のその後

紡績会社 (戦前の名称)	沿革と概要	現在の名称と中核事業
東洋紡	1882年渋沢栄一らによって大阪紡績が設立された。創業者は山辺丈夫、1914年大阪紡績と三重紡績が合併して誕生。3大紡績の1つ。	繊維、自動車部品、化成品、バイオなどに多角化。
鐘淵紡績	1887年東京綿商社として創立され、戦前から非繊維事業にも進出、昭和初期までの武藤山治社長時代には長らく国内企業売上高1位だった。3大紡績の1つ。戦前から繊維事業では毛織、化繊部門も擁し、繊維以外にも多角化していた。戦後は東南アジア、南米にも進出し多国籍企業となっていた。	1971年カネボウ（鐘紡）に社名変更、戦後も多角化経営を継続、化粧品、ホームプロダクト事業は成長したが、繊維部門は赤字が継続し、再編が困難となり、産業再生機構の下でトリニティインベストメントによって吸収合併され法人格が消滅した。化粧品事業とブランドは花王に、化粧品事業以外はクラシエに、繊維事業はKBセーレンにそれぞれ事業譲渡された。
大日本紡績	1889年大阪財界の出資で尼崎紡績設立、1918年摂津紡績と合併して大日本紡績に。3大紡績の1つ。	1964年社名をニチボーに改称、1969年日本レーヨンと合併してユニチカに。
富士紡	1896年設立、戦前は配電事業を兼営。3大紡績の1つ。	2005年富士紡ホールディングスに社名変更。持ち株会社として傘下にテキスタイル、アパレル、化学、電子などの事業子会社を擁す。
日東紡績	1918年福島精練製糸株式会社設立。1923年日東紡績に改称、1938年日本最初のガラス繊維開発。	日東紡績 グラスファイバー素材、化学、飲料事業が中心。
日清紡	1907年設立、東武グループで知られる根津財閥に属す。戦前は中国にも進出した。	2009年日清紡ホールディングスに社名変更。傘下事業は繊維、化学、エレクトロニクス、精密機器、ブレーキ装置、紙業など幅広い。芙蓉グループに属す。
倉敷紡績	1888年大原家の出資によって設立、初代社長大原孝四郎、2代目大原孫三郎を経て発展、1926年には倉敷絹織（現「クラレ」）を設立。	繊維以外に化成品（自動車、住宅用）、エレクトロニクス、エンジニアリング、工作機械、食品・サービス、不動産などに多角化。
東洋レーヨン	1926年三井物産の出資によって設立。1918年には帝国人造絹糸（帝人）が設立され、日本における合繊製造の先駆けとなった。	1970年東レに社名変更。科学・素材メーカーとして発展し、繊維以外に炭素カーボン、環境・エンジニアリング、情報通信機器、ライフサイエンスなど幅広く事業展開している。なおレーヨンの生産は終了している。
東洋綿花	1920年三井物産より綿花部が分離して東洋綿花株式会社となる。	戦後は総合商社へ転換し、1970年トーメンに社名変更、2006年豊田通商に吸収され、消滅。（東洋綿花は通商の子会社として再編して存在）
日本綿花	田中市兵衛らが1892年に創業、東綿と並ぶ二大綿商社だった。1943年日綿実業に改称。	1982年ニチメンに改称、2004年日商岩井と合併し双日となる。

出所：各社の沿革などから筆者作成。

また繊維商社は総合商社化し吸収合併への道を歩んでいくことになる[6]。

　化繊メーカーだけでなく，大手紡績も化繊生産に傾斜していく段階で，繊維産業そのものは国内産業構成の比率を低めていき，1970年代以降，半導体，輸送機械，機械などにリーディングインダストリーの地位を明け渡していくことになった。綿紡績も過剰設備と生産を抱えながらも，他方で1960年代以降成長してきたアパレル産業の需要もあり，化繊も含めて1970年代には海外への一定の生産移転も進んでいた。この時期，繊維産業の斜陽化は，一方的かつ急速に進んだわけではなかった。

　決定的だったのは1985年のプラザ合意で円高が定着したことである。これを契機にして日本は繊維製品の輸入国に転落してしまう。同時に成長拡大してきたアパレル産業でも大きな異変が生じていた。衣料品も労働コストの低い後発国からの輸入品との競争に直面するようになっていく。1980年代以降，中国からの輸入が増え，日本繊維輸入組合の統計では，1991年時点で衣料品の輸入浸透率（国内供給量に占める輸入品の比率）は数量で約52％だったが，1990年代以降さらに上昇し2020年までには97％を超えるまでになった。つまり数量面での国産化率は3％に満たない状況で今日に至っている。

　原料を除いて，それまでの化繊も含めた中間製品（綿糸，生地）から衣料品，そして卸・流通に至るまでの垂直的な国内自給構造は，川下に位置する衣料品製造の空洞化が進むことで崩壊し，国内製造事業所や糸へん関連の企業数は急減していくことになった。ただし，大手を含む紡績・織布などの部門は長年の構造不況を耐えてきたことで，素材としての生地などでは最先端の開発に向かい，輸出競争力は再び維持されるようになってきている。

　図表2－1に示されているように，大手紡績会社は1970年代以降の新たなリーディングインダストリー（輸送機械，化成品，精密機械，エレクトロニクスなど）に中間財・部品を供給するか，それらの事業を事業ポートフォリオに組み込み，リストラを挟みながら多角化経営を展開し，より高度化した重化学工業対応の素材産業へと脱皮を図ってきた。そして紡績会社そのものは，繊維部門においても生地素材の開発を通じて国際競争力を維持してきた。

　他方で，多角化経営という市場戦略がすべての大手紡績会社にとって有効で

東洋紡の役員会議（1950年代初め頃）
東洋紡績株式会社［1953］『東洋紡七十年史』より。

あったわけではない。そのことはカネボウ（鐘紡）の破たんが最も物語っている。戦後，カネボウは過度経済力集中排除法の適用を受け事業分割されたが，戦後の繊維産業の復興において繊維部門をコア事業として再び多角化を進め，海外進出も進めていた。他方で後に繊維の構造不況に直面した際，旧態依然とした繊維部門に傾斜した事業ポートフォリオが致命傷になってしまった。

　カネボウの多角化経営はペンタゴン経営とも称されていたが，事業ポートフォリオ内では化粧品事業の成長発展のみが突出し，繊維事業の慢性的赤字と他の事業部門も低調であった。化粧品事業への依存度が高く，事業整理，選択と集中が進展しないまま，最終的には粉飾決算を繰り返して，戦前・戦後を通じた花形産業のLCは事業譲渡と消滅の道を歩むことになっていったのである。

2── アパレル産業が辿ってきた道

　繊維産業というと紡績から織布，加工，流通に至るまで幅広い，糸へん産業を指すが，川下に位置する衣料品・既製服を意味するアパレルという名称が日本で定着したのは比較的新しい。アパレル産業が本格的に形成されるようになったのは1960年代以降のことで，アパレル産業という言葉が使われはじめたのは1970年代初頭頃からである。1970年代前半までにアパレル産業は確立したとされる[7]。アパレル製品の範囲は，既製服だけでなく，下着から靴下，タ

オルなど広範な製品を含んでいる。

　ここでは既製服を主にアパレル製品の代表と見なせば，戦前から戦後におけ
る洋服，特に紳士服・婦人服のスーツ類などは基本的には非既製品であったと
いうことである。戦後においても，なお1950年代末頃まではそれら製品の6
割以上が1品注文生産，いわゆるオーダーメイドであった。他方で紡績から生
地生産に至るまで繊維産業は，近代日本工業の顔の1つであった。現在でもそ
うだが，多くの新興国はこうした川上の繊維工業が発達せず，縫製工場が中心
であるため，ベトナムやバングラデシュなどのように自国内で生地を調達でき
ず，他国からの輸入に依存するという形になっている。

　日本の場合，中間製品が国産化されており，戦前から生地を仕立てる洋装店
やテーラーが林立し，戦後においては家庭用ミシンの普及とともに，家庭での
洋裁も当たり前になっていた。婦人服の場合，戦前までは和装が定着しており，
戦後になると洋服の定着により今ではほとんど見ることのなくなった洋裁学校
も林立していた。

　現在からすれば当時のオーダーメイド主流は，一見贅沢に見えるかもしれな
いが，実際，背広を仕立てることは一生ものの製品を購入するに等しかったの
である。その後の既製服の台頭は，大量生産体制の確立を反映するとともに，
アパレルメーカーの急成長につながっていくことになった。1960年代から70
年代にかけて，オンワード樫山，レナウン，三陽商会などが次々と上場し，こ
れら大手アパレルの流通販路である百貨店側も紳士・婦人物のイージーオー
ダーから既製服の普及を見越して，積極的なマーケティング活動を展開してい
た。

　これらアパレルメーカーにやや遅れて，紳士服の路面店で全国的に販売網を
拡大していったAOKIホールディングス（1976年設立）や青山商事（1964年設立）
も1980年代後半に上場を遂げている。これら大型化したアパレル企業を中心
に，カジュアルや婦人服に特化した大小様々なアパレル企業が参入し，路面店
の紳士服チェーンにも多くの企業が参入するという状況になった。

　先発の大手アパレルメーカーは百貨店を販路としていたために，海外ブラン
ドと並んで国内の高中級価格帯を維持することができたが，紳士服チェーンは

それまでのテーラーの牙城を崩す低価格の既製服であることを前面に出して業績を拡大しており，価格破壊はこの頃から既に始まっていたのである。ただし1970年代までの大量生産は大量消費によって成立しており，製造の最終工程に位置する縫製業の賃金も安く，正規労働以外にパート労働や内職などにも依存し，あくまでも国内生産が主流だった。

　経済成長とともにインフレ率や賃金の上昇が起こり，やがて国内生産だけでは大量生産と低価格の両立と維持が難しくなってくる。この困難を乗り越える機会は，国際的な貿易環境の変化によってもたらされた。それは多角的繊維協定として知られているMFA（Multi Fiber Arrangement）の存在と撤廃だった。これはわかりやすく言えば，賃金が安い後発国，新興国では労働集約的な繊維産業に比較優位があり，規制なしで貿易を行った場合，先進国市場において先進国側の繊維と関連産業が打撃を受けるために，新興諸国に製品ごとに輸入割当を設定するという包括的な協定であった。

　MFAは，GATT（関税および貿易に関する一般協定）で採択された後，1974年に発効し延長を重ねた結果，1995年から漸次割り当てが廃止され2005年に全廃された協定だった。この協定によって欧米市場は新興国からの輸入攻勢を一定程度抑えることができた。そのおかげで少なくとも1995 - 2005年以前には，欧米先進国市場では辛うじて国産品の流通を維持することができた。

　MFAに加盟していなかった日本では，アパレル製品は1990年代までに中国製に置き換わっていたが，アメリカではウォルマートの店頭に並ぶアパレル製品は依然としてアメリカ製が多く，ヨーロッパではピオリとセーブル（Piore & Sabel［1984］）の研究に登場する北イタリアの名高い中小のアパレル産地企業・工場間ネットワークも現在よりもはるかに機能しており，市場に対応したその柔軟な生産ネットワークは産地集積型のロールモデルとみなされていた（その後，北イタリアにも中国資本が進出していくことになる）。むろん縫製業の賃金コストは，アジア系などの移民労働者を雇用することでアメリカ国内でも低く抑えられており，自社工場を持たないファブレス企業は，割り当て制の下で中国や新興国の契約企業・工場から本格的に製品を調達しはじめていた。

　製品を輸出する側の新興国でも，自国の割り当て量を超えて輸出するため

に，割り当て未達の他の新興国や途上国に進出した結果，中国や韓国の中小の
アパレル製造企業が，東南アジアや南米などで見られるようになった。そして
割り当て制を設けていない日本では，アパレル生産者たちはこぞって中国へ進
出し国内生産を海外生産に切り替えていったのである。

　こうした1990年代の動向の中で，後述するようにアパレルの大手ファブレ
ス企業，ファストファッション（以下FF）が台頭するようになっていく。フ
ァブレスである限り，コストの低い海外工場と契約することは合理的であり，
FFだけでなく，既存のメーカーや商社もこぞって海外に進出するか，現地企
業と契約を交わしていったのである。そのため日本のアパレル製品の非国産化
は欧米以上に速く進行していった。

　1990年代にはアメリカのウォルマートで売られている既製服には国産品が
まだ多く残っていたが，ナイキやGAPなどのファブレス企業はいち早く分散
した海外生産拠点を擁していた。そして，当時はこうした世界的なサプライチ
ェーンが輸出国における劣悪な労働条件や児童労働の使用によって成り立って
いるという国際的な批判によって，企業そのものがサプライチェーンと契約工
場の監査などの見直しを迫られるようになった時期でもあった。

　ナイキは1968年，GAPは1969年に設立されており，1970年代以降の成長
過程において，いち早く海外の契約工場との間に生産ネットワークを構築して
きた。こうしたファブレス化の動きは，老舗のアパレルメーカーにも浸透して
いくことになる。その好例がジーンズでおなじみのリーバイスである。リーバ
イスが欧米のアパレルメーカーの最古参に位置することは疑いないことであ
る。なぜならばジーンズの誕生と普及の歴史において，その歩みが重なってい
るからである。

　1853年にリーバイス・ストラウスによってサンフランシスコで設立された
リーバイスは，その後デニム生地を用いた丈夫なジーンズの改良を重ね，アメ
リカのみならず世界に普及させたということでもよく知られている。いくつか
のタイプ，例えば500シリーズのように複数の製品タイプを製造してきたが，
アパレル業界においては基本的には標準化・大量生産の先駆け的な存在でもあ
った。

リーバイスの女性用ジーンズ発売の広告（1930年代）
Levi Strauss & Co. Levis History より。
https://www.levistrauss.com/2017/03/08/levis-put-pants-womens-
movement/　2022.6.1. 閲覧。

　リーバイスは1910年代にフォードと同じ流れ作業を縫製工程に既に取り入れており，スーツや婦人服などと異なり，ジーンズという一定程度型にはまった製品の「商品特性」がいち早く既製品化を進めることにつながっていったということで画期的であった。当初の作業着の枠組みを越え，やがて男女，年齢関係なく幅広い顧客を獲得しファッションアイテムとして認知されていくことになる。そのリーバイスでさえ，2000年代以降，国外に生産をシフトさせ，2017年までに国内生産を終えるとともにファブレス化している。

　2005年以降，世界のアパレル企業は中国，ベトナム，バングラデシュなど新興国への生産移転を加速化させ，先進諸国内の縫製業は絶滅寸前の状況である。他方でFFの台頭は，既存のアパレルメーカーやブランドを窮地に追い込み，多くの負け組を生み出してきた。むろん，これら負け組企業も手をこまねいていたわけではない。生産の海外シフトや海外進出，新しいブランドの追加など多くの試みがなされたが，破たんから逃れることができなかった。

　次にそうした欧米および日本の負け組企業がたどった軌跡を追ってみることにしよう。そこから浮かび上がるこれら企業の姿は，FFでさえも市場から消えかねない厳しいアパレル業界の競争を物語っているのである。

3── アパレル企業の栄枯盛衰

　大量生産・大量消費に伴って，製造業側にとって大きな問題となるのは過剰在庫問題である。トヨタ生産システム（TPS）の要であるジャスト・イン・タイムのように，組み立てメーカーが部品メーカーに対して組み立てに必要な分だけの部品を適時納入させることで，過剰な在庫を持たないことは合理的であるが，これはあくまでも組み立てメーカーと部品メーカーとの情報ネットワークと強固な取引関係を前提としているシステムである。何よりも組み立てメーカーの強い権限の上に成立しており，必ずしも他の産業・業種が模倣できるわけでない。

　今日のように自動車に限らず，多品種少量生産・需要の多様化を通じて，在庫を可能な限り持たなくすることは他の製造業にも広がっており，以前よりは可能になっているのも確かである。ところが，アパレル産業では在庫問題は，常に企業そのものの死活問題であり続け今日に至っている。大中小様々なアパレル企業が破たんの憂き目にあうときに顕在化するのは過剰在庫問題であり，それは販売に失敗し損失を示す簡単な指標となっている。

　次の流行を予測し，あらかじめ商品を製造し在庫を持つということは，アパレル企業の経営行動として定石であるとともに，リスクを抱え込むことは避けられない定めとなっていた。むろん自動車などのようにジャスト・イン・タイムを模倣することはできなくても，少量生産で商品回転率を高くするZARAのようなやり方もあるし，近年における紳士服のオーダーメイド，イージーオーダーのような受注生産に特化した企業の出現と復権も，こうした問題への対処の１つであろう。

　既製服のような大量生産は，学生服や制服のように戦前から定着していた場合もあるが，この場合は1960年代の一般的な既製服と異なり，サイズを別にすれば色などすべて統一されていたことや，学校側などによる発注もあり，全体の需要予測も容易で一般的な学生服は在庫売れ残りとならず，しかもシーズンの繰り越しも可能である。学生服も多様化しつつあるものの，現在でも伝統

的な制服メーカーが集中する岡山などの産地は健在である。また B2B のノベルティ需要やタオルやハンカチなどの高級ギフト需要を獲得しているメーカーは，在庫問題から比較的自由である。しかし，広いアパレル業界の中でこうした過剰在庫問題から自由である企業は，依然として例外側にある。

　今や日本におけるアパレルの国産化率（数量）は 3％にも満たず，FF であれば，服のタグを見てメイドインジャパンに遭遇する確率はゼロに近いと言ってもよい。今では遠い昔となってしまったが，少なくとも 1960 年代までは国産化率は 100％に近く，既に見たように，衣料品や繊維製品は日本にとって重要な輸出品目であった。

　アパレル産業では 1960 年代以降，成長と発展を遂げたアパレルメーカー（主として製品企画から外注を含む製造，卸売りまでのトータルコーディネートを行う企業），アパレル関連の商社などの退潮が著しく，1990 年代以降，大手だけでなく中小も含めて事業所数は減少をたどってきた。特に大手アパレルの不振は，2 次下請け以下の事業所をはじめ，多くの関連取引企業にも影響を与えてきた。

　2020 年に大阪を拠点としたレナウンの破たんが報じられたが，それ以前にレナウンは長期にわたって経営難に陥っており，中国の大手繊維メーカー（山東如意集団）に 2010 年に買収され，その傘下に入っていたが，立て直すことができず，2020 年に破産に至った。レナウン自体は 1960 年代以降「レナウン娘」や「イエイエ」のテレビ CM で広く知られるようになり，主力の女性用衣料品だけでなく，アーノルドパーマーや紳士服のダーバンなどのブランドを次々

レナウンのテレビ CM（1960 年代）
朝日新聞デジタル「アラン・ドロン？イエイエ，高倉健も　破産のレナウン」
2020.11.18. より（https://www.asahi.com/articles/ASNCK6G17NCHUCVL016.
html）　2022.6.1 閲覧。

と展開して，1990年代に入ると一時期アパレルメーカーとして世界一の売上を記録したこともあるほどのLCだった[8]。

レナウンは高度経済成長期に現れた会社のように見られがちだが，実は創業100年以上の老舗であり，1902年に佐々木八十八が大阪で創業した佐々木商会がその前身である。レナウンという名前も商標として新しいものではなく，1923年に事業登録されており，戦後の1955年にレナウン商事に屋号を改め，1967年にレナウンになっている。戦前には「昔舶来，今レナウン」というキャッチコピーを既に浸透させていたのである。

レナウンという名称は商標登録の前年に来日していた英巡洋艦レナウンからとっており，業績の拡大には，高級メリヤス（編み物）製品の製造で成功したことや戦前から戦後高度経済成長期にかけて辣腕をふるった尾上設蔵，清親子の存在も大きかった。既に関西では早い時期から名門企業として君臨しており，繊維産業の中心地，「東洋のマンチェスター」と呼ばれた大阪の象徴的な企業の1つでもあった。

1960年代の後半から70年代にかけて海外の大物スター（シルビー・バルタン，アラン・ドロンなど）をテレビCMに起用し，高級紳士服ブランドの「ダーバン」や「シンプルライフ」などのブランドを次々と立上げ，女性向け衣料だけでなく紳士向け衣料においても，中級から高級イメージを消費者に植え付け全国的な展開と自社ブランドを定着させていった。

レナウンに限らず，それまでの日本の代表的なアパレルメーカーは，バブルがはじけるとそれまでの好調さと裏腹に失速し始めることになる。以後2000

過剰在庫によって，アパレル衣料品の価格破壊は常態化してきた。
大阪心斎橋商店街にて（筆者撮影）

年代から今日に至るまでアパレル産業は構造不況下に置かれてきた。ここでの構造という意味は，複数の要因が絡み合った不況ということである。

4 ── アパレルメーカーと百貨店

　既に強調したように，元々アパレルメーカーにとって最も大きな悩みの種は在庫管理の問題であった。先のシーズンを読んで生産発注をするわけだから，売れ残った分は滞貨となる。そのためシーズン終了にはバーゲンセールも行うが，このあたりが限界で自社ブランドを損壊させるわけにはいかないため倉庫に在庫が積み重なり，最終的には膨大なごみとなってしまう。ノンブランドについては買い取り業者が二束三文で引き取り格安量販店行きとなる。

　この問題は流通ルートと密接に関係しており，大手アパレルは百貨店を流通の主戦場とすることでこの問題を回避することができた。戦前においても戦後の高度経済成長期においても，百貨店は一等地にあって流行の発信地であるとともに流通の花形であった。百貨店に置かれたブランドに対する消費者の信頼は厚く，店頭に置けば売れるという状況だったため，地方のアパレル商社などもこぞって百貨店への納入を目指したのである。

　ここから百貨店のアパレルメーカーに対する優越的地位を容易に読み取れよう。現在の大型小売店や家電量販店のメーカー全般に対する優越的地位と類似したものであった。またメーカー側にとって百貨店は最も重要な販売サイトであり，そこに出店すること自体が企業のブランド価値を上げていたのである。しかも出店において，大手アパレルメーカーのみが結果的に優遇されるという販売システムが主流となっていたのである。

　レナウンだけでなく，老舗大手アパレルに共通していたのは，4P（Product, Price, Place, Promotion）の中の Place である流通小売りの部分が戦略的重要性を持っていたという点である。オンワード樫山，三陽商会，ワールドの大手の中で，レナウンと規模とビジネスモデルで最も共通しているのがオンワード樫山である。1927 年に樫山純三が大阪で創業した樫山商店が前身で，その後に東京に拠点を移し，1961 年には上場を果たしている。レナウンより創業は後

とはいえ，こちらも大阪発の老舗アパレルメーカーである。ビジネスモデルで共通しているのは Place の百貨店である。そして価格帯も同じくらいで，今日の「23区」など多ブランド展開においても共通している（現在オンワードは EC 販売にも注力している）。

この2社のビジネスモデルの共通性は百貨店での小売りに依存していたことで，これは百貨店側にとっても中価格帯以上の大手老舗ブランドを取り込むことで，少なくとも 1980 年代までは集客を見込めることができた。他方で 1970 年代頃までは百貨店自身は，自らリスクを負って全品買い取り仕入れを行うことが多かったが，1980 年代には消化仕入れ・委託販売方式を導入し，オンワードやレナウンのような大手アパレルとの相互依存関係を強めていった。

委託販売や消化仕入れとは，いったん百貨店側はアパレルメーカー側からすべての製品を仕入れる形をとっているが，実際には売れた分しか仕入れ分として計上されない方式である。返品分は企業側が返金しなければならないが，次の仕入れ製品のところで相殺勘定されることになるため，早い回転率で新製品を納入できる大手にとって有利な仕組みとなっている。これによって大手アパレル企業は安定した販売サイトを確保しつつ，自社製品を有名ブランドにすることができた。

木下［2005］の研究によれば，1970 年代までにレナウンは百貨店を中心としたブランド戦略に注力し，その結果として従来の製造卸から脱却できず，その後の製造小売りへのシフトに乗り遅れたとしている。事情は樫山や三陽商会などの既存メーカーにおいても同様だった。これらの既存メーカーは，その後も売り上げの約 50 ～ 70% 前後を百貨店への流通チャネルに依存したままであった。

他方で，石井［2004］の研究では，1980 年代までに専門店などの流通チャネルを開拓し販売網を強化した新興メーカーが新たな勢力として台頭し，小売機能を包摂して現在の製造小売りにより近い性格を備えたメーカー・企業が現れたことに注目している。1959 年に神戸で畑崎廣敏らによって設立されたワールドや，1950 年に大阪船場で辻村金吾が創業したイトキン（東京）などがそうした新興メーカーに該当し，DC ブランド（イッセイミヤケ，ワイズ，コム・デ・

ギャルソンなど）もこれらに含まれる。

　1990年代にはワールドが製造小売りの先駆けとなっていくが，基本的には大手アパレル企業と百貨店の相互依存関係は，バブルがはじけ百貨店が斜陽化することで大手アパレルも経営不振に陥っていくことになる。ただし，百貨店の不振がアパレル企業の不振のはじまりということだけでは不十分であろう。人々の足が百貨店から遠ざかったのは，新しい小売り流通の場に人の流れがシフトしたのであり，それがGMS（総合スーパー）や郊外型ショッピングモールだったのである。

　百貨店のアパレル売り場の低迷は，消化仕入れ方式のように百貨店が商品を自ら買い取ってリスクを取らないことや，こうした方式に依存していたアパレルメーカー側に問題があったことは確かだが，それだけでは既存のアパレルメーカーの低迷を説明することはできない。GMSなどに商品を納入している大手アパレルメーカーも低迷しており，そうした販売ルートに依存していた岐阜などの中小アパレルメーカーも同じ状況だからである。

　バブルがはじけてから消費者はより安価な製品を求めるようになったことと，それまでの百貨店の購買層の世代が新しくなることによって，これらの新しい購買層は百貨店やGMSで衣類を買わなくなったのである。この購買層の交替とこれに対応したユニクロで知られるファーストリテイリングやしまむらなどの新しいアパレル企業の台頭こそが，既存アパレルメーカーの低迷につながったのであり，さらに今日ではユニクロの一人勝ちが目立つようになっている。

5── 日米におけるプレイヤーの交代と新しい　　　　リーディングカンパニー

　2020年にはじまったコロナ禍を通じて，アパレル業界ではユニクロ以前の既存企業の破たんを引き起こし，ECにも強みを持つユニクロの一人勝ちを鮮明にしてきた。そして，2021年にはファーストリテイリングの時価総額が10兆円を突破し，世界のアパレル企業の売上首位のZARAを時価総額で遂に抜

くまでになっている。

　いわゆる SPA と呼ばれる製造小売り（speciality store retailer of private label apparel）は自社の工場を持たないビジネスモデルであり，小売りの側が企画から製造販売を行うことで，工場への投下資本を省いて身軽になった分，企画開発からマーケティングに力を入れることができる。契約する協力工場はほとんどが日本より労賃コストの低い海外である。一時期中国に協力工場が集中していたが，中国での労賃コストの上昇によって，今日ではよりコストの低いベトナム，バングラデシュなどに分散する傾向が強くなっている。

　ヨーロッパでは H&M や ZARA が SPA の先駆的企業となっているが，第 2 次大戦後のアメリカでは 1970 年代半ば頃までには，既製服製造の中核が大規模製造業者から小売業者側へ移り，ウォルマートを皮切りに GAP やザ・リミッテッドなどが代表的な SPA として登場し，1980 年代半ばまでにはその地位を確立していくことになった[9]。それらのサプライチェーンは周知のごとく海外にまで広く拡大していくことになった。

　日本では SPA だけでなく，商社や中小メーカーも生産を海外へシフトさせ，1990 年代には衣類のほとんどがメイドインチャイナになるほどだった。こうした変化の代償は，国内の既存アパレルメーカーの経営不振と多くの縫製会社の廃業であった。ただし，生産拠点の海外シフトによる低価格の実現だけでなく，それが小売側の販売網と結びついたことが SPA の台頭の理由であって，ユニクロが台頭する前よりそれは既に紳士服の量販店で生じていた。

　ユニクロ同様，路面店を中心に紳士用スーツの価格破壊で成長し，世界一のスーツ販売量（ギネス認定）を誇った青山でさえもこうした構造不況には耐えられず，カフェ経営などへ事業を多角化せざるをえない状況となっている。つまりことは単純に Place や Price の問題に帰することができないことを示している。コロナ禍において，テレワークが浸透しスーツが売れなくなったというのは確かだが，スーツの販売不振はコロナ禍以前からの現象であったことも確かである。

　こうした構造的不況は日本だけでなく，欧米においても既存のアパレルブランドが売れないということでは共通している。コロナ禍以前にはイギリスのア

クアスキュータム（1990年レナウンが買収，その後売却され2012年破たん，ブランドは存続），アメリカではアメリカン・アパレルやザ・リミテッド，バーニーズNY，フォーエバー21などの大手が次々と破たんしている。コロナ禍においては2020年だけでもJ・クルー，そして紳士服の老舗店であるブルックスブラザーズ，紳士服のテイラード・ブランズが破たんしている。またJCペニーやニーマンマーカスなどの百貨店も破たんしており，イギリスではアルカディア・グループや有名ブランドとして知られたローラ・アシュレイが破産している。

　これら破たんしたアパレルブランドは高価格帯から中価格帯に属し，リアル店舗だけでなく近年ではECにも注力していたが，コロナ禍も重なり，破たんを避けることはできなかったのである。直接の原因は既存ブランドが売れなくなったということに尽きるが，その理由は主としてトレンドとのずれとターゲットとする購買層の交代による顧客離れに起因するものであった。

　例えば老舗として知られるブルックスブラザーズ（以下BB）は，1818年にニューヨークでブルックス家が創業し，以後リンカーンをはじめとした歴代アメリカ大統領が愛用した紳士服ブランドである。BBが当時革新的だった点は，

左ブルックスブラザーズの初期の店舗（19世紀前半頃），右1926年，ニューヨーク，マンハッタンの6店舗のロケーションを表した同社のマップ。
　　同社，BROOKS BROTHERS HISTORY より。
　　https://magazine.brooksbrothers.com/right-place/　2022.6.1.閲覧。

それまでのスーツ，背広がテーラーを通じて購入するオーダーメイドであった
のに対して，世界で初めてこれを既製服（レディーオーダー）として製造販売し
たことにある。

　同時に BB はアメリカントラディショナルスタイルを確立して，ボタンダウ
ンシャツなどの普及に努め顧客層を広げていったが，世界的な事業展開は意外
に遅かった。日本に 1979 年に進出したのを皮切りに，時間をおいてヨーロッ
パやアジア（中国，韓国）にも進出した。BB はスーツの既製服化によってコス
トダウンを図っただけでなく，ニューヨークなどに限定した高級店舗を構える
ことで，国内市場に向けたラグジュアリブランドとしての定着化に成功した。
そもそも所得水準の高いアメリカ都市部に対応したビジネスであったため，海
外進出が遅れたことも特に不思議ではなかった。

　要するにアメリカの紳士服業界では国内市場を重視したラグジュアリブラン
ドを築き上げていたために，対外市場戦略は軽視される傾向があった。事情は
1938 年創業のポール・スチュアートも同じで，アメリカ以外では海外市場は
事実上日本だけにとどまっていた。このため 2013 年に三井物産が買収し完全
子会社化している。コロナ禍でテレワークが増え，スーツ需要が激減したとい
うのは表面的なことで，BB にしてもポール・スチュアートにしても以前から
スーツ不況に苦しんでいたことがわかる。

　コロナ禍以前からアメリカではテレワークが進行しており，シリコンバレー
で働く人々と CEO たちは，もはやスーツを着ない階層になっていた。シリコ
ンバレーに代表されるように，こうした産業変化に伴い服装も変化したこと，
およびアイビースタイルから発生し進化を遂げた BB やポール・スチュアート
のスーツそのものが，新しい世代の購買層にとって，もはや時代遅れでスタイ
リッシュではないと捉えられてもおかしくはなかった。こうしたことに加え
て，新しいブランドの開発や海外市場の開拓を怠ったことも国内市場依存を高
め，国内売り上げ減をカバーすることを困難にしていた。破たん前に BB が購
買者層に訴求できた事業は，店内にカフェを設置することぐらいだった。

　ラグジュアリブランドの紳士服だけでなく，既に見たように低価格帯の紳士
服で成長を遂げた日本の AOKI や青山も苦戦していることから，日米のスー

ツ業界全体が苦境に立っており，スーツ自体が売れないという状況が続いている。そして破たん事例については中価格帯以下のカジュアル衣料ブランドにもおよんでいる。

　1983年創業と比較的設立年数が新しい衣料チェーンであるJクルーの破たんも，全米に大きな衝撃をもたらした。一時期レナウンともライセンス契約を結び，日本でも知名度の高かった同ブランドは，カタログ販売からスタートして全米に店舗を構えるまでになった。ネットが普及し始めた1996年からオンライン販売にも注力していた。2000年代から不振に陥り，日本市場からも撤退，コロナ禍以前から店舗閉鎖が相次ぎ，2020年に連邦破産法11条の適用を受けることになった。

　不振にあえぐ中，2010年に投資ファンドのT&GなどがJクルーを買収しており，このとき買収対象企業の資産を担保に銀行からの借り入れを通じて買収を行う，LBO（レバレッジバイアウト）が用いられた。米国の場合，投資ファンドによるM&Aが多く，その後の再建時にもLBOによる負債が負担となることも少なくない。このように破たん後の再建も容易ではない。

　一方アメリカでのFFの嚆矢は，言うまでもなくGAPである。1969年にフィッシャー夫妻によって創業し，SPAという概念自体もGAPによって提唱されたものである。オールドネービー，バナナリパブリック，アスレタ（スポーツウエアなど）などのブランドを持ち，コロナ禍で店舗数の削減や一部ヨーロッパからの撤退や，ウォルマートとの独占販売契約や構造改革を経て，規模的には依然として世界のFFで5本の指に入るまでになっている。

　低価格帯製品については，GAPやウォルマートがアパレル業界の主流であることに変わりはない。FFの強みはカジュアル衣料であり，顧客ターゲットが狭い「商品特性」を持つスーツと異なり，広い性別・年代層に顧客ターゲットを設定しやすく市場規模も大きい。価格帯も自社ブランド内でのすみ分けが可能で，例えばGAPの場合，オールドネービーはより低価格帯の製品を取り扱っており，ファーストリテイリングならば，ユニクロに対するGUに相当する。

　むろんFFといえどもその地位は安泰ではない。どちらかといえば高価格帯

ブランドになっているナイキやリーバイスも含めて，これらのアパレル企業は多国籍化しているが，従来の多国籍企業と異なって，そもそも現地に自社工場を持っていない。直接的な生産工程は協力工場が担っているため，現地においては協力工場の選別と店舗の管理が主な業務となっている。このため協力工場側の労働や原材料のトレーサビリティが世界的により求められるようになっている。

　1990年代の新興国における協力工場での児童労働を発端とする全米での不買運動や今日のSDGsの浸透によって，購買側はより総合的なトレーサビリティに敏感になっている。このため従来のコスト面からの製品調達を中心としたサプライチェーンの構築から，より包括的なサプライチェーンの見直しが，FFを中心としたアパレル企業側の新しい市場戦略の1つとして既に加わっているのである。

6── 糸へん産業の歴史から読み解く市場戦略

　糸へん産業の歴史を振り返った場合，中間財に位置する綿工業では，紡績・織布・加工などの製造過程の統合化と大規模化において，戦前期までに世界市場において日英の逆転が生じていた。戦後においても綿紡績業はしばらくの間は花形産業でありえたが，1970年代以降，構造的な不況産業に転化していくことになった。

　ここで重要な点は，大手紡績会社が斜陽期に共通して採用した市場戦略である。それは繊維事業以外に，自動車やエレクトロニクス産業への部品供給を含む複数の新たな中核事業を成長させてきたことである。大手紡績は繊維事業そのものが化繊も含めて，そもそも多角化してきたこともあって，化成品への応用も容易にし，中間財（生地）においても製品高度化と重化学工業化を実現して，国際競争力を維持することにつながった。

　ここでは大手素材・中間財メーカーが技術的な蓄積，あるいは総合的な経営資源の蓄積（リソース・ベース・ビュー）に基づいて，関連多角化を行った場合の有効性が示されている。それではアパレル産業の場合はどうだったろう

か。日本では製造卸を中心とする既存のアパレルメーカーは百貨店という流通チャネルへの依存度が高いために，バブル後の低価格製品需要に対応できなかった。

　また低価格であっても，紳士服の場合，青山やAOKIのように販売量で世界トップクラスに達して表面的にLCに発展しても，スーツそのものの「商品特性」によって，商品回転率がカジュアル衣料より低く，顧客や地理的市場のターゲットが限定されることでの市場規模の制約，外部環境の変化（脱オフィス，オフィスのカジュアル化など）によって成長が止まるケースもある。

　現時点では，専門店などのチャネルを増やしSPA化した新興アパレルメーカーが先行し，よりSPAとしての規模を巨大化させたFFのユニクロが市場での最大プレイヤー，LCとなっている。しかしながら，SPAとFFは必ずしも戦略的な解ではないこともアメリカの現状は物語っている。巨大SPAにおけるFF間の競争を通じて，LCから転落するケースも起こりうるのである。ECを中心としたスタートアップ企業の参入においても，またFFとは対極のスローファッションや高付加価値・高価格製品に特化した国内製造企業が現れているように，大手SPA側もテーマ性の高いブランドを加えていくのが当面の選択肢の1つなのかもしれない。

【注】
1 ）ニチボー株式会社［1966］p.237。
2 ）米国の綿工業については，安部［2002］所収，安部「Case 2 ニューイングランド綿工業の発展」参照。
3 ）東洋紡の場合，合併を経て所有と経営の分離が進んだが，大日本紡績のように分離が遅れた場合もある。川井［2007］pp.71-72。
4 ）日高［1966］参照。阿部［2020］p.469。
5 ）鐘紡株式会社［1988］p.77。綿花のブレンド（混綿）は，その技術面も含めて各社機密扱いとしていた。より高級な細い糸（高番手糸）を生産する場合はアメリカ綿の方が適していた。
6 ）地引［1997］p.42。
7 ）木下［2009］p.191，木下［2016］も参照。
8 ）以下レナウンについては，主に木下［2005］を参考にした。
9 ）Linden［2016］pp.12-13.

第**3**章

ミシンをめぐる覇権と市場戦略の歴史

1——ビジネスヒストリーの中の破壊的イノベーション

「破壊的イノベーション」とは，クレイトン・クリステンセン（Christensen [1997]）が唱えたイノベーションの1つであるとともに，経営・企業側の市場への対応に焦点を当てたものである。それまで古典的なイノベーション自体の定義は，経済学者のシュンペーター（Schumpeter [1912]）によって行われていた。馬車に代わる自動車などの画期的な製品の登場などに代表されるプロダクトイノベーション，事業部制などの導入による経営組織の変化やフォードシステムなど生産工程における変革，いわゆるプロセスイノベーションと呼ばれるものや，さらには新市場の開拓などもイノベーションの1つとなっている。

こうした大きな社会経済活動の変化や景気循環を説明する際に，シュンペーターのイノベーション論は昔から定番のように引用されてきた。そして，より企業論的な視点から定義されたのが「破壊的イノベーション」である。その著書のタイトルが「イノベーションのジレンマ　技術革新が巨大企業を滅ぼすとき」という逆説的なタイトルであったために，一種の衝撃をもたらしたのである。むろん巨大企業は技術革新に無関心なわけではなく，R&D（研究開発）投資にも積極的である。それにもかかわらず，滅びるとはどういうことなのだろ

うか？

　市場においてトップシェアを誇る巨大企業は，クリステンセンが呼ぶところ
の「持続的イノベーション」を創出することに常に余念がない。決してイソッ
プ寓話のキリギリスではなく，蟻としての地道な努力を怠っていない。ところ
がこれらのイノベーションは技術・製品改良の域を出ないことが多く，あく
までも小さなイノベーションであることが多い。ドラッカー（Drucker［1985］）
をはじめとした従来の経営学者たちが念頭に置いてきた概念に近い。

　ところが，あるとき新規参入企業が劇的にコストと価格を引き下げた製品・
サービスによって市場に参入した場合，それまでの市場における巨大企業の
ライオンズシェア（獅子の分け前）は急速に脅かされることになる。この場合，
当該産業の新規参入・後発組は，技術吸収を通じてコスト・価格面において市
場では先発組に対して優位に立つことになる。耐久消費財の場合，メーカー間
の覇権の交代は PC や家電のように比較的早く進む傾向も知られている。IBM
はかつて PC を製造していたし，GE も家電を製造していた。ただし，これら
企業が選択したのはそれまでの製品からの撤退と新事業へのシフトであった。

　このあたりの思い切った事業シフトは後発組の追い上げも予測したうえで
の，より高い事業収益モデルへの転換であった。近年では GAFAM でも常に
こうしたシフトを模索している。日本企業についても同様の事例は多い。ただ
し，日本の家電メーカーに見られるように，それまでの主力事業から撤退し，
大胆な事業シフトを実行するというよりも，当初のコア事業も維持しつつ，新
しい収益事業を伸ばすケースが多く，多角化戦略の一環となっている場合も多
い。ソニーのエンターテイメント事業へのシフトはそうした典型的な事例であ
る。

　一方でシャープのように，家電製造に固執し台湾の鴻海精密工業に買収され
た事例や，現在も東芝やパナソニックのように，事業シフトを模索し続けてい
るメーカーは多い。世界最初の耐久消費財といえるミシンについても，20 世
紀末以降に生じたアジアにおける家電製造の覇権交代と似たことが起きてい
た。19 世紀前半に登場したミシンの場合，その「商品特性」として，操作に
対して一定の習熟が必要であったにもかかわらず，既製服が普及していない世

界では，まさに家電が登場したときのように大きな需要が期待された。

　最終的にミシンメーカーは，日本の家電メーカーのような戦略的な岐路に立たされることになる。そのとき既存のリーディングカンパニー（以下 LC）と日本メーカーの間において明暗を分けたものは何だったのだろうか。結論を先取りすれば，それは後の事業シフトと製品多角化の成否の差であった。これに加えて市場範囲と市場環境の変化，政府の後援などの複合的な要因も重なった。

　工業史の中では現在のミシンの原型となり本格的に普及したものは，アメリカ人のウォルター・ハントによって 1830 年代はじめに発明されている。それ以前にもミシンは西欧で発明されていたが普及していなかった。当時ハントのミシンは特許を取っていなかったため，その後すぐ，同じアメリカのエリアス・ハウが正式な特許を取得している。ハント型ミシンはさらに改良され，1850 年にアイザック・メリット・シンガーが特許を取り，彼は後のシンガー社を創業している。

　こうしてミシン製造業は後のシンガーを中心にアメリカから，欧米市場を中心に世界に広がり，日本では遅れて 1921 年にパイン裁縫機械製作所（後のジャノメ）やブラザー工業の前身が設立されるに至っている。第 2 次大戦後もシンガーなどに加えて，日本でも多くのミシンメーカーが市場に参入していた。

　名古屋市のブラザー工業本社近くにあるブラザーの展示館ブラザーコミュニケーションスペースを訪問すると，入り口からすぐ入ったところで，世界のミシンメーカーを記した多くのネームプレートが展示してある。そして，おびただしい数のそれらの会社名を知っている来館者はほとんどいない。それもそのはずで，これらネームプレートの会社のほとんどは消滅しているからである。現在では日本メーカーを含めて，グローバルな事業展開をしているメーカーは数社にすぎない。そして，この分野における今日までの勝ち組は日本メーカーである。JUKI，ブラザー，ジャノメなどのおなじみの会社である。ところが一般の消費者にとっては，今やミシンという耐久消費財については特別な思い入れはなくなっているのが現状である。すっかり家庭で見かける機会が少なくなってしまったからである。

　かつてミシンメーカーの店舗は，日本全国，地方の街にまで浸透しており，

ブラザーをはじめジャノメ，シンガーなどの看板は当時の人々にとってはおなじみのものであった。それらは家電メーカーの代理店，いわゆる街の電気屋さん同様に今では見かけることが少なくなってしまった。世界市場における日本の家電製品同様，ミシンも耐久消費財として世界市場から後退してしまった結果なのだろうか。

　高度経済成長期までは，日本の各家庭には必ずと言っていいほど，足踏みミシンが鎮座していた。その後電動ミシンが普及しミシンは家電製品の仲間入りを果たしたが，3種の神器（テレビ，洗濯機，冷蔵庫）以前にこれほど家庭に普及した耐久消費財は少ない。洋装の普及は戦前にまでさかのぼれるが，既製服は十分に普及していなかった。量産できる既製服の普及は意外と遅く，1960年代以降のことで，背広と同じく婦人用の洋服も仕立ててもらうことが主流だったため，街にはテーラーや小さな洋装店も多かった。

　当時は洋裁学校も多く，若い女性の教育機関の役割も担っていた。Gordon［2012］の研究が明らかにしているように，こうした時代背景の中でミシンは日の当たる耐久消費財の道を歩んできた。新聞，雑誌には各ミシンメーカーの広告があふれ，家庭にミシンがあるのは当たり前の風景だった。日本で戦後ミシンが普及した理由の1つには，家庭の内職用としてもミシンが必要だったこともある。主婦が外に出て働くことが少なく，また外に出るにしても縫製工場でミシンを用いることが多く，急速に普及しつつある既製服製造のための労働力を担っていた。そして，これら既製服は戦後の主要輸出品にもなった。

　この世界最初の本格的な耐久消費財の普及と企業をめぐっては，多くの研究者の関心を集めてきた。まずミシン製造と経営をめぐっては，シンガーを中心としてこれまで多くの著作，論文が世に出ている。経営者たちの活動については，Brandon［1977］，初期の多国籍的な活動について Godley［2006］や田中［2019］などの研究があるし，日本のミシン産業の発展への関心から岩本［2017］のような産業史をつづった重厚な著作もある。

　シンガーの覇権をめぐっては，量産体制を構築した当該産業の生産そのものだけでなく，販売・マーケティング側の研究者の関心も集めてきた。本章でも参考としている石川［2007］，小原［2012］はそうした代表である。自動車よ

りも古い耐久消費財であるミシンについては，関連研究についても膨大である。本章ではこれら研究にも依拠しつつ，シンガーから日本メーカーへの覇権の交代がなぜ起きたのか，という点に焦点を絞っていきたい。なお，ここではメーカー側の市場戦略を明らかにしていく上で，限定された先行研究だけに絞り込んだことを断っておきたい。

2── シンガー帝国の形成

　1851 年，アメリカ人のアイザック・メリット・シンガーが弁護士エドワード・C・クラークと共同創業した I. M. Singer & Co. が後のシンガーである。1850 年代のミシンをめぐる特許紛争の中で，自社の特許をベースにして頭角を現したメーカーこそがシンガーであり，19 世紀後半から 20 世紀初頭にかけて現れた初期のビッグビジネスの 1 つであるとともに，多国籍企業の嚆矢でもあった。

　ミシンに関する特許は，当初，ほどけにくい本縫い（ロックステッチ）の技術などをめぐって，ウォルター・ハント，エリアス・ハウなどの発明と複数のミシンメーカー間で特許争いが生じていた。1856 年に特許権争いをしていたシンガーを含む 5 大メーカーとハウがパテントを共同でプールするパテントプール制を採用したことで，各社の量産体制が本格化していくことになった。そして，これは同時に大手メーカー間の本格的なミシン戦争への突入を意味するものであった。

　シンガーは当初ニューヨークを製造拠点としていたが，1885 年にはスコットランドのクライドバンクにおいて世界最大の工場を操業し，世界各地で事業を展開してその名と製品は世界に轟いていくことになる。耐久消費財を製造するメーカーとしては，T 型フォードに代表される自動車の普及に貢献したフォードに匹敵するほどのインパクトを持ちえた会社だったのである。

　シンガービル（別名シンガータワー，47 階建て，187 メートル）といえば，1908 年の竣工当時，世界一高いビルであるとともに，ニューヨーク，マンハッタンのシンボルであった。後のエンパイアステートビルに匹敵するアメリカのビジ

シンガー創業者アイザック・メリット・シンガーと創業時の製品
シンガー社ホームページより。https://www.singer.com.tr/en/corporate/history
2022.5.1. 閲覧。

ニューヨークのシンガータワー
Library of Congress より。https://www.loc.gov/resource/ppmsca.44318/?st=image
2022.5.1. 閲覧。

ネスを象徴するランドマーク的な建造物であった。後にこのタワーはシンガー
帝国の凋落と運命を共にしており，1967 年に都市再開発のために解体されて
いる。

　アメリカ経営史上における企業としてのシンガーの特筆すべき点は，当時高
額の耐久消費財だったミシンにいち早く信用販売，すなわち月賦販売を導入し

たことであろう。このシステムは家具など一部の高級財にも適用されていたが，企業単位で本格的に導入したという点では先駆的で，南北戦争後，信用販売は急速に普及していくことになる。その後，ピアノや自動車など多くの高級耐久消費財の販売に用いられていくことになる。

　シンガーは創業から6年目に月賦販売を導入しており，石川［2007］によれば，特約代理店を通じて訪問販売を拡大していくことになり，これによって販売台数を飛躍的に伸ばしていった。20世紀に入っても信用販売は不可欠で，1920年代において月賦販売の比率は全体の90パーセントに達していた。他方で所得水準の高くない購買層にも当初は信用販売を行っていたため，金利負担や延滞などのリスクにも企業本体はさらされていた[1]。シンガーにならって他のミシンメーカーも月賦販売を導入していったが，初期においては内部化された契約制で，信販会社と購買者との契約でなかったため，メーカー本体における負担やリスクもつきものだった。

　1850年代から70年代にかけて多くのミシンメーカーが参入し，その数は1880年頃までには120社を超えるまでになっていた。大規模なメーカーとしてはシンガー以外ではレミントン，ホイラー・アンド・ウィルソン，ホウ，グローバー・アンド・ベーカーなどがあったが，その後，継続して生産販売台数を伸ばしていったのはシンガーだけだった。先駆的な月賦販売と広大な販売網に加えて，特許の獲得と新製品開発，早期的な多国籍化などを一人勝ちの要因として挙げることができよう。

　Brandon［1977］が強調しているように，創業からそれほど経っていない1850年代後半から1867年ころまでは，最大のライバルであるホイラー・アンド・ウィルソンに販売台数で差をつけられたままだった。シンガーがLCになりえたのは，ひとえに全米的な販売網の構築によるものだった[2]。それを実現できたのは既に述べたように革新的な販売システムだった。ここでもう1つ強調しておかなければならないことは，販売システムというイノベーションだけでなく，岩本［2017］が指摘しているように，普段のプロダクトイノベーションもLCとしての地位を維持していくうえで不可欠の要素であり，少なくとも強力なライバルが現れる20世紀前半までにおいてはそうであった。

「すべての国はシンガーミシンを使う」民族衣装を着た各国の人々とミシンのイラスト，1892 年のシンガーの広告
Library of Congress より。https://www.loc.gov/search/?in=&q=All+nations+use+singer&new=true　2021.8.1. 閲覧。

　レミントンは元々銃器メーカーとして有名だったため，1890 年代前半にミシン製造から撤退しており，ホイラー・アンド・ウィルソンは 1906 年にシンガーに吸収されている。こうして世紀の転換期を迎えるまでに，シンガーは世界のミシン市場で 7 割以上の生産販売シェアを占める巨大多国籍企業になっており，第 1 次大戦前には 9 割にまで達していた。その製品は 20 世紀前半には世界の隅々にまで浸透していたのである。

　シンガーはアメリカのビッグビジネスが多国籍企業化していく過程での，先駆的，象徴的存在となった。1867 年にスコットランド，1873 年にモントリオールに進出し，1883 年に世界最大の工場をクライドバンクに設けると 1897 年にはロシアにも進出し，1906 年には日本にも進出している。日本を含め世界市場においてシンガーの牙城は揺るぎないものとなり，1903 年には年間販売台数が 135 万台に達し，1913 年には 250 万台を記録し，他の追随を許さない，文字通り世界一のメーカーとして第 2 次大戦前の世界市場に君臨していた。

　19 世紀半ばを通じて，シンガーが世界市場に君臨できた要因とは何だったのだろうか。それは多国籍化こそが，まさにシンガーの市場戦略そのものであ

ったという点である。既に述べたように，アメリカ国内市場でもシェアは１位
であったものの，大規模なミシンメーカーが集中していた国内市場では当初
50％のシェアを獲得することは困難だった。それゆえ，非常に早い段階で輸出
から多国籍化に進んだのである。

　シンガーは工業用ミシンも製造していたが，19世紀後半においては市場と
需要に限界があったために，家庭用ミシンの製造販売においてその先行的な強
みを発揮した。そこでターゲットとなった購買層は家庭の主婦層・女性だっ
た。ミシンはこれら購買層にとって依然として複雑な機械であることに変わり
はなかった。従って割賦販売のような支払いの便宜に加えて，シンガー傘下の
代理店において，訪問販売員を通じたアフターサービスを含めた包括的なケア
が必要だった。

　ただし，こうした直営販売組織網はシンガーの専売特許だったわけでなく，
当時最大のライバル企業であったホイラー・アンド・ウィルソンも先駆的に採
用していた。ホイラー・アンド・ウィルソンや同業他社とシンガーとの最大の
違いは，製造拠点と販売組織網における世界的な展開の差にあった。なかでも
イギリスを拠点にすることで，ヨーロッパ，大英帝国の版図にまで市場を広げ
ていく機会を得ることとなった。

　Godley［2006］によれば，アメリカ国内およびイギリスにおいて展開した
小売ネットワーク組織をベースとして，それら組織が一定の現地適応を経て世
界的に展開されたことこそが，第１次大戦前に世界市場で「シンガー帝国」が
形成された最も重要な要因としており，そうしたネットワーク組織への投資こ
そが同業他社に差をつけることとなった[3]。

　ここで注意しておかなければならない点は，シンガーは家庭用ミシンだけ
でなく，工業用（業務用）ミシンの双方で販売市場を開拓していった点であり，
ヨーロッパの拠点だったイギリスでは，販売員に対するボーナス制度などへの
モチベーション強化などの販売組織改革も行われた。シンガーは，ヨーロッパ
各国の現地市場の状況に応じて販売システムを微調整していたのである。

　図表３−１に見るように，この時期の多国籍化はヨーロッパ市場への進出と
重なっており，それは最初のけん引的市場となったイギリスをはじめ，フラン

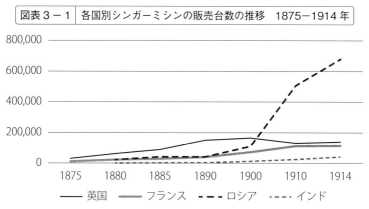

図表３−１│各国別シンガーミシンの販売台数の推移　1875−1914 年

出所：Godley［2002］Table1 より抜粋して作成。

スなどの西欧市場での販売台数の増加に示されている。しかしながら，シンガーの英仏および西欧市場での販売台数は世紀の転換期までには伸びが鈍化していくことになる。ホイラー・アンド・ウィルソンやドイツなどのミシンメーカーとの競争もあるが，先行したこれら西欧市場ではミシンそのものの市場が頭打ちとなっていた。

　従って世紀の転換期以降，地域的なターゲットとなったのは西欧以外の新興市場であった。なかでも西欧市場と対照的にロシア市場は右肩上がりに急速に成長し，1900 年初頭にロシア帝国首都サンクトペテルブルグに建てられたロシア支社のシンガーハウス（現存）は，当時のロシアのランドマークとなったほどだった。しかしながら，嘱望された巨大市場ロシアは，ロシア革命により事実上，第１次大戦以降は主要市場からはずれていくことになる。

　世紀の転換期から第１次大戦後の新興市場としては，オーストラリアやインド，中国などが考えられたが，当時，アジア市場は家庭用ミシンの普及にとってまだ貧しすぎた。他方でロシア革命によって喪失した新興市場の代わりとして，シンガーが目を付けたのは洋装化が進みつつあった日本市場，そして朝鮮・中国市場であった。

　当時の所得水準と近代化を指標とするならば，日本がシンガーにとってアジアで最も有望な市場であったことは間違いなかった。第１次大戦後の日本

のミシンメーカーはまだ揺籃期にあったため，1900 年に日本で販売を開始し，1906 年にシンガー裁縫女学院の設立を契機として，シンガーは日本に販売店網を構築し，1920 年代までには日本市場はシンガーの独壇場となった。販売台数は約 5 万台になり，80 パーセントの市場シェアを獲得するまでになった。

　規模として見るならば，この世界最初の多国籍企業であるシンガーの成功要因は，すべての先行研究において共通しているように，価格競争を通じてではなく，その優れた販売網とその販売制度にあった。それは日本でも例外ではなかった。神戸を拠点として大都市に販売店，その下に地区販売店を設け，分店主任の下に外交員（訪問販売員）と女教師と呼ばれるミシンの操作を教える，現代のセールスエンジニアを配置し，信用販売を梃にして集金人を配置し売上を伸ばしていった。この時期のシンガーによる日本市場制覇の要因を Gordon [2012] も，そのアメリカ式販売法にあったとしている。

　当時の競合他社はドイツメーカーで，シンガーは下取り制度を通じて競合相手を追い出し，資本優位に基づいて販売網に資本投下したことに示されるように，収益性よりも販売台数とシェアの拡大を優先していた。この点は Godley [2006] も強調していることで，売上高経費比率についてシンガーは世界基準として 45％を設定していたが，新興市場である日本でこの数値を達成するのに 20 年以上を要した。これは全国的な販売網の構築に伴って，固定費，要するに販売管理費の上昇にもかかわらず，販売台数と市場シェアの増大を優先したことを示している。

　むろん持続的な改良と製品開発が，シンガーの競争優位の中核をなしていたことは言うまでもない。第 2 次大戦前までは規模と市場の拡大を追求しつつ，プロダクトイノベーションの創出にも余念がなかった。ミシンそのものは手回し式，足踏み式から電動ミシン，戦後においてはコンピュータ内蔵と進化していく過程で，小型化も含めてシンガーは常に先駆的だった。1856 年には当時としては小型のタートルバックを発売し，1889 年には初の電動ミシンを，1933 年には軽量ポータブルミシン，シンガー・フェザーウェイトクラス 221K を発売している。

3── 日本市場─シンガーVS. 日本メーカー─

　こうした初期の資本主義の「資本の論理」を想起させるような競争事例は現代においても散見できるが，シンガーの事例はより象徴的だった。海外において当時最大規模を誇ったスコットランドのクライドバンク工場では，1911年に1万人を超える従業員による大規模な争議が勃発した。本件は世界の労働争議史においても，多国籍企業での早期的な事例として記憶にとどめられている。

　シンガーの販売システムは，田中［2019］が指摘するように，既に1870年代のイギリスにおいてほぼ完成し，それがグローバルシステムとして採用されていった。外交員に対しては営業面でのモチベーションとして販売額の15％が上乗せされ，分割払いの集金については回収額の10％を上乗せするものであった。また横領を防ぐために社内保証基金が作られ，外交員は毎月一定額を預け入れしなければならず，横領発生時にはここから補填された。そしてギャランティファンドと呼ばれる基金も作られ，コンソル公債や鉄道債などで運用され運用益は利子として従業員側に還元された。ギャランティファンドのような制度は，従業員側に忠誠心や一種の家族的な結束力を生み出したとも言われている[4]。

　ロンドン金融市場を有しているイギリスの場合，ギャランティファンドのような運用も可能だったと考えられ，一種の従業員持ち株会のように会社への帰属意識を高める役割を果たしていたと思われる。このようなセールスシステムがグローバルスタンダードとして，その後のシンガーの世界市場制覇と競争優位につながっていったことは間違いなかったが，やがてそのシステムそのものが労使間の対立を生み出す火種にもなっていった。

　日本の場合，外交員の手数料は1台売れるごとに12％だった。また社内保証基金も設定され一定額が外交員から徴収されていた。イギリスで形成された販売システムがここでも採用されていたが，こうしたシステムは販売に携わる従業員全員に押し付けられており，顧客の割賦販売の不払いに備えて外交員は

国産初の標準型ミシン　ジャノメ（現）のパイン100種30型
『蛇の目ミシン創業五十年史』より。

帝国ミシン（現ジャノメ）のブロック販売新宿支部とセールスマンたち（1938年）
『蛇の目ミシン創業五十年史』より。

連帯保証人になることを会社から求められていた。信用販売において想定される損失は、従業員が負担することになっていたのである。

　当然のごとく、外交員の離職率も高く、販売現場の不満は小規模な争議につながりやすかった。当時の従業員に対する人件費を計算したGordon［2012］によれば、1920年代後半において「1ドル＝2円」の交換レートでは、平均収入は月額80円にも満たず、当時の男性ホワイトカラー労働者のほぼ初任給くらいの水準だったと見積もっている[5]。

　こうした圧倒的な販売シェアの陰で、日本市場でのシンガーの独壇場は長く続かなかった。1929年の世界恐慌を迎えると、1931年末には金輸出再禁止に

よって大幅な為替下落が生じ，シンガーの販売価格は高くならざるをえなかった。そして1932年には，日本の戦前争議史に記憶される大規模な争議が生じる事態にまでなった。

　他方でイギリス市場を経て形成された革新的な販売網と制度は，すぐに日本のメーカーに模倣されるようになった。1930年代前半にはパイン（1935年帝国ミシンに改称，現ジャノメ），三菱，安井ミシン商会（現ブラザー）がシンガーの前に立ちはだかった。既に1930年代にジャノメは「シンガーモデル15と性能は同じで値段は半分」という広告宣伝を行っており，1932年には関税率が引き上げられた。このためシンガー製品の小売価格は上昇して価格競争面で不利になっていた[6]。

　揺籃期の日本のメーカーは単にシンガーのミシンと販売システムを模倣するだけでなく，同じ轍を踏まないように外交員の固定給部分を保証し，外交員を獲得しつつ，信用販売にも頭金積立方式を導入した予約制を通じて国内販売台数を伸ばしていった。1930年代後半までに家庭用ミシンの国産化が進展し，シンガーの販売台数と日本メーカーの販売台数は逆転し，1937年の輸出入品等臨時措置法によって，日本メーカーの販売台数は翌年には10万台を超え，シンガーは1万3,000台に過ぎなくなる（朝鮮半島での販売台数を除く）[7]。

　以後戦時体制に移行し，シンガーは日本からの撤退を余儀なくされたが，日本のミシンメーカーも軍事転用によって，第2次大戦前のミシンの生産販売はいったん中断することとなった。シンガー自体は戦後の1950年代においても世界一のメーカーの位置にあったが，戦前の限定された期間に，既に戦後の世界市場での覇権の交代を予兆させるような出来事が日本で生じていたのである。

　このあたりはメーカー側の攻めの経営だけでなく，需要側の要因についても指摘しておかねばならないだろう。ミシンに対する需要は家庭用と工業用でモデルが分かれていたが，岩本［2014］が指摘するように，ミシンそのものに広範な用途と設置自由度という特徴があったことにも注意しておく必要がある。イギリスの場合，世界に先駆けて既製服製造が進展していたが，日本の場合，後述するように既製服製造の量産化が進展するのはむしろ戦後のことであった。

　当初の帽子，足袋，軍服，学生服などの製造から洋服，外套，肌着，シャツ，メリヤス製造の事業所へ，ミシンの使用は次第に広がっていった。第2次大戦前頃までに国内ミシンの累積台数は240万台におよび，大規模な事業所は陸軍被服廠を筆頭として，中小の事業所も地域別に形成されるようになった。こうした事業所は内職者も多数抱えており，これに自家生産（家庭内消費）を加えると，関連製品の出荷額増に比例して戦間期のミシン需要は旺盛だったと言える。他方でメリヤス，裁縫製品の事業所の規模は，1930年代においてメリヤスで6,000事業所，裁縫製品で3,000事業所を超えていたが，従業員数ではいずれも1事業所当たり15名程度にとどまり，規模的には小事業所が中心だった[8]。

　戦後に日本メーカーが国内市場を早い段階で制覇した理由として，戦間期と戦後における洋裁学校の林立も挙げることができよう。シンガーの洋裁学校設立を契機に，戦間期には多くの洋裁学校が誕生している。1919年の文化服装学院，1926年のドレスメーカー学院などは象徴的な存在だったが，洋装の普及にはさらに中小の洋裁学校や卒業生たちが開業した洋裁店の存在が大きかった。ただし，依然として女性の和装の比率も高かったため，シンガーは自社製品が和装にも対応できることを当時宣伝していたが，こうした洋裁学校と洋装店を通じた本格的な洋装の浸透は戦後を待たなければならなかった。

　最大手であったジャノメは，1937年段階で帝国ミシンブランドとして輸出額としてはわずかだったが，ブラジルをはじめとした中南米諸国，香港，アメリカ，東南アジア地域，アフリカ地域へと自社製品を輸出していた。しかもシンガーやパフ（独）などが現地で月賦販売を行っていたのに対して，帝国ミシンには月賦販売はなかった。本社と大阪支店は当時南星商会を通じて輸出を行っており，ブラジルには現地の伊藤商会が代理店となっていた[9]。

　こうした輸出地域以外にも朝鮮半島と台湾は日本製ミシンの仕向け地となっており，シンガーも分の悪かった日本市場から朝鮮への輸出を強化していた。極東地域を除いてシンガーと日本メーカーの間での世界市場シェアは，未だライオンと蟻の分け前の差ほど大きかったが，既にシンガーの市場へ入り込む動きが見られ，戦後に日本側の攻勢が一挙に進んでいくことになる。

他方で先駆的な耐久消費財であるミシンは精密機械であることから，シンガーに限らず，内外のミシンメーカーは戦時期には銃器関係の軍需品製造を強いられていくことになる。戦時期に至るまでの日本メーカーの躍進は，1930年代の外部環境の変化に助けられながら，単に国産化の達成だけでなく，輸出においても大きな一歩を既に踏み出していたのである。

4── 戦後編—なぜ日系メーカーは世界市場の頂に立てたのか？—

2020年から22年にかけて，コロナ禍で家庭用ミシンに対する需要が高まったことは記憶に新しい。高度経済成長期以降，既製服の量産化が進み，ミシンという耐久消費財が陰に隠れた印象の薄い存在になったと述べたが，今日では，実は水面下において復権を遂げて久しいのである。しかも家庭用ミシンの世界における売上高のシェアではブラザーが1位，工業用ミシンではJUKIが1位となっており，家庭用ミシン老舗のジャノメも5位以内で日系メーカーがここ数十年間不動の地位を維持してきた。

その理由としては，精密機械であるミシンそのものの精度において日本製が優れているということもあるが，戦後において各メーカーが早い段階で内需から外需対応に転換したことが大きかった。その結果としてブラザーやジャノメの家庭用ミシンは，2021年現在では海外売上高比率が70％前後，工業用ミシンのJUKIでは85％にもおよんでいる。当初は輸出から始まって1970年代以降生産の海外移転も進展していくことになった。

戦前においてそれまでシンガー一色であった日本のミシン市場に，現在のジャノメとブラザーが参入を果たしていたが，基本的にこの時点でシンガーの牙城を脅かすことは難しかった。1921年に東京で小瀬與作らにより設立されたパインミシン裁縫機械製作所が現在のジャノメの前身である。戦前から戦後にかけて複数回の社名変更があったが，戦後蛇の目ミシン工業（元々，蛇の目ミシンは商標だった）という社名が最も長く定着したことでも知られていよう。

設立と同時に当時のジャノメは，国産第1号ミシンパイン500種53型を完

成させた。上糸と下糸で直線縫いを行う小型手廻し式ミシンで価格は30円だった。低価格ではあったが手回しであったため作業効率は良くなかった。このため1929年には国産最初の家庭用標準型ミシンパイン100種30型を発売するに至っている。同ミシンでは下糸機構に垂直半回転式を採用し，作業効率が飛躍的に増したが，価格は145円だった。

1936年には国内初のミシン量産工場である小金井工場が竣工し，国産ミシンの量産体制が整いつつあったが，戦時体制に移行していく中で，岩本［2014］の著書で指摘されているように，国内における縫製工場ではシンガーなどの輸入ミシンが使われており，基本的に国産ミシンの縫製工場への浸透は戦後を待たなければならなかった。

同じく戦前に創業したブラザー工業は，1908年に安井兼吉が名古屋で安井ミシン商会を設立し，1925年に安井正義ら息子兄弟が継承し，安井ミシン兄弟商会に社名を改称し，1928年に麦わら帽子製造用ミシンを開発・販売した。この時の商標がBROTHERで，1934年には日本ミシン製造株式会社とした。製品を市場に出すまでにジャノメより数年遅れたが，戦後すぐの1947年に輸出をスタートさせている。1964年に現在のブラザー工業に改称されたが，敗戦後の国内市場をしり目にすぐに輸出に向かったことは注目されよう[10]。

戦時期に設立されたJUKIは，戦後世界一の工業用ミシンメーカーになったが，当初は軍需会社であった。1938年に陸軍に供給する重機関銃や小銃を生産するために東京重機製造工業組合が設立され，1943年に東京重機工業株式会社に改称し，戦後になると銃器製造を止めミシン製造に転換した。

1947年に家庭用ミシンを発売し，1953年には画期的な高速本縫いを可能にした単独回転天秤機構を備えた工業用ミシンを開発したことで世界的に注目され，同ミシンを販売する頃には同時に輸出も推進し，当時のソ連や東欧諸国も含む多くの国々へと輸出された。1970年代以降は，販売会社を香港，欧米に設立した後，グループ会社を世界各地に設立して多国籍化の速度を速めている。JUKIの場合，工業用ミシンを主力製品として世界市場に展開させていったが，先のジャノメの場合も戦前に国産化していたために輸出への方向転換は早かった。

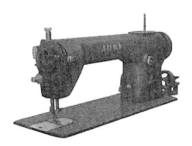

1953 年に販売された JUKI の DDW= Ⅱ型工業用高速本縫ミシン
『東京重機工業 40 年史』より。

　このように高度経済成長期前で敗戦後間もない日本では，早い段階での輸出
市場開拓が急がれていた。戦時中にシンガーが軍需製品製造に傾倒し，ミシン
製造と販売を再開する間隙を縫った輸出攻勢だった。輸出に対する強い志向は
ブラザーも同様だった。戦後すぐに日本のミシン業界は規格統一を進め，戦前
の世界市場で盟主的な存在だったシンガーの市場に挑んでいったのである。

　国内市場において，戦後すぐにジャノメなど国内主要メーカーはミシンの統
一規格 HA-1 型を策定しており，ミシン部品の互換性を高めることで多くの中
小のアッセンブリー（組立メーカー）と部品メーカーが誕生し，国内市場だけ
でなく輸出市場においてもシンガーをはじめとした先発欧米メーカーの牙城を
大きく揺るがしていくことになった。ここでは 1930 年代同様，シンガーがそ
れまで回避していた価格競争が顕著になっていたのである。

　シンガーの牙城だった欧米市場に日本製ミシンが早い段階で進出できたの
は，技術のキャッチアップに加えて価格競争力が抜きんでていた点を指摘する
ことができる。労賃などのコスト差だけでなく，「1 ドル＝ 360 円」という固
定為替レートは，1950 - 60 年代の日本の工業製品の全般的な価格競争力を強
める役割を果たしていた。アメリカ市場では 1950 年代半ば時点で同様の標準
的な家庭用ミシン（台付き）で，日本製はシンガー製の約半分の価格だった[11]。
このようなシンガーに対する日本メーカー側の価格破壊は，クリステンセン
（Christensen [1997]）が「破壊的イノベーション」の概念で示したように，そ
の後の LC の交代を予期させるものであった。

　以上の要因に加えて，通産省工業技術院（現産業技術総合研究所）の下で行われた輸出用ミシンの輸出検査といった政府の輸出支援，および業界による性能審査会などを通じ急速に技術性能のキャッチアップが進んだことも大きかった。そして輸出用ミシンに関しては，多くの部品メーカーを抱える産業構造を利用して，大手だけでなく中小のアッセンブリーも輸出の機会を獲得していくことになった。こうして家庭用ミシンでは1960年代末に生産のピークを迎え，名実ともに日本メーカーは世界一のシェアを握ることになっていった。

　この経緯を貿易マクロ面で見てみよう。図表3－2は戦後のミシン生産台数と輸出台数の推移を示したものである。1930年代後半に日本はミシン生産において，事実上の国産化，すなわち輸入代替を達成しつつあったと言えなくもなかったが，これは準戦時体制への移行とシンガーの撤退などの要因が重なっていたことによる。

　むしろ注目すべきは戦後の輸入代替と輸出指向（輸出化）が同期的に進行したことである。図表3－2はそのことを明確に物語っている。急速に輸入代替と輸出化がほぼ同期的に進んだのは，需要が拡大しつつも国内市場での競争も厳しく，大手中小関係なく，このような産業構造の下では早期に輸出を目指さざるをえなかったからである。

　戦後形成されたミシン業界の産業構造の特徴として，特に部品の外注依存度

図表3－2　ミシンの国内生産と輸出の推移（台数）

出所：『蛇の目ミシン創業五十年史』p.809より作成。

の高さは，多くの中小メーカーの形成につながり，日本の精密機械工業発展の下地ともなっていった。主要メーカーを中心に設備投資の増加と家庭用ミシンの生産増は比例関係にあった。そして1960年代末のピークを過ぎてからは，家庭用ミシン以外の製品製造が模索されていくことになった。ミシンメーカーは，部品メーカーも含めて精密機械加工技術を他の製品製造に応用・転用することが比較的容易だったからである。

　戦時の銃器や軍需関連機械だけでなく，その応用範囲はかなり広かったようである。家庭用ミシン生産がピークを過ぎた後は，廣田［2012］が指摘しているように，戦前から形成されていた多くの中小アッセンブリー，部品メーカーは，輸送用機械部品，工作機械と部品，工業用ミシンなど幅広い品目の精密加工品製造にシフトしていた。

5── シンガーの後退と日本メーカーの市場戦略

　戦後，シンガーミシンが日本市場に復帰したときは，既に見たように日本のミシンメーカー，部品メーカー群によって外資が再参入する隙間はほとんどなかった。シンガー側が戦後，日本市場だけでなく，世界市場で日本メーカーに対して大きな後れをとった理由として，一般的には複数の要因を挙げることが可能である。戦時期からの軍需品製造から民生品であるミシンへの再転換が遅れたことや，販売システムの模倣の容易さなどが代表的であるが，いずれも結果論であって決定的な要因とは言い難い。

　日本メーカーの場合だとJUKIは民生品メーカーへ転換しているし，ジャノメやブラザーの場合も再転換ということならば状況は同じであったはずである。多角化についても，ミシンメーカーはその性質上，プロダクト品目を広げて多角化するケースが多い。この場合の多角化は，ミシンの市場拡大の限界値が見込まれることから守りの市場戦略に近い。これも1960年代の日本のアッセンブリー，部品メーカーに顕著に見られたことであるが，違いとしては日本メーカーの場合，ブラザーによる家電品などの一部のOEM生産を除けば，基本的にそれらを内製化できたことであり，シンガーはアメリカ企業らしく，

M&A で多角化を進めたことにある。

　戦後においてはシンガーの販売システムも，既に見たようにフォロワーが容易に模倣できるものであった。技術を含めた製品そのものの模倣についてシンガー側は日本メーカーに対して不満を抱いていたが，日本メーカーによって既に技術と部品は広く標準化されているという状況だった。シンガーが日本市場に戻ってきたときには，価格競争においては劣位にあるばかりか，残る 3P（Product・Place・Promotion）においても競争優位を形成できる見込みはなかった。

　戦前においてもそうだったが，戦後においてもシンガーは日本市場に製造拠点を持っていなかった。この点 1 つをとっても製造コストから小売価格に至るまで不利なビジネス環境が形成されていた。これに加えて日本のミシン産業は，輸入代替と輸出指向の双方をほとんどタイムラグなしで達成していた。「1 ドル＝ 360 円」のレートでミシンを輸入することは事実上できなかったから，シンガーが日本市場へ再参入したときには，製造面で既に出来上がっていたこの産業構造の中で合弁する以外に選択肢がなかったのである。

　シンガーが委託生産先として選んだのはパインミシン製造で，1954 年に株式の半分を取得した後，自社ブランドのシンガーミシンの製造販売を開始し一部は輸出にも回された。混乱しやすいが，パインミシンはジャノメの商標名と同じだが，両社は一切関係なく，パインミシンは 1949 年に日本製鋼（宇都宮製作所）から分離した会社で，日鋼は戦時の軍需工場であった。パインミシン製造は，戦後ミシンだけでなく銃器製造にも携わっていた。

　1971 年にパインミシン製造はシンガー日鋼に改称され，シンガーミシンの OEM 生産と銃器製造の 2 本立てを継続させていたが，1980 年代末には銃器製造から撤退し，家庭用ミシンが 1960 年代末，工業用ミシンが 1990 年代に入って内外において需要のピークを過ぎると，シンガーは 1999 年に遂に工業用ミシンからの撤退を決定することにした。この時点で日本国内での生産は終了することになったが，ここに至るまでの決定は世界市場におけるシンガーの凋落と時期的に重なっていた。

　1960 年代におけるシンガーの多角化は失敗とされており，ミシン販売の落

ち込みをカバーするまでに至らなかったことと，日本メーカーだけでなく，1990年代後半には中国メーカーも市場競争に加わったために，遂にセミテック・マイクロシステムズの傘下に入ることになった。当時のセミテックは赤井電機や山水電機，プファフ（独ミシンメーカー）も買収し傘下に置いていたが，セミテック自体の放漫経営によって，セミテックは破たんし，遂にシンガーは1999年にはチャプター11（連邦破産法11条）を申請するに至ったのである。

　この後，2004年に資産運用会社コールバーグがシンガーを買収し，2006年にSVPワールドワイドを設立した。2022年現在シンガーは，プファフなどのミシンメーカーとともにSVPの傘下企業・ブランドとして事業を継続しており，往時の勢いはないが，事業を継続している。家庭用ミシンとしては，戦後の日本市場においても日本メーカーに対して高級ブランドのイメージを維持してきたが，需要のピークを過ぎたときにはそのブランド名も忘れかけられていた。セミテックによる買収と破たんが伝えられたときに，かつてのユーザーたちは複雑な感情を抱いたに違いない。

　シンガーと日本メーカーの運命の分岐点となったのは，1つには多角化の中身の違いであろう。シンガーや日本メーカーだけでなく，多くの世界のメーカーはミシン需要減をカバーする代替事業を模索したことで共通しており，1960年代頃からそうした事業転換の模索が行われてきた。これは家庭用ミシンに比重を置いていたメーカーにとって大きな試練となった。

　シンガーはアメリカ企業らしく，M&Aを通じて多角化を遂行していったが，日本のメーカーはむしろ内製化によってミシン以外のプロダクトを拡大していった。1950年代前半から1960年代初期の段階にはブラザーのように編機，バイクや家電製品を製造販売する試みがなされたが，家電製品は掃除機，洗濯機は自社生産，テレビなどはOEM生産だった。またB2Bビジネスの印象が強いJUKIも，掃除機などの家電製造販売の模索を続けていた。その後，ブラザーもJUKIも家電製品からは撤退していくことになったが，アメリカ市場を睨みながら，ブラザーはアメリカ企業との高速ドットプリンターの共同開発をはじめとして，タイプライターやプリンター，ファクシミリなどの生産において強みを発揮し，これらはミシン需要減をカバーする事業へと成長を遂げてい

った。

　ブラザーの場合，1970年代以降のプロダクトイノベーションも際立っていた。高速ドットプリンターやラベルプリンターの開発に続き，タイプライターで世界シェア1位，1980年代後半にはNTTと共同開発したファックスでもアメリカ市場で1位となった。耐久消費財以外では自動車部品，工作機械製造にも携わっており，現在では総合的な精密加工機械メーカーの一面も持っている。

　ジャノメの場合，耐久消費財を中心とした多角化というより，1970年代以降，産業機器を開発・製造し，その後のFA向け機器製造に重点を移して，もう1つのコア事業を成立させていた。以後24時間風呂（製造中止）やブラザーの通信カラオケの販売などに見られるように，家庭用ミシン大手2社は，止むことなくミシン以外のニュープロダクト開発にも専心してきたことで共通している。それでも両社が家庭用ミシンメーカーとしての世界的認知度が高いのには，1960年代以降，家庭用ミシンと工業用ミシンの双方で，その時代における最先端技術の搭載を怠らなかったからである。

　ブラザーはミシン自体のイノベーションでは，家庭用ジグザグミシンでコンピュータミシンを製造販売しており，同時期にジャノメも製造販売を開始している（両社とも同時期に開発・製造し，ホームページの歴史では共に日本初と紹介している）。1970年代の電子化の進展に伴い，ブラザーやジャノメの家庭用ミシンはさらに進化を遂げており，ジャノメは1991年に世界初の家庭用刺繍ミシン「グラフィカ」を販売しており，以後家庭用ミシンのハイスペック化と高価格化が新しい購買層の増加とともに進んでいくことになる。

　ブラザーは1947年の上海への輸出を皮切りに，1954年にアメリカ現地法人を設立すると，以後アイルランド，カナダ，欧州へと現地法人を次々と設立し，1968年にはアメリカのミシンメーカーを買収するまでになっていた。こうした早期的な多国籍化はシンガーのケースでも見られたが，国産化と輸出が並行していただけに，現地法人の設立も早かった。ただし，多国籍化はメーカーの規模が関係しているだけでなく，同じ大手においてもその対外市場戦略は異なっていた。

　ジャノメの現地法人設立はブラザーよりも後年にずれており，1968 年のヨーロッパ，1969 年の台湾，1970 年代後半にカナダ，翌年にニュージーランド，そして 1988 年にタイというように主要な現地法人はアメリカというよりはヨーロッパ，後にオセアニアというようになっている。ブラザー同様，基本的に欧米市場は現地販売会社であって，製造拠点が本格的にアジアへ移されていくのは，工業用ミシンも含めた世界需要がピークをすぎた 1980 年代末から 90 年代にかけてのことだった。

　ジャノメの台湾法人設立は例外的に早かったが，その後の現地製造法人の設立はタイの 1988 年まで時間的な開きがあった。基本的に日本メーカーの東南アジア，中国への生産移管が進んだのは 1990 年代であり，例えばブラザーの場合，1989 年にマレーシアに部品製造を行う現地法人を設立したが，この部品はミシンではなく情報機器用だった。1991 年に設立した珠海兄弟工業有限公司が中国での現地ミシン製造拠点の最初で，以後中国，マレーシア，2000 年代に入るとベトナムというように順次移管が進展していった。

　ブラザー，ジャノメとは対照的に戦後，ミシン，民生用産業機器製造に転換した JUKI の場合はどうだったのだろうか。工業用ミシンブランドとして知られているが，実はスタートは家庭用ミシン製造の方が先だった。1947 年に家庭用ミシンを製造すると同時にアメリカにも輸出していたのである。意外にも工業用ミシン製造は，1953 年からスタートさせていたのである。

　家庭用ミシン製造の先行は，既に見たように，戦後のミシンも家庭用需要の復興拡大から始まっており，JUKI もこの需要に合わせただけでなく，製品規格の統一化を通じて輸出市場にも狙いを定めていたことがわかる。続く既製服製造の拡大に合わせて，差別化を図って工業用ミシン製造にシフトしていき，1950 年代には高速回転天秤ミシンの開発を皮切りに 60 年代には自動糸切ミシンの開発に成功し，70 年代には工業用ミシンによる本格的な世界市場開拓に乗り出していった。

　JUKI は 1970 年に香港に現地法人を設立すると，1974 年にはニューヨークにも現地法人を設立していた。ただし製造拠点のシフトは 1990 年の上海現地法人設立以降，中国への移転を進めていった点で他社と共通している。1990

　年代の生産拠点の移行は，国内でのコスト高に加えて，1985年のプラザ合意以降の円高に対応したもので，日本の製造業全体の動きでもあったが，既製服の生産自体が中国や東南アジアが中心になったことへの対応であった。

　家庭用ミシンと工業用ミシンとでは世界需要のピークが20年ほどずれており，後者は1990年代初頭だった。JUKIの場合，そのピークまでに産業装置製造を確立しており，工業用ミシンとの両輪体制を整えていたために，家庭用ミシンの比重が高いジャノメやブラザーの多角化とは異なっていた。厳密に言えば，プロダクトレンジの拡大であった。続いて中国，東南アジアでの既製服生産の増加を見越した進出が，経営を盤石なものにしていったのである。

　既に言及したように大手3社に限らず，家庭用ミシン需要のピーク以前から国内ミシンメーカー，部品メーカーはミシン以外のプロダクトレンジを拡大しており，こうした動向が他国に比して国内の工作機械，自動車部品などのすそ野産業を拡大することにつながったことは見逃すことのできない事実であろう。また，これには織機などを含む糸へん関連の機械メーカーによる生産シフトも含まれる。さらにドビー織（柄織）のためのドビー機の開発・製造・販売など繊維機械製造自体の広域化も持続的に模索されてきた。

　第2章で見たように，1990年代になるとファストファッション（FF）が台頭し，これらFF企業（GAP，H&M，ZARA，ユニクロなどのブランド）やウォルマートなどの巨大小売企業が新興国の縫製企業・工場と委託契約することで，既製服の量産化が進んでいった。同時に1995年から2005年にかけては欧米によるアパレル品の割り当て規制が漸次撤廃されていったために，中国をはじめとした新興国側の縫製企業が設備投資を持続させていったことが，世界的な工業用ミシンの需要増につながっていくことになった。

　この頃までにシンガーは工業用ミシンから撤退しており，JUKIは言うに及ばす，工業用ミシンを製造していたジャノメ，ブラザーにも追い風が吹くことになった。こうしたFFの台頭を契機とした新興国側企業の需要増とともに，家庭用ミシンにおいても1つの変化が生じていた。これはメーカー側からの聞き取りにおいても確認できたが，コンピュータ搭載のハイスペックミシンの登場以来，高価格帯のミシンにも消費者が向かうようになったことである。

　2021年には家庭用ミシンで小売価格200万円超の製品（刺繍模様を布地に投影できるプロジェクター搭載製品など）が売り出されるまでになっている。高価格帯の売れ行きが堅調なのはアメリカにおいても同様のようである。同じことは工業用ミシンと縫製機器にも言えるようで，ハイスペック化するミシンなどへの設備投資を怠れば，発注側のFFから契約を打ち切られるからである。

　現状では家庭用ミシンについては低価格帯においても安定した需要に移行しており，日本縫製機械工業会の統計資料によれば，国内生産台数は2010年代末には5万台前後のレベルになっており，これに輸入台数を加えた総台数は2010年代を通じて80-90万台前後で推移してきた。輸入分のほとんどは海外へ生産移転した国内メーカーからのものと考えられる。

　日本メーカーの20世紀後半期における覇権の形成は，1990年代の世界の既製服産業における川下の一大変化に対応できる工業ミシンの生産体制を備えていたことに加えて，それができたのは製造品目の広域化と多角化の成功，とりわけ産業機器などへの生産シフトが定着していたことも重要な要素であったことを指摘できよう。

6 ── 何が明暗を分けたのか

　20世紀後半以降，シンガーと日本のミシンメーカー大手3社の明暗を分けたものは何だったのだろうか。それを語る前に，まずミシンの「商品特性」について触れておかねばなるまい。

　ミシンそのものは既製服が主流になる前には，必需品に近い耐久消費財として位置づけることができたが，いったん既製服が普及していくとその過程において必需品的な要素が薄まり，次第に家庭用ミシンは，後に普及していった洗濯機や冷蔵庫，テレビなどの耐久消費財の陰に隠れる形となった。このため世界のミシンメーカーは他の製造品目を加えるか，事業の多角化を図る必要に迫られたのである。

　シンガーの場合，1960年代における多角化は主としてM&Aを通じてだったが，日本の大手メーカーの場合，ミシン以外の製品では試行錯誤の中で，一

部の OEM 生産を除けば，次第に内製化できる耐久消費財（複合プリンターなど）と産業用機器の製造に収斂していった。それとともに家庭用・工業用ミシンにおいても技術革新を持続させてきた。

　ここでいう多角化とは，どちらかといえば内製化によるプロダクトレンジの拡大であったとした方が正確である。シンガーのような M&A による異なる業種企業の管理は，買収企業側と被買収企業側の情報の非対称性を生みやすく，シナジー効果よりも外部企業の経営資源を取り入れることで，それまでのコア・コンピタンスの持続性が中断する可能性が高い。これに対して製品内製化ならば本社内の事業管理の問題となるため，組織的な資源配分と管理がより容易となる。

　日本メーカーの場合でも，多角化の失敗が破たんにつながった例もある。当時，3 大メーカーに匹敵したリッカーの破たんは戦後の，またバブル破たん後の大型倒産の 1 つに数えられるものだった。リッカーの破たん要因は複合的な要因も絡んでいたものの，異業種であるホテル事業の失敗が致命傷となった。この場合，関連産業への内製化とプロダクトレンジの拡大とは真逆の市場戦略を採用してしまったことになる。

　もう 1 つの破たん事例は，シンガーの OEM 生産を行っていたシンガー日鋼である。同社は 1960 年代後半以降，戦前よりノウハウを有していた銃器（散弾銃）生産をもう 1 つのコア事業としたが，国内市場では銃器規制の下での市場縮小が続き，アメリカへの輸出も頓挫して 1980 年代後半には撤退することになった。残されたミシンの OEM 生産は継続したが，シンガーの連邦破産法申請後，2000 年に同社は会社清算を終了させるに至った。シンガー同様，ミシン以外の事業パフォーマンスが明暗を分ける結果となったのである。

　現在においてもミシンメーカー，部品メーカーのすそ野は広く，3 大メーカー以外の中小メーカーでは工業用ではヤマト，バルダン，森本製作所，タジマ工業などがあり，三菱電機やセイコーもミシンを製造している。家庭用でもジャガー，ペガサス，ハッピージャパンなどがある。これらのミシンメーカーが存立しているのは，1 つには，例えば，環縫いミシン専業で世界トップのペガサスや工業用自動刺繍として同じく世界トップのバルダンのように，差別化

した機能に特化したミシンを供給しているからである。

　ミシン産業全体の成功要因は，既に述べたように，早くから輸出を行ってきたことや部品メーカーも含めて産業用機器や自動車部品なども製造していたためである。こうしたプロダクトレンジの拡大が可能だったのは，国内に工作機械や自動車産業，その他の装置産業のように精密機械工業が大規模に形成されていることが前提であったことは言うまでもない。また第2章で見た大手紡績業のケースとも共通している。

　日本の大手3社は，市場に家庭用ミシンというB2Cだけでなく，工業用ミシンに加えて産業用機器のようにB2Bもプロダクトレンジに組み込んで事業ポートフォリオを構築してきたことを特徴としている。そして中小メーカーも含めて，機械産業全体の中で繊維機械の中に含まれるミシン，部品メーカーは，それら産業の中で先行して成長してきたために，こうした国内の精密機械産業全体の発展とすそ野の拡大に相乗的に貢献してきたと見なすことができよう。

【注】
1）　石川［2007］p.6，pp.8-9。以下シンガーの歩みについては，シンガーの歴史，日本のホームページより。http://singer.happyjpn.com　2022.12.25. 閲覧。
2）　Brandon［1977］pp.128-129.
3）　Godley［2006］p.20.　この代理店・訪問販売組織はcanvasser/collectorと呼ばれた。
4）　田中［2019］p.83。
5）　Gordon［2012］邦訳版 p.53。
6）　同上 p.694。
7）　同上 pp.164-167。
8）　岩本［2017］p.175，pp.196-198。
9）　蛇の目ミシン社史編纂委員会［1971］pp.259-262。
10）　以下ブラザー，ジャノメとJUKIの歴史と現在までの状況については，『蛇の目ミシン創業五十年史』，『東京重機工業40年史』，各社ウェブサイトの歴史と企業情報を参照（参考文献）。
11）　廣田［2012］p.7。原データは経済企画庁調査部調査課編『重要商品の国際競争力』商工出版社，1956年，p.243（当時の在ニューオーリンズ領事館および日本貿易振興会調べ）。

第4章

製パン企業のビジネスヒストリーと市場戦略

1 ── 日本はパン先進国？

　十数年ほど前，日本でも放映された韓国の人気テレビドラマ「製パン王キム・タック」は，若者たちが一流のパン職人を目指すストーリーで，主人公キムは新しいパン作りと新製品開発に情熱を注ぐ中で成長していくという青春ドラマでもあった。その劇中，興味深いシーンがある。パン職人になるために学ぶ場が日本であり，日本がパン職人になるための留学先になっていたということだった[1]。

　ドラマが放映された頃，既にソウルには多くのベーカリーが存在し，それらのパンを食べてみると日本のパンとそん色がなく，菓子パンタイプのものも含めて品ぞろえも日本のベーカリーと非常によく似ていた。同じ時期に財閥によるベーカリー進出によって，零細なベーカリーショップが経営不振に立たされた結果，政府が乗り出し，財閥のベーカリー進出に対して規制を設けたほどベーカリーが出店ブームとなっていた。

　その後の唐揚げ店などの乱立に示されるように，そもそも飲食自営業への参入が活発な韓国では，個人事業者もベーカリー店に参入しやすい分野だったため，一挙に広がったようである。ただし競争が激しく，数年で消えてしまう小

規模な独立系路面店も少なくなかった。日本でも競争の激しさは，ベーカリー間だけではなく，大手スーパーやコンビニがベーカリーを抱えて参入していることも関係している。

　日本のパンとベーカリーが海外で浸透しているもう 1 つの事例として，2004年に台湾の台北で開業した 85℃ ベーカリーカフェを挙げておきたい。85℃ は台湾で最も人気のあるカフェとベーカリーを融合させたカフェチェーンの業態で，アメリカにも進出し好評を博している。日本でもおなじみの好きなパンをトングで選ぶセットメニューの業態である。選べるのはブレッドだけでなくオリジナルのスイーツにまで及んでいる。この業態は後述するように，山崎製パンのヴィ・ド・フランスやアンデルセンが 1980 年代に始めた業態に端を発しているのである。

　このような新業態のベーカリーが浸透していったのには，そこで提供される日本のパン独自の「商品特性」にあったと考えられる。ベーカリーに限らず，日本の製パン企業が伝統的に製造販売してきたパンは，欧米由来の「標準品」ではなく，むしろ菓子類に近い製品として開発されてきた経緯がある。海外から見れば，これらは明らかに「標準品」ではない。そうした意味では海外では新しい製品，「非標準品」としてスイーツのように，されどスイーツほど高価格ではない製品としてカフェと絶妙に融合できたのではないかと思われる。

　日本のパンは非常にユニークな存在として歴史に登場したが，それでは日本の消費市場をけん引してきたパンの現状はどうなっているのだろうか。農林水産省のパン生産量・消費量の統計データを見るならば，戦後に需要が急伸し，米消費量を上回ったが，その後も右肩上がりで一貫して消費が拡大してきたわけではない。正確に言うならば，1970 年代後半以降，現在に至るまで生産量・消費量は高位安定化してきたという事情があり，現在でも 1 人当たり年間消費量は 10kg 前後で推移している。

　日本でもベーカリーの出店が一時期増加したが，これは高位安定化したままの状況で，需要が製パン企業からベーカリーに流れたことを意味しており，大手製パン企業は製品多角化とプロダクトイノベーションを通じて全体として増えない需要を喚起してきた。パンの製造そのものは，原料の小麦粉などを除け

ば，製パン企業やベーカリー内で一貫生産することができるため，産地のような分業ネットワークは不要である。このため一般流通においては大手製パン企業の寡占が形成されやすい状況になっている。寡占状態にもかかわらず，国内の価格低下圧力はバブル崩壊後の失われた20年，30年の間に製パン企業を直撃した。高級食パンが浸透する一方で，プライベートブランド（PB）の隆盛によって，格安食パンも登場しスーパーでは見慣れた商品となっている。

　日本のパン市場（食パンと菓子パンなど）において寡占的企業となっているのは，売上1位から3位までの山崎製パン，フジパン，敷島パンの3社である。この寡占構造はビール業界のアサヒ，キリン，サントリー，サッポロに似ており，後者も高い酒税率を避け，低価格を実現するために発泡酒，第3のビールなどの新商品を開発してきた。パンの場合，小麦粉などの原料コストに関税分が含まれるものの，酒税のような税率がないだけ価格競争と低価格化が進みやすかった。プレミアム商品も投入されつつ，流通側からのPB・提携商品を通じての価格低下圧力も相変わらず強いようである。そして，日本のパンは外国から眺めれば，種類の多さとともにかなりユニークなものとして理解されてきたようである。

　「日本のパンはおいしい」という外国人の評判は，先に触れたように，東アジアや東南アジアで日本型のベーカリーショップを数多く生み出し，それら諸国のパンの味はほぼ同じくらいのレベルに達している。製パン企業の食パンや菓子パンなどもソフトさが評判になっている。それでも世界的に日本型パンが普及していないのにはそれなりの理由がある。パンの発祥であり先進地域であるヨーロッパとでは好まれるパンのタイプが違うのである。言い換えれば歴史の古いヨーロッパのパンが「標準品」であり，近代明治以降，消費者の前に現れた日本のパンは「非標準品」なのである。

　表面の皮の固さと中のソフトな生地がヨーロッパでは普通のパンであって，日本のように全体がソフトなパンはヨーロッパ人には別物の食品に映るらしい。決して日本のパンがまずいというわけではないのである。ヨーロッパ的な嗜好からすれば，日本のベーカリーで焼かれたフランスパンなども相当なレベルに達しているはずである。それでも世界的には別物の「非標準品」と見なし

た方がよいのかもしれない。

　世界各地では伝統的にヨーロッパ型の主食とは異なるパンが定着してきた経緯もある。中華圏の饅頭（マントウ）や中米のトウモロコシを原料としたトルティーヤなどが好例であろう。欧米においてもバゲットのような固めのパン以外にも，サンドイッチ用のソフトな食パン需要もあるし，世界全体ではソフト生地のパンに対する需要も高い。

　他方でパンそのものは日持ちがしないため，独立系・チェーン形態のベーカリーショップはどこの国にも見られ，一般流通用のパンを供給する製パン企業も物流・流通網を掌握した現地企業が担っていることが多い。このため他の食品加工メーカーと異なり，多国籍企業が形成されにくい状況となっている。

2── 世界一のパンメーカーは？

　多国籍企業史の研究は，これまで主として素材・中間財を中心として，重化学工業や第3章でも取り上げたように耐久消費財部門に対して関心が向けられてきた。また一般消費財についても日用品や食品加工メーカー（飲料を含む）については，アメリカにP&Gやコカ・コーラなどのビッグビジネスがあるために比較的研究対象になりやすかった。ところが製パン企業ということになれば，顕著なビッグビジネスの形成が見られなかったせいか，経営史研究や戦略論も含めてそれほどの関心が向けられてこなかった。

　日本だけでなく，日々の食料であるパンは製パン企業からではなく，ベーカリーから購入する比率も高く，ベーカリーの零細性に加えて，製パン企業も中小企業が多いという印象が強い。そして，こうしたイメージや印象は決して間違ったものではない。そもそもパンのメーカー自体が消費者にとって，巨大多国籍企業というイメージからかけ離れていることと大きく関係しているように思われる。

　製パン企業は，いわゆる内需型産業の性格が一般的な食品企業よりも強いという特徴を備えているようで，その証拠に消費者に「世界で最も有名な製パン企業は？」「世界シェアNo1企業は？」と問いかけても答えに窮することであ

創業時グルーポ・ビンボの販売した食パンはセロファンでラップされており，当時
のメキシコでは画期的な商品だった。
グルーポ・ビンボ，ホームページ Our story より。https://www.grupobimbo.com/
index.php/en/about-us/history　2022.6.3. 閲覧。

ろう。自分たちが普段消費する自国のメーカーくらいしか思い浮かばないに違
いない。むろん，これは日本に限ったことではない。

　この問いに対する答えは，メキシコのグルーポ・ビンボ（ビンボの名前はビン
ゴゲームに由来）である。おそらく名前さえ聞いたことのない消費者が圧倒的
に多数のはずである。なにしろ食卓にあがるどころか，外資系パンメーカーの
食パンをスーパーで見かけることさえないからである。しかも欧米系の企業で
ないところも驚きであろう。ビンボが公表している世界のパンの市場規模は約
4,800億ドル（2019年）と推計されており，世界の製パン企業売上トップを見
ても10％以上のシェアを持っている企業はなく，ビンボでさえ4％に達してい
ないのが現状である。2位までが1％以上で他の企業は1％に満たないのであ
る[2]。

　ここから製パン産業ではほとんど多国籍企業が形成されていないことがわか
る。つまり，その高い売上高は主に内需によってもたらされているのである。
といっても世界上位の製パン企業は世界上位の食品メーカーと比較しても高い
売上高を誇っており，複数国での事業展開を行っていないわけではない。売上
高世界1位のビンボは，スペイン系メキシコ人のロレンソ・セルビッツェらに
よって1944年に同国初の食パン製造会社として設立された。

　同社は比較的新しい企業であったが，パン需要の伸びに比例して急成長を

遂げていった。国内だけでなく，1990 年代以降はアメリカや中南米諸国に進出している。こうした進出は主としてクロスボーダー M&A を通じて行われ，例えば，2009 年にはジョージ・ウェストン社のアメリカ事業を買収し，2011 年にはサラ・リーの北米での製パン事業を買収したのに続いて，2014 年にはカナダ・ブレッド社を買収し北米で強固な地位を築いてきた。

　製造品目は日本の製パン企業と同じく，いわゆる菓子パンも入っており，関連してスナック菓子，キャンディやチョコレートなどのコンフェクショナリー製品なども製造販売している。製品ブランドは 100 以上におよんでおり，海外売上高比率も 60% 以上で文字通り多国籍化している稀な例である[3]。

　パンメーカーの売上世界ランキング表 50 位（Unigrains World rankings - Pastry and bakery）までを見るならば，他の上位企業では，アメリカのフラワーフーズやリッチ・プロダクトなどが国内市場中心だが，4 位のスイスのアリスタは，ヨーロッパをはじめ，北南米，アジアに進出しており，2007 年にヒーシュタントと IAWS グループが合併した企業である。メキシコのもう 1 つの大手であるグルマは 1949 年にロベルト・ゴンサレス父子によって創業され，トルティーヤ製造で成長し，1980 年代以降アメリカのメーカーを買収し，1994 年にはニューヨーク証券取引所に上場している。現在までに欧米，アジア，中南米に進出し，世界に 70 以上の生産拠点を持っている。

　ビンボやグルマのようにスペイン語圏に進出することで例外的に強みを発揮しているケースを除くと，伝統的に欧米勢が大規模化していることがわかる。その一方で，トルコのように日本人のパン年間消費量の約 10 倍とされる一大消費国でさえも，上位 50 位圏内の製パン企業は現れていない（日本人の年間消費量も多く世界 10 位前後である）。新興国，特にアジア諸国は日本を除けば顔を出していない。

　10 位圏内に入っている英国のアソシエテッド・ブリティシュフーズ（ABF）は，1935 年創業の老舗メーカーだが，製パン事業以外に傘下に子会社としてファストファッションのプライマーク（アイルランド，1969 年設立）があることで知られている。アパレル製造小売りでは，世界的には売上高でトップ 10（2021 年現在）に肉薄しており，欧米では異業種を組み込んでいることで非常に

図表 4 - 1	パンメーカーの世界ランキング

順位	メーカー（会社）名	国	売上高 100万ユーロ
1	グルーポ・ビンボ	メキシコ	12,050
2	山崎製パン	日本	5,761
3	JAB ホールディングス	ルクセンブルク	5,563
4	アリズタ（ARYZTA）	スイス	3,797
5	フラワーフーズ	米国	3,356
6	リッチ・プロダクト	米国	3,252
7	Dr.OETKER	ドイツ	3,135
8	グルマ（GRUMA）	メキシコ	3,034
9	ゼネラルミルズ	米国	2,941
10	アソシエイト・ゼネラル・ミルズ	英国	2,641
13	フジパン	日本	2,132
17	PASCO（敷島製パン）	日本	1,211
41	アンデルセン	日本（広島）	545
47	神戸屋	日本	424

出所：Unigrains［2019］より。2017年時点。

珍しい存在と言える。

　ビンボとグルマは共に1940年代に設立され，多国籍化に乗り出した時期もほぼ同じである。ただし既に述べたように上位メーカーといえども世界市場シェアは小さく，世界市場においてガリバー企業や寡占企業は存在しない。積極的な海外事業展開は，最終的には経営陣の判断と戦略オプションに依存するものではあるが，パンはその「商品特性」からして商品回転率の極めて高い内需型製品であり，物流・販売網も含め一から海外現地で製造施設や販路を開拓していくにはかなりの困難を伴う。

　現地企業との競合もあるため，製パン企業に限ったことではないが，対外直接投資の主流はクロスボーダー M&A になる傾向が強い。競合する現地企業を買収することで，相手方のブランドを取り込み，結果的に製品レンジが広くなる。この多国籍化の段階に至った企業は食品コングロマリット化する傾向がある一方で，第7章で見るように，日本のコンフェクショナリー（チョコレー

ト，キャンディ，クッキーなどの菓子類）企業に見られるように，クロスボーダー
M&A を駆使せず，食品コングロマリット化し世界的スケールの上位企業にな
っているケースもある。

　コンフェクショナリー関連の日本企業も内需型企業から脱しておらず，代表
的な食品メーカーの多くが同じ状況にある。言い換えるならば，多国籍化やグ
ローバル化が進展していないということになる。その主要な理由として，日本
の製品が「標準品」ではなく，欧米や世界規格と異なっているという「商品特
性」を持ち，内需向け商品であるために，現地マーケティング活動にコスト・
時間と労力を割く必要があるからである。結果的に現地同業他社のブランド買
収という欧米型の M&A が少なく，買収も固有商品の販路開拓のために販売
会社の買収を行う傾向が見られる[4]。

　ただし，内需型にとどまりつつも，食品の場合，自社オリジナル製品が特殊
な「非標準品」から脱して「標準品」，いわゆるグローバル商品になったとき，
当該企業の海外売上高比率が高まることは広く認識されている。そうした例と
しては「味の素」「カップヌードル」などを挙げることができよう。製パン企
業の食パンは一般的な加工食品と異なり，鮮度が売りになっており，迅速な物
量網と頻繁に商品供給を可能とする小売りネットワークを前提としてはじめて
成立するものである。

　海外市場で「非標準品」を浸透させるためには，マーケティング活動に加え
て，製パン企業の場合，上述のような物量網と小売りネットワークの再現が困
難であり，多大なコストと時間を要することは言うまでもない。そのため海外
同業他社とその「標準品」ブランド買収という欧米型 M&A 戦略が選択肢と
して浮上することになるが，こうした投資行動を選択する日本企業は少ないと
いうのが現状である。

　先の世界売上ランキングに話を戻せば，ビンボに次ぐ世界2位の企業は山崎
製パンであり，この位置は2010年代を通じて保持されてきた。さらに上位20
位以内にはフジパン，敷島製パンというように国内2位と3位のメーカーも
ほぼ定位置にいる。ビンボだけでなく，上位の欧米メーカーは，内外の M&A
を通じて売り上げ・生産施設と拠点・販売網などの規模が拡大する傾向があ

り，日本企業もこの点ではこれら企業に追随しているように見えるが，実際には海外事業活動は限られており，世界2位の山崎製パンといえども例外ではないのである。

　ちなみに国内3大メーカー以外では，50位圏内には神戸屋（大阪）が入っている。敷島，フジパンに並ぶ老舗で1918年創業，1928年には国内最初のイースト菌を用いた製造に成功している（それまではホップス種を使用）。関西圏最大のメーカーだが海外進出はしていない。神戸屋以外ではアンデルセン（広島）が入っている。アンデルセンはいわゆる一般流通向けの製パン企業ではなく，タカキベーカリー（1962年創業）の系列会社で，ベーカリーショップの直営店網である。1982年に設立され，現在のトングで好きなパンを選ぶという購買形態を根付かせたのがアンデルセンだった。その意味では先駆的かつ革新的な業態だったが，この業態自体は模倣され世界的にもおなじみのものになっている。ちなみにタカキベーカリーは一般流通向けのパンを製造している。

　山崎製パンは連結決算において海外売上高比率を公表しておらず，経営計画に海外事業に関する数値目標も掲げていないことから，戦略的な優先度は明らかに国内よりも低いように思える。推計で海外売上高比率は2010年代後半においても5％前後，今後中期的に見ても10％未満という状況が継続すると思われる。この観点から同社の戦略的な優先度について，そのビジネスヒストリーの概観を含めて以下見ていくことにしよう。

3── 日本のリーディングカンパニーの歴史と 国産パンの「商品特性」

　大手から中堅も含めて製パン企業は戦前から存在していたが，国内トップ（製パン業界全体でシェア約4割），世界2位の山崎製パンは実はそこまでの老舗メーカーではなく，戦後生まれの企業である。中村屋での修行の後，飯島藤十郎が創業者として1948年に千葉県市川市に設立したのが山崎製パンである。そして，現在の会社名誕生には時代を反映したエピソードがある。戦後の食糧管理制度下で米と並んでパンについても厳しい統制が敷かれており，既に自分

名義でパン製造に従事していたために新会社設立が認められなかった。このため義弟の山崎名義で会社を登記したのである[5]。

　戦後の日本では米に代わる主食としてパンが注目され，原料の小麦粉もアメリカの援助があり，小中学校の給食にもパンが導入されていた。戦前から事業活動を行っていた多くの製パン企業にとっては絶好の商機だったが，なぜ新規参入の山崎製パンが一般流通において短期間に全国一のシェアを獲得するに至ったのだろうか？　その理由は創業者による迅速な製造品目の拡大とM&A，そしてその後の関連多角化にあった。

　同社社史（山崎製パン株式会社社史編纂委員会［1984］）によれば，創業当初は，試行錯誤の製造を重ねながらパンの売れ行きは良くなかった。ある日，飯島が浅草橋合羽橋（金物店の集積地）に出向いた帰りに，小さなパン屋の店先に「粉と引き換えに温かいパンをさしあげます」という立て看板を見て，「これだ」ということで早速，配給の小麦粉と加工賃との引き換えにパンをその場で客にわたす販売システムを導入した。味が評判を呼び，行列が絶え間なく続くほど盛況となった。

　創業時はコッペパンの委託加工からスタートし，次第にパンの種類を増やしていった。やがて和菓子からクリマスケーキなどの洋菓子まで今日の山崎製パンの多様な製品レンジは，1940年代末頃から1950年代前半までに出来上がることになる。山崎は名古屋の大手2社（敷島製パン，フジパン）に比べて，戦後

山崎製パン　はじめての包装食パン（1955年ごろ）
山崎製パンホームページ企業情報　沿革より。
https://www.yamazakipan.co.jp/company/enkaku/index.html　2022.6.3閲覧。

の新規参入組であったために，飯島は 1951 年に名古屋で開催された第 2 回製パン技術者大会の帰りに，敷島製パンの盛田秀平社長に面会を申し入れ，詳しい聞き取りを行っていた。そこで小売店のマージンを 1 割程度に下げて，原価をかけた良質のパンを販売したことが敷島の成功のきっかけとなったことを知った。

　1952 年に麦類の統制が撤廃され，パンの自由販売が解禁になると，飯島は本格的に販売店を増やして販売網を強化していくことになった。既に直営店の評判が良かったために，販売店希望の申し込みは低マージンにもかかわらず，後を絶たなかった[6]。実はこうした販売店網の拡充は，パン業界に限らず，戦後，高度経済成長期の B2C メーカーに広く見られた小売網の組織化であって，その典型は家電メーカーであった。現在こそ少なくなったが，松下電器（現パナソニック）を筆頭にして東芝や日立など大手家電メーカーは自社の販売店網を拡充し，街の至る所で特定メーカーの販売店が見られるようになった。実際，当時はこうした販売店こそが家電を購入する主たる場（Place）であった。

　第 8 章で取り上げるウィスキー業界におけるトリスバーやニッカバーによるウィスキーを直接提供する場の構築も，酒店への販促活動と並んで小売網の組織化の一環と捉えることができよう。こうした特定メーカーの小売店は，やがて量販店，大型スーパー，コンビニなどに取って代わられることになっていくが，一時期の小売りに対するメーカー優位の時代を築き上げていたことも確かであった。

　次章で後述するように，敷島やフジパンが戦前から盛んに広報活動を展開していたのに対して，戦後創業の山崎は，1960 年代に関西進出を遂げた時期に，関東地方発祥らしいキャンペーンを展開していたことも特筆できよう。アメリカの製パン業界が夏に行っていたサンドイッチ・プロモーションをヒントにした全国的な「サンドイッチ・アイデア・コンテスト」を通じて，消費者側の提案を促したことは当時としては斬新なキャンペーンであった[7]。

　関東地方らしいキャンペーンというのは，サンドイッチへの需要から，小売り用食パンは関東では薄切りが好まれるという東西の嗜好の違いにも関わっているという意味だが，嗜好自体もマーケティング活動によって変化することは

言うまでもない。後にロングセラーになる「ランチパック」もこうした地域的な嗜好を受け継いだ商品の１つであると考えられる。

　甘いものに飢えていた戦後消費者に対して，飯島は創業２年目までに今日にもつながる和菓子と洋菓子製造に参入している。その５年後，主力商品となるナイロン包装のスライス食パンを発売し，高度経済成長期には川口パン（千葉製粉傘下）を買収し，関西にも工場を設立して生産増強と販路を拡大していった。1970 年には，後述するアメリカのナビスコ（現モンデリーズ・インターナショナル）と商社のニチメン（現双日）とともに，合弁会社ヤマザキ・ナビスコを設立しクッキー，ビスケット製造にも参入した。

　山崎製パンは他の大手２社と比較して公開企業であるが，食品系企業の多くと同じ同族経営であり，社長は飯島家から輩出してきた。創業者による上場前の買収では強引な一面もあり，後年経営陣との内紛・訴訟も生じることになった。1970 年代後半には２代目社長の弟一郎との内紛などを経て 1979 年に長男延浩に経営が引き継がれた。工場の全国展開と製品レンジの拡大，コンビニへの参入などは藤十郎の社長時代を基礎としているが，当時売上 1,000 億円企業であった同社を１兆円企業に押し上げた功績は，３代目の延浩社長によるところが大きい。

　1979 年以降のスケールアップは，山崎製パンを国内有数の１兆円食品企業・食品系コングロマリットにしただけでなく，世界的なスケールの企業にもしていった。パンの全国的な供給ネットワークは，自社が管理する物流網を通じて，自社・協力工場を消費市場に隣接させる必要がある。例えば 2020 年までに首都圏だけでも東京，横浜，千葉，埼玉，群馬，茨木に 11 もの自社工場を擁しており，大阪だけでも３工場となっている。自社工場だけで 30 近く，さらに協力工場などを加えれば，生産規模と拠点数では圧倒的な地位にある。

　こうしたスケールメリットは，製造業ではかつての松下電器（現パナソニック），韓国サムスンの半導体工場を想起させるが，そうした多くの製造拠点を結ぶための物流網も自社所有のトラックをはじめ，多くの協力運送会社の存在を前提としており，事実上の生鮮品であるパンのために日々の出荷体制が整えられている。同時に製品レンジの拡大を可能にしてきたのも，こうした製造と

物流ネットワークが基盤にあるからである。

　山崎製パンのプロダクトについて製品レンジの拡大という観点から，もう少し詳しく見てみるならば，2020年連結通期の売上1兆310億円の内，コンビニ（デイリーヤマザキ）などの流通事業を除けば，約94％が食品事業である。製品ごとの内訳では食パン部門10.1％，菓子パン部門34％，和菓子部門6.8％，洋菓子部門13.5％，調理パン・米飯類部門14.2％，製菓・氷菓・その他商品部門15.5％となっている。会社の顔ともいえる食パン部門の構成比は意外と低いことに気が付こう。

　連結ではなく単体で見た場合でも，同じパン製品では菓子パンが一番高い売上をあげており，和菓子・洋菓子，製菓も高い。これは傘下に不二家や東ハトなどがあることが関係しており，文字通りの食品コングロマリットの様相を呈していることがわかる。菓子パンの比率が高いのは，実は山崎製パンに限ったことではなく，敷島製パン，フジパンの大手3社に共通している点である。また製パン企業だけでなく，ベーカリーも伝統的に菓子パンを中心に豊富な種類のパンを提供している。言い換えれば，これが国産パンの最大の特徴の1つであるとともに，「商品特性」だと言っても過言ではない。

　近代以降，木村屋によるアンパン製造によって，菓子パンは戦前に日本の食文化に定着するようになった。創業者が修行した戦前の中村屋も和洋菓子，菓子パンで知られており，日本で最初にクリームパンを製造販売している。現在よりも様々なスイーツが普及していなかったこともあるが，パンそのものが主食ではなく，一種のおやつとして消費者に認識されていたことが理由の1つであろう。こうした食文化と認識は，戦後から現在に至るまで引き継がれてきた。

　宮崎駿監督の「風立ちぬ」(2013年公開) は戦前の関東大震災前後の時代を描いているが，その中で「シベリア」というスイーツが登場する。羊羹をカステラ生地ではさんだ三角形の形をしており（サンドイッチのように四角いものもある），東京をはじめとした関東地方で人気があったスイーツである。これなどもパンの進化系的なスイーツであろう。現在に至るまで関西ではあまり知られていないが，中部地域では敷島などが製造販売し店頭に並ぶこともある。また青森県の中堅メーカー工藤パンも製造販売している。

　戦後・高度経済成長を経ながら，パンがそれまでの主食である米に代わる存在になったことは確かだが，パンそのものはより正確に言えば，欧米のパンとは別物の「パン」になっていたのである。お菓子の延長線上として発達した菓子パンには，高級な小麦粉生地を使う必要がなく，その分コストと価格を低下させるメリットがあった。代わってシーズニングや砂糖の調整によって固いパンではなく，ソフト生地にする必要があった。そしてソフトな生地・もちもち感を消費者も求めるようになったのである。

　重要な点は，戦後・高度経済成長期を経て，製パン企業がこうした嗜好を強めるように不断に味を改善してきたことである。こうした嗜好の特徴は食パンにもあてはまる。古い世代にはパンが主食ではなくおやつという認識から脱することができないのは，こうした消費面での特徴があったからである。そして供給する製パン企業からすれば，菓子パンは食パン以上に日々需要があり，商品回転率が高い。ここに菓子パンを中心に商品種類を増やし，売上を増加させようとする誘因が発生することになる。

　食パンの売上高比率が高くないのにはもう1つ理由がある。主として朝食の食卓に登場する食パンであるが，クロワッサンやフランスパンとも競合することと，購入先の違いによって製パン企業とベーカリーのすみ分けができている点を指摘することができる。これまで多くのアンケート調査が行われてきたが，はっきりしている点は多くの消費者はスーパーでパンを購入し，次にベーカリー，コンビニという順番になっていることである。

　2019年のGMOリサーチ株式会社の「食パンに関する実態調査」（インターネット調査，全国の20代～60代の男女400名）によれば，最も購入することが多い場所として，スーパーが約7割，ベーカリーは約2割だった。その他複数のアンケート結果を鳥瞰すると，複数回答ならば，ベーカリーやコンビニも5割ほどになる。女性や高齢者層はベーカリーで購入する比率が高くなっている。

　消費者側の実態を調べていくと，食パンなどの主食系は，スーパー派とベーカリー派に分かれるケースと併用派が存在していることであろう。菓子パンの場合もスーパーとベーカリーは競合関係にあり，同じような嗜好を背景にしながらも，製パン企業は焼きたて，高級，生地のオイシサというベーカリー側の

強みを意識せざるを得なくなっている。

　ベーカリー側の強みと差別化に対して，まったく性質が異なり，対照的なのが大手製パン企業のコストリーダーシップにおける強みである。寡占メーカーが全国的な生産拠点・物流・販売網を掌握していることによって，それが成り立っていることは言うまでもないが，既に述べたように，このスケールメリットを戦後いち早く実現させたのが山崎製パンだった。高度経済成長期の1960年代に大手3社はいずれも首都圏と関西圏へ製造販売ネットワークを広げていったが，沖縄を除く全国的展開を達成したのは山崎製パンだけである。大手3社の中で唯一の上場企業であるとともに，寡占企業の中においても抜きん出た存在感を示してきた。

　かつて山崎製パンの強みを特集した『日経ビジネス』は，全国の工場間の新商品開発と競争，自前の配送システム，商品1つ1つの厳格な損益管理などを列挙したが[8]，これらを可能としているのは，国内市場の隅々に至るまでの（規模の利益に伴う）一般流通における支配的な地位である。そこが地域的に穴を持っている寡占他社と決定的に異なっている点で，それゆえ必然的に国内市場シェアトップへとつながっているのである。

　マーケティングミックスの視点からすると，大手3社には共通点が多い。価格帯（Price）と製品（Product）は相互関係的に共通しており，食パンを例にとれば，高価格帯から低価格帯までそろえており，菓子パン同様，ロングセラー商品を核にした商品展開を行っている。販売・流通（Place）ではスーパー，コンビニ，販促（Promotion）ではテレビCMが中心であるが，すっかり定着した感のあるヤマザキ春のキャンペーンや自社傘下のコンビニと独自の配送網，広域性などから他の2社に差をつけた形となっている。

　大手3社が幅広い価格帯の製品を展開することで，ベーカリー以外ではパンを購入しない購買層を除けば，幅広い購買層を獲得する機会を得ていることは言うまでもない。こうした幅広い価格帯を可能にしているのは各社のパン製法の使い分けであり，グルテンの少ない安価な小麦粉に乳化剤などの添加物の調整を通じて低価格帯のパンも製造しているからである。これも一般流通向けパンにおける最大の特徴の1つと呼べるであろう。

　価格帯の広さは同時に多種類の製品，ロングセラー商品を保有していることを意味しており，同じく敷島やフジパンにもあてはまることである。規模の差を別にすれば，Product，Price においては同じ路線を採用していると言えるが，製品種類の多さと多様性は傘下企業の規模と数にも依存するため，特に外資との合弁と M&A に焦点を当てて，この点については次節で考察していくことにする。

　小麦については輸入と国産の価格差調整が政策的に行われてきたために，一見すれば原料コストが高くつくように思われがちだが，実際には製パン企業は小麦の調達や製粉に関わらず，山崎ならば，日清製粉との長期安定供給を通じて原料調達におけるリスクをとっていない（2020 年時点で山崎製パンと日清製粉グループは相互に 5％の株式を保有している）。

　1952 年にスタートした政府による国産・輸入小麦の買い取り制度は，まず公定価格で製粉会社に割り当てられ，製粉会社はこれを三菱商事，三井物産などの総合商社へ売却し，総合商社がこれを 2 次メーカー（製パン企業）に売却するという流通取引の流れを形成することになった。大西［2016］によれば，1955 年以降米の豊作が続き，パンの消費需要が限界に近づいていたことと，東京オリンピック後の社会インフラ建設ブームや資本自由化を背景にして，1960 年代後半以降，大手製粉会社と総合商社が積極的に大手製パン企業に出資したことで，大手製パン企業の設備投資増による大規模化が促されたとしている。

　山崎製パンをはじめとする大手がさらに大規模化するに至ったのは，このように大手製粉会社と総合商社による川上部門からの投資が効いていたのである。戦後創業組の山崎製パンが巨大化したのは，東京・関東を拠点としていたことに加えて，後の株主構成にも反映されるような資本投下があったためである。なお山崎製パンの大株主である三菱商事は海外進出に際してのパートナーにもなっている。

4 ── 山崎製パンの歩み─合弁から海外進出まで─

　山崎製パンの外資との合弁について特筆できることは，1970年以降，山崎ナビスコのモンデリーズ・インターナショナルとの長らく続いたライセンス契約終了に伴い，2016年に合弁解消後，新会社ヤマザキビスケット（YBC）を発足させたことであろう。世界的なブランドである「オレオ」などを持つナビスコ（当時）と合弁して国内ビスケット・クッキー市場に参入した後，新会社を通じて自社ブランドによる本格的な参入を遂げたことは，国内製菓業界において特筆すべき出来事であった。

　複数の世界的なナビスコブランド製品を手放し，新会社YBCによるオリジナル自社製品の製造販売に切り替えたことは，消費者の記憶に新しいだけでなく，そのマーケティング戦略を鮮烈に焼き付ける出来事でもあった。YBCが国内のモンデリーズ製品の売上を抜くのにさほど時間がかからなかったからである。世界的なブランドとのライセンス契約の終了に直面した企業の末路は，アパレル業界における三陽商会のバーバリーによる契約終了が典型的な例だが，YBCのケースはこれと真逆の例である。なぜYBCは成功したのだろうか。

　結論だけから言えば，スケールメリットを備えた経営資源の圧倒的な違いである。その経営資源，言い換えればコア・コンピタンスは山崎製パン側が保有していたのである。山崎ナビスコ時代に技術移転も行われていたが，取り扱う原料（小麦粉）も同じで，自社製造で世界ブランドに匹敵する製品を作ることのできる確信と自信があったからこそ，戦略的な合弁解消を選択できたのである。そして，これは第6章と第7章で考察する日本のコンフェクショナリーメーカーの国内市場における流通・価格面での競争優位とも関係している。

　YBC発足後のテレビCMと新製品の展開が非常に速く進展しただけではなく，親会社がパンをベースとして一般流通に浸透していたために，複数の種類の新製品がスーパー，コンビニに大量に並んだことに加えて，親会社がパン製造で培った新技術ルヴァン（発酵種）がビスケット・クッキーに生かされ，ソフト感の増した製品が消費者の関心を誘った。これに対してモンデリーズ・ジ

ャパンの販売するロングセラーのナビスコブランド製品（「オレオ」「リッツ」など）には特に変化はなく，ほぼ従来通りのラインナップと価格のままであった。

　YBCとナビスコブランド製品は類似の商品が多かったが，後者のナビスコより低い価格設定，親会社の技術導入，新製品投入と多種類のラインナップによって，ナビスコを追い抜くのにさほど時間はかからなかった。こうしたマーケティング戦略は，上述したように日本の菓子メーカーに共通していることではあったが，同時に親会社がパンだけでなく和洋菓子事業で展開してきたことの再現でもあった。

　当初から関連事業多角化を目指していたことで，今日まで食品コングロマリットの道を歩んできた山崎製パンだが，創業者時代のパン製造に関連したM&A以外に，3代目飯島延浩社長時代の多角化と一連のM&Aが特に目を引く事象となっている。コンビニへの進出の後，パンという製品自体が一般流通用製品とベーカリーの製品とでは競合関係にありながらも，1983年にベーカリーカフェ事業としてヴィ・ド・フランスを展開したことがその1つである。

　延浩社長主導の下で，一般流通製品とは異なるベーカリー用の生地を製造するために，フランスの製粉会社グラン・ムーラン・ド・パリ社と技術導入提携を行った。そして，技術移転を終えヴィ・ド・フランスの事業が軌道に乗ったことを見計らって，2001年にはヴィ・ド・フランスを完全子会社化している。ナビスコの事例に見られるように，ここから国内市場において外資との提携については躊躇しないが，独立しての事業展開意欲も強いことがわかる。

　2000年代に入ってからは国内菓子メーカー2社の買収も話題となった。2006年の東ハトと翌年の老舗洋菓子メーカー不二家の買収である。いずれも経営難からの救済的な買収だったが，不二家については期限切れ原材料使用問題が経営危機の引き金になっただけに，その去就は当時注目された。

　不二家買収後の立て直しについてはYBCと共通するが，ルヴァン種の使用やコラボ製品，新製品・限定製品を一般流通市場に投入し，他方で不採算の洋菓子路面店などを削減し，洋菓子メーカー不二家としての再建が進展した。このように国内市場では，M&Aやグループ事業の組織再編などにおいて積極的な山崎製パンの姿勢をうかがうことができるが，海外市場においてはどうだろ

うか。

　海外進出については 1981 年の香港ヤマザキ設立を皮切りに，1980 年代にタイ，台湾にフレッシュベーカリーを出店している。以後，マレーシア，シンガポール，上海にも進出し，2010 年代にはインドネシア，ベトナムというように，東・東南アジアに進出の焦点が合わせられていた。ただし，注意しなければならない点は，現地にセントラル工場を置き直営のベーカリー店での販売が中心になっているということである。

　国内市場と同様に，工場―自社物流網―スーパー，コンビニというような製造販売網とは明らかに異なり，洋菓子のシャトレーゼのような製造と直営販売網であり，しかも海外店舗数は非常に限られている。現地消費者のベーカリー重視の購買行動も関わっているが，それよりも重要な点は現地で国内事業モデルを再現できていないことであろう。言うまでもなく，進出先での再現については，国内同様の物流網も加えた大規模かつ広範な製造販売ネットワークが構築されていることが前提条件だからである。

　アメリカでも東南アジアと同じ業態の店を 1990 年から展開しており，1991 年に提携しているヴィ・ド・フランスのアメリカ法人からベーカリー部門事業を譲渡されている。この他にレストラン事業にも進出し冷凍生地なども製造しているが，基本的にはベーカリーショップとしての進出となっている。注目される変化としては，2016 年のベイクワイズ社の株式取得によるベーグルの製造販売事業などへの参画であろう。この時点において実質的にはじめてのクロスボーダー M&A の事例が現れている。

　こうしたクロスボーダー M&A の極端な少なさは，山崎製パンの典型的な内需依存型企業から多国籍・グローバル企業への転換の困難さを物語っており，その理由として挙げられるのが国内事業の海外での再現が困難であるという点である。この点については他の大手製パン企業にも当てはまる。

　再現が困難という意味は上述の製造・物流・販売網にとどまらず，国内で売上比率の高い菓子パン，さらには菓子に至る製品が国内独自の製品であり，世界市場における「標準品」と異なっているために，その「商品特性」ゆえに菓子メーカーと同じく，製品浸透のための現地マーケティングに多大な時間と労

力を要することも関係していると言えよう。

　実際にSWOT分析を用いて，世界1位と2位の製パン企業であるグルーポ・ビンボと山崎製パンを比較してみよう。まず強みについては両社とも世界有数の規模であるため，規模の利益を実現していること，その規模に合わせて物流・配送ネットワークも同業他社に比較して広域的である。イノベーションを伴う製品開発や菓子類をはじめとした商品ラインナップも幅広いことで共通している。他方，弱みとしてビンボの場合，物流・配送コストが高く，これはメキシコ市場とアメリカ市場の広大な2市場で，トップシェアを維持するために不可避のコストとなっている[9]。

　山崎製パンが物流・配送の大部分を自社運営，すなわち内部化（部分的に運送会社と提携）しているのに対して，ビンボやアメリカ2位のフラワーフーズは米国市場で地域ごとに独立系物流会社と提携しており対照的である。ベーカリーに比較してスーパーなどで販売されているために，低価格ゆえのマージンの低さは一般流通のパン製品につきものと言えるが，次章で見るように山崎製パンをはじめとする大手3社は高価格帯（プレミアム）商品の開発も行ってきた。

　SWOT分析を通じて見えてくる，製パン企業世界1，2位間の最も大きな違いはグローバル化の程度である。ビンボのようにメキシコという新興国から世界最大級の先進国市場アメリカへ進出して，市場シェア1位を獲得しているケースは非常に稀と言ってもよかろう。これは1990年代にアメリカの製パン企業の買収を契機に実現し，同社はメキシコに海外事業部門を設置して海外事業部門そのものを重視してきた。

　他方で山崎製パンは，表面上東アジアを中心として，主としてベーカリー店舗形態での進出を遂げているが，国内同様の製造から物流・配送を通じたスーパーなどでの一般流通販売は中心となっていない。言い換えれば本国の事業が再現されておらず，そのため国内市場依存の問題が弱みの筆頭として挙がることになった。

　星野［1998］が指摘するように，技術面において大きな格差がない製パン事業は，そもそもローカル資本に優位であって，実際に各国市場を見回しても，

| 図表4－2 | グルーポ・ビンボのSWOT分析 |

S（Strengths）強み	O（Opportunities）機会
1．世界最大の製パン企業 2．業界における経営の強み 3．地域・国民的ブランドとしての強み 4．物流配送網 5．イノベーション 6．品質重視 7．組織的な成長と戦略的M&A 8．景気非循環型産業におけるリーダーシップ 9．製品ポートフォリオの多彩さ	1．買収統合を通じたコスト減 2．最先端施設建設の加速化 3．有機ブレッド部門のプレゼンス確立 4．米国市場でのスイート系と朝食用ブレッドの成長 5．コスト減と収益増のためのIT投資 6．持続的・安定的な開発 7．戦略的M&Aの継続
W（Weakness）弱み	T（Threats）脅威
1．低い営業利益率 2．古い製造施設群 3．物流配送網の高コスト 4．製造品の店頭陳列期間の短さ	1．フラワーフーズ（米国第2位）との競争 2．プライベートブランドの成長 3．原料価格の変動と不安定 4．消費者の嗜好の変化 5．価値経済下での消費者の認識

出所：Doolittle and others［2013］p.22．一部改訂。

| 図表4－3 | 山崎製パンのSWOT分析 |

S（Strengths）強み	O（Opportunities）機会
1．日本最大の製パン企業（規模の利益） 2．国民的ブランドとしての強み 3．全国的な物流・配送網 4．イノベーション 5．品質重視 6．景気非循環型産業におけるリーダーシップ 7．製品ポートフォリオとの多彩さと新製品開発力	1．製菓部門の強化（不二家、東ハトの買収） 2．調理パン・米飯総菜部門強化と流通（デイリーヤマザキ等）との連携強化 3．最先端研究施設への投資（山崎製パン総合クリエイションセンターの創設） 4．健康志向型製品の開発（全粒粉入り食パン、低糖質製品など） 5．アジア市場でのベーカリー事業展開
W（Weakness）弱み	T（Threats）脅威
1．国内市場依存度の高さ 2．パン部門の売上比率の低さ 3．寡占市場における差別化 4．製品ライフサイクルの短さ 5．海外事業の停滞	1．敷島製パン、フジパンとの競争 2．プライベートブランドの成長 3．原料価格の変動と不安定 4．高齢化による消費者志向の変化 5．国内市場の飽和

出所：同社開示資料より筆者作成。

外資系多国籍企業にとっては事業再現が難しい状況である。ただし，ビンボの事例はクロスボーダーM&Aによってそれが可能であることも示している。この製パン企業グローバル化の是非については，次章でも再び取り上げること

にしよう。

【注】
1） 「製パン王キム・タック」韓国 KBS で 2010 年に放映された全 30 回のドラマ，1960
〜 90 年代までの時代を描いている。
2） グルボのウェブサイト，企業情報より。https://www.grupobimbo.com/index.php/
en/about-us/　2021.8.30. 閲覧。
3） 同社ウェブサイト企業情報より。パン以外に製菓の比率が高いという点で，後述の
山崎製パンと共通している。
4） 澤田［2021］参照（第 6 章注）。
5） 山崎製パンについての歴史については，山崎製パン株式会社社史編纂委員会
［1984］，有森［2020］を参照。事業展開については同社 HP 開示資料などを参照し
た。
6） 山崎製パン株式会社社史編纂委員会［1984］pp.34-37，pp.40-41，pp.62-63。
7） 同上 p.108。
8） 「特集　異端の経営・山崎製パン 止まらぬ成長　デフレに屈せず」『日経ビジネス』
2010.3.22 号。
9） 本章におけるグルーポ・ビンボの歴史については，星野［1998］を参照。事業
展開については同社 HP 開示資料などによる。GRUPO BIMBO　https://www.
grupobimbo.com　2021.3.7. 閲覧。

第5章

パンをめぐるもう1つの
ビジネスヒストリー

1 —— 隠れたパン王国

　パン製造自体には特に産地というものが存在しない。近代以前の醸造業や織
物業のように伝統的な継承地があるわけでもなく，分業構造による集積が形成
されているわけでもないからである。そして単純に大消費地に近い所に工場が
設けられるために，首都圏や大阪圏などの大都市圏の出荷額が高いということ
になる。

　それでも国内有数の製パン企業である売上2位のフジパン，3位の敷島製パ
ンが名古屋市で創業し同市に本社を構えていることは偶然とは言い難い。山崎
製パンと異なり，両社は戦前から事業活動を展開してきた老舗企業でもある。
この大手2社以外にも，主として喫茶店，ホテル向けの業務用パンを製造販売
する1957年に設立された本間製パン（名古屋市西区）もある。

　図表5－1のように，パンメーカーの創業順からすれば，敷島とフジパンは
老舗ではあるものの，同じ愛知県内では長栄軒より遅れて創業していることが
わかる。戦前の製パン企業に共通していることとして，軍需があり，日清，日
露戦争後，一般流通とは別に軍への製品納入も経営安定にとって重要な販路で
あった。長栄軒の場合，こうした軍需向けをターゲットとしてアメリカからの

図表 5 - 1 製パン企業創業順

1869 年	木村屋総本店	東京
1901 年	中村屋	東京
1907 年	長栄軒	名古屋
1909 年	松月堂	東京
1912 年	松月堂	豊橋
1912 年	千賀製菓	豊橋
1913 年	進々堂	東京
1918 年	神戸屋	大阪
1919 年	岡山木村屋	岡山
1920 年	敷島製パン	名古屋
1920 年	伊藤製パン	東京
1921 年	光栄軒	名古屋
1922 年	フジパン	名古屋
1922 年	遠州屋	豊橋

出所：パンの明治百年史刊行会［1970］より作成。

技術を取り入れつつ，製造工程の機械化に真っ先に取り組んだメーカーの1つ
だった[1]。

　製パン企業の多くは，後述する敷島のように米騒動（1918 年）を転機として
パン需要が拡大すると見込んで参入したケースが多く，米騒動後と第2次大戦
後（1950 年代頃まで）に設立が相次いだ。20 世紀に入ってからの関税自主権の
回復に伴う小麦粉関税の設定と国産小麦の増産，近代的な製粉業（日清製粉や
現ニップンの日本製粉など）と製糖業の成立，技術面では輸入イーストから国産
イーストが昭和初期にかけて普及していたために，パン製造も本格的な量産が
可能になっていた。

　東京をはじめ，多くの製パン企業が存在するものの，よく知られているよう
に製パン市場は大手3社を中心とした寡占構造を形成している。規模で見るな
らば，さらに大手3社間にも格差がある。2021 年時点で山崎製パンの売上高
は 9,500 億円でほぼ1兆円企業になっているのに対して，2位のフジパンは山
崎製パンの売上高の3割に満たず，3位の敷島製パンは2割に満たない。にも

かかわらず，この2社は名古屋・愛知県を中心に東海地域では戦前創業組としてその存在感を強く放ってきた。

　名古屋のスーパーを回ればすぐ気が付くように，パン売り場には敷島とフジパンの製品がかなりのスペースを占めており，スーパーによっては山崎製パンのスペースが小さくなっている場合も珍しくはない。しかも業務用の本間製パンの食パンも一般小売向けに販売されている。さすがに山崎製パンといえども，名古屋市から東海地域圏にかけては流通の現場ではやや肩身が狭くなっているようである。

　特に愛知県で東京や大阪以上にパン消費が多いわけではないが，モーニングサービスで有名な愛知県の喫茶店数は，総務省統計局経済センサスのデータによれば，約7,800店で東京の6,700店を凌駕している。その数は全国の11％以上を占め，人口当たりの喫茶店の数では驚くほど多い。隣接する岐阜県も，高知県や和歌山県と並んで人口10万人当たりの店舗数ではトップクラスである。

　こうした喫茶店の県別分布については比較的知られている事実であり，モーニングにつきもののパンに対しての需要が大きいことや，企業などへの事業所向け需要も比較的大きいために，本間製パンのようなホテル向けをはじめとした業務向け製パン企業が愛知県で成長・発展を遂げたことをある程度説明できよう。学校給食用には各県で地場製パン企業が指定業者となっており，こうした需要が各県に小規模の製パン企業を成立させる背景となってきた。ちなみに名古屋は喫茶店チェーンで知られるコメダ珈琲発祥の地でもあるが，コメダ珈琲はパンについては内製化している。

　本間製パンに限らず，B2B需要の大きさも後で見るフジパンの成り立ちに大きく関わっている要因でもある。こうした現在の地域的背景を考慮しつつ，時間を巻き戻して，ここでは，まず我が国における製パン企業の嚆矢である敷島製パンのケースについて取り上げておくことにしよう。

2── 敷島製パンとフジパンのビジネスヒストリー

　敷島製パンの本社は名古屋市東区に本社を構えており，東区には第1次大戦

時のドイツ人捕虜収容所があった。パンそのものの製造技術は既に日本に伝えられていたが，地方においては西欧伝来の技術のために習得機会は限られていた。当時，ドイツの製パン技術に目を付けた創業者盛田善平は，元捕虜のドイツ人技師ハインリヒ・フロインドリーブを雇い入れ，1920年に会社を創業した。1918年の米騒動で深刻な米不足が問題になったときに，パンが将来米に代わるものになると確信してのことだった。

　なぜ名古屋だったのかについては，上述のようなことが1つの背景となっているが，もう1つの背景としては同地における起業家精神の存在がある。創業者の姓である盛田は愛知県知多半島を拠点とする酒醸造の盛田，および盛田一族をルーツとした分家筋で，本家は言うまでもなくソニー創業者の一人盛田昭夫を輩出した家系でもある。

　ミツカン（半田市）の中野家（中埜家）も姻戚関係として盛田一族とつながっており，敷島製パン創業時にはミツカンも出資している。戦前はビール醸造（カブトビール）に参入した時期もあったほど，盛田一族の起業家精神は旺盛であったようである。1899年には敷島製粉を設立しているから，この頃から小麦粉をベースにした製品に善平は関心を示していたようである。複数の事業機会を模索した後，たどりついたのがパンの製造販売だったが，とりわけ注目されるのは善平の進取の気性と初期のマーケティング活動であろう。

　同社社史（安保 [2002]）によれば，創業の年に現在の中区栄付近にシキシマパン宣伝部を置き，直営小売店を設置し当時としては珍しいカタカナの店名でシキシマパンの看板を掲げた。1923年頃までには女性店員を今でいうところの街頭でのキャンペーンガールに用い，名古屋市中心部の上前津に喫茶店，さらに洋食ホール，和菓子販売店までも兼営していた。

　驚くべきことに，当時の喫茶店では，アメリカから原液を仕入れて薄めたコカ・コーラまで提供されていた。なお日本では1920年に明治屋などがはじめてコーラを販売しているが，その普及は戦後の高度経済成長期だったことから，善平の新しいものへの好奇心と東京と同じ目線に立った大正モダニズム的な事業展開ぶりをうかがうことができる。

　当時の人々を特に驚かせた宣伝キャンペーンとして，1925年に中区栄付近

においてサーカス一座とタイアップして，象2頭を使ったキャラバン隊が広小路通を練り歩いたことであろう。また配送面では1930年代に入って，それまでのパン業界が用いていた人力の箱車による配送ではなく，専用の配送車（フォード車製）を採用し，工場生産・量産体制に見合った物流網を構築していた点を特筆することができよう[2]。

このように敷島製パンは，同時期に創業したフジパン，さらには戦後創業し

創業当時の敷島製パン（工場内）

1935年当時の配送車（フォードの最新型を使用していた）

1925年敷島製パンが名古屋市広小路に直営店を開店した際の宣伝写真
写真3点とも安保［2002］『敷島製パン八十年の歩み』敷島製パン株式会社より。

た山崎製パンと比較しても，マーケティング活動，量産体制の確立，物流配送面でも非常に早い時期から抜きん出た存在であった。それでも敷島製パンが全国的な事業展開に乗り出したのは，他の大手2社と同様に戦後における高度経済成長期の関西進出以降のことである。

　1960年代以降，新設工場と物流配送の拡大を通じて，大手3社は関西圏への進出を遂げているが，関西には戦前からの老舗神戸屋が陣取っており，敷島製パンも他の2社同様，当初，関西の消費者と東海圏の消費者との嗜好の違いから，試行錯誤の苦労を重ね，最終的にPasco（Pan Shikishima Company）ブランドを定着させていくことに成功した[3]。

　敷島製パンの社名とブランドはPascoで全国的に統一されており，北海道，東北，沖縄などの販売や製造拠点において長らく空白地帯があったが，現在では北海道に直営店，東北，沖縄では地元企業によるライセンス生産でカバーしている。幅広い製造品目の中でも国内シェア1位の食パンにおいて強みを発揮しており，近年では湯種製パン法（小麦粉を熱湯でこね，小麦粉中の澱粉を糊化させてパンを作る製法）で製造されたもっちりとした食感を売りにした「超熟」食パンがヒットしている。

　このように国内で3番手に位置する敷島製パンだが，傘下に物流企業を持ち，子会社によるベーカリーカフェ（フランスのPAULブランド）の展開など国内における事業組織と事業展開には山崎製パンと似ている点も多い。対外市場についても，山崎製パンとほぼ同じ時期に海外進出をスタートしている。

　1980年のアメリカでの合弁会社設立を皮切りに，台湾，韓国に進出しており，1995年には現双日とインドネシアに合弁会社ニッポン・インドサリ・コーピンド（西ジャワ州）を設立している。また1990年代に一度進出した中国市場へはその後，再進出を果たしている。日本の食品・菓子関連企業の進出先は基本的に東・東南アジアに集中しているが，パンの場合，スーパーなどで販売する一般流通製品市場が日本ほど発達しておらず，現地での製造・物流・販売網の再現が困難であったことは，前章での山崎製パンの事例で触れた通りである。

　2010年代には，先に進出したインドネシアにおいて敷島の現地法人はトッ

プメーカーに成長しており，中国市場では上海工場を擁し，伊藤忠商事と台湾の味全食品（台湾頂新グループ傘下）と提携している。提携先の流通ネットワークを利用して，ファミリーマートにおいて「味全パスコ」ブランドで日本と同じ食パンと菓子パンを販売している[4]。山崎製パンと比較すると，アジア市場への進出は一般流通市場を見据えた事業戦略を採用しており，その点では数歩リードしているようであるが，山崎製パン同様，海外売上高比率は10％にもおよばないのが現状である。

　次に同じく老舗大手メーカーのフジパンのケースを見てみよう。フジパンも第1次大戦後の1922年に敷島製パンに2年遅れて，舟橋甚重がその前身である金城軒を創業している。1930年に事業拡大に伴い名古屋市中区から瑞穂区に本社を移転したが，飛躍のカギとなったのはむしろ戦後で，県によって学校給食用委託工場に指定された頃からである。同じ頃の1951年にフジパン製パンに，1966年に現在のフジパンに社名を変更している。

　敷島製パンと比較すると，戦前までのフジパンの事業展開はマーケティング活動も含めてやや地味であったという印象を拭えないが，それは盛田家の系譜を持つ敷島が資本技術面での先行優位を備えていたのに対して，裸一貫で創業した独立系のフジパンとの違いでもあった。実際，和菓子屋での年季奉公を経て独立した舟橋甚重は，自ら自転車でパンを売りに出ている。1918年の米騒動時に「これからはパンの時代になる」と確信したことが創業へのきっかけとなっている。この点は盛田善平と共通していた[5]。

　フジパンが頭角を現すようになるのはむしろ戦後である。政府によって給食の民間委託業者に指名されたことがその後の成長の契機となった。戦前の製パン企業にとって軍需が重要な販路の1つであったように，戦後においては学校給食が大手，中小メーカーを問わず重要な販売チャネルになっていく。1952－1967年までの学校給食へ供給された平均数量（トン）は，一般流通向け市販パンの23％に相当していたからである[6]。

　マーケティング活動においても1952年に飛行機からチラシ1万枚と2,000個のアンパンを落下傘で投下しており，現在の航空法規制では考えられない派手な広報活動を展開したこともあった。こうしたB2C向けの活動とともに，

給食パンの供給に示されるように，B2B の事業展開こそが大手2社に対する差別化戦略であった。

　給食パンの供給は学校向けにとどまらず，地元の大手メーカー日本ガイシなどへの供給も担っていた。また 1960 年代には大手2社に先駆けて本格的に関西への進出を果たしている。B2C と B2B の双方の事業展開をにらみながら，1970 年代には日本マクドナルドへのバンズ供給契約を結び，マックの成長拡大とともにフジパンも専用工場とラインを関東に新設し，マック向けのロジスティクシステムを傘下の物流会社（富士エコー）を通じて構築してきた[7]。

　次にこうしたフジパンの歩みも念頭に置きながら，敷島製パン同様，現在までにおける B2C 向け製品のラインナップに目を転じてみよう。他の大手2社と同様，製品ラインナップは幅広く，食パン・菓子パンから菓子，総菜，ベーカリー運営までそろっているが，敷島と同じく食パンに強みを持っていることも特徴である。

　敷島は，山崎製パンのデイリー山崎同様に傘下にコンビニ（ココストア）を抱えているが，フジパンはコンビニを擁していない。この点については多角化の面で2社に比較して限界を呈しているともいえるが，総菜のコンビニへの供給も行っており，既に述べたようにスーパーを含め東海地域圏では流通販売において優越的な地位を保ってきた。

　製パン企業の顔ともいえる食パンについては，敷島製パンだけでなく，フジパンも一般流通市場で強固な地位を固めており，これが山崎製パンのパン全体に占める食パンの売上比率（約 10%）が低い一因になっていると考えられる。フジパンと敷島製パンに共通していることは，もっちりとした日本人好みの食パン製造に成功したことであり，敷島のトップブランド「超熟」の販売は1998 年だったのに対して，フジパンの「本仕込」はそれよりも5年早い 1993年だった。

　「もっちりおいしい日本の食パン」を目指した「本仕込」は，時代に合わせて，イーストフード・乳化剤不使用や，厳選素材を使用して改良を重ねてきた。水分を多く使用できるストレート製法を用いて売上1位を長年にわたって維持しており，現在でも売上ランキング上位に位置している。しかしながらその後，

敷島製パン，山崎製パンがこの種のプレミアム製品を市場に投入し激しく追い上げた結果，ランキング順位も入れ替わりが激しくなっている。

　2020 年の日経 POS データによれば，1 位と 2 位は敷島パスコ「超熟」食パン（6 枚），敷島パスコ「超熟」食パン（5 枚），3 位山崎「ロイヤルブレッド」（6 枚），4 位フジ「本仕込」食パン（6 枚），5 位山崎ダブルソフト（6 枚）（日経 POS 情報より，2020 年 8 月売上ランキング）となっており，いわゆるプレミアム食パンを先行的に投入したフジパンと敷島に対して，今日では山崎もこれらを激しく追い上げる構図が見られる。

　こうした競争関係は，同じような製品ゾーンへの参入に収斂していくという点でビール業界の寡占競争の構図に似ているようである。このようなプレミアム食パンを，マーケティングの視点から取り上げた大崎［2010a］［2020b］によれば，プレミアム商品とは同一カテゴリー内の他のブランドよりも価格が高く設定されている商品と定義することができ，敷島とフジパンについては，個別商品ブランドから企業ブランドを戦略的に構築するのに成功した事例としている。

　こうした食パンの成功は同じパン生地を用いた食卓パンにも広がっていくことになり，プレミアム化の拡大にもつながった。先行したフジパンの場合もそうだが，一般流通向けの食パンなどは，バブルがはじけて以降 1990 年代においてデフレが定着する中で，ベーカリーに比較して廉価商品の代名詞になりつつあった。製パン企業側としては消費者に対して，価格以外の訴求力を何としても打ち出す必要があったのである。

　こうした事情は菓子業界と似ており，例えばチョコレートにおいても低価格の板チョコやチョコレート菓子が普及していた状況下で，明治や森永などがカカオ含有量の高いプレミアム製品を投入したことと共通している。企業サイドからすれば安価なヒット商品よりも利益率の高い高価なヒット商品を狙うのは自然なマーケティング戦略であったし，大手 3 社が単なるパンメーカーではなく，製菓企業としての側面も持っていたことも戦略の共通性につながっていると見なせることができよう。

　このようなプレミアム商品 1 つをとっても，大手 3 社は先発であるか否かに

かかわらず，類似のマーケティングミックスの道をたどってきたことになる。ただし，差別化という点からすれば，フジパンは他の2社よりも公的な調達やB2B，OEM生産を効果的に組み込んできたことを指摘できよう。かつてのメーカー優位時代から，現在では大手小売業が巨大な販売力や顧客のビッグデータを抱えているために，関係が逆転し，多くのメーカーは製品を問わず小売側が要求するPB（プライベートブランド）商品も供給せざるをえないのが実情である。むろん他の2社もフジパンもこうしたOEM生産を事業に含めてきたが，フジパンの場合はマックとの提携に見られるようにより戦略的であった。

　それでも大手3社の4Pは類似する傾向にあり，こうした寡占的競争の構図は既に述べたように国内ビール業界と似ている一方で，海外事業展開においては対照的な様相を呈していることも指摘しておかねばなるまい。海外進出では山崎製パンが先行しているとはいえ，敷島と同じく実際の進出はベーカリーという店舗形態が主であり，現地製造規模も小規模なものにとどまっている。フジパンに至っては1980年代前半にハワイに現地法人を設立しているが，この点に関する詳細な情報はなく，フジパンに関しては基本的に国内のみの事業活動と考えて差し支えなかろう。

3── 製パン企業にとっての市場戦略─国内と海外─

　前章で見たように，売上高で世界ランキング入りしている製パン企業の中で，5〜10％以上の世界シェアを得ている企業は過去においても現在においても現れていない。生鮮食品に準ずるというパンの「商品特性」から，海外で生産から物流・流通までの国内オペレーションを再現することが困難であることが大きな理由となってきたからである。

　パン製造はその意味では典型的な内需型産業の1つと考えられる。国内的には条件がそろえば大規模メーカーは生まれるが，多国籍企業やグローバル企業になるのには，上述のような困難が伴うことに加えて，現地にも内需型のローカルメーカーが国内シェアを掌握しているからである。このため国内と海外における市場戦略面での違いをもう少し詳しく考察しておこう。

　まず日本国内における現状とこれからの市場戦略について，これまで見てきた大手メーカーの市場戦略史の関係から整理しておこう。大手パンメーカーから中堅メーカーに至るまでの製品ラインナップは広く，菓子パンの製造販売比率を高めることは創業から戦前にかけて既に定着していたことと，戦後もこの傾向は時代が新しくなるにつれて，それらの新製品アイテムを年々増加させてきた。

　図表5－2は長期的なパンの種類別生産動向から製パン企業，とりわけ大手3社を念頭に置いて，種類別の市場戦略を整理したものである。これまで見てきたように大手3社の製品種類を通じた市場戦略は似通っており，既存の流通チャネルだけでは限界に達していることも確かである。全体としては学校給食の減少をその他のパン販売で補っており，パン全体では長らく頭打ちの状態にあることがわかる。

　自社グループや専門ストアなどの流通チャネルを増やすことでは，山崎製パンが他の2社より抜きん出ているが，敷島やフジパンも大手として同様のことは可能である。問題は1人当たりのパン生産量の横ばい化に示されるように，全体の生産・販売額も伸びていないことである。この結果として菓子パンの領域を越えて，和洋菓子やスナック菓子の領域にまで製造販売が及ぶようになり，製パン企業と大手製菓会社との区別と領域がますます曖昧になっている。

　戦前の企業統計では，実は明治期の製パン企業創業期には，製菓会社との区別がなされていなかった。小麦粉を原料とする限りビスケットなどの製造で重なることが多く，元々伝統的に製パン企業と製菓会社の製造領域は重なっていたという事情もある。山崎製パンがグループ内にYBCや不二家，東ハトを擁しているのも，パン以外の製品レンジの強化が市場戦略として有効だからということになる。敷島製パンの場合も和洋菓子を製造品目に組み込み，一般流通に乗せているし，フジパンも同様である。これらの和洋菓子は主にスーパーにおいて低価格で販売されてきた。高度経済成長期以後，大手製パン企業はクリスマス需要を狙ってケーキを製造販売してきた実績もあるため，こうした領域越えは定着した感がある。

　こうした領域越えの市場戦略以外に，プロダクトイノベーションとして，新

図表5-2	パンの種類別生産動向についての評価（日本　1965-2020年）

食パン パン類品質表示基準に定める食パンに準ずるパン角型食パン，山型食パン，レーズン食パン，サンドイッチ用食パンなど	⟶ 1980年代前半以降60万トン前後で推移	市場戦略 プレミア商品と低価格製品の投入，コンビニなどへの高級パンの供給（プライベートブランド）
菓子パン あんパン，ジャムパン，チョコレートロール，メロンパン，クロワッサン，コッペパン（クリーム，ジャム等を挟んだもの），デニッシュ類，パイ類など	⟶ 1970年代から90年代前半にかけて緩やかに増加した後，40万トン前後で推移	市場戦略 新製品の投入増加とアイテムの増加
その他のパン パン類品質表示基準に定めるその他のパンに準ずるパン並びにいわゆる惣菜パン，調理パン等 例　フランスパン，欧風硬焼きパン，ロールパン，ベーグル，ライ麦パン，ハンバーガー用バンズ，コッペパン，カレーパン，ソーセージロール，サンドイッチ，ハンバーガーなど	⟶ 1983年にはその他のパン生産量が学校給食向け生産を抜き90年代後半以降20万トン前後で推移してきた	市場戦略 アイテムの増加，自社グループのコンビニなどの流通チャネル強化
学校給食向け	↘ 1980年代以降，数量面で趨勢的に減少傾向	市場戦略 法人向け需要の開拓（B2B）
1人当たり年間生産量	⟶ 1970年代後半以降10kg前後で推移	市場戦略 全体の生産と販売額が頭打ちのため，パン以外の製品レンジ（和洋菓子，コンフェクショナリーなど）へのシフトまたは海外需要の取り込みが必要

（注）原データは農林水産省「生産動態調査，食品産業動態調査（平成22年度〜）」，総務省統計局「人口推計」，1人当たり年間生産量は1954-2020年までのデータに基づく。
出所：パン食普及協議会，パンの生産数量統計・グラフに基づいて作成。

しいパンを開発し市場に投入することも必要であるが，新しい食感の食パン以外では長期保存が可能になったパンの投入も一定の有効性を示してきた。フジパンの関係会社であるコモ（愛知県小牧市）は，創業が1984年と比較的新しいメーカーだが，保存料無添加で長期保存が可能なパネトーネ種に特化した差別化戦略によって，一般流通市場で一定の存在感を示してきた。小売側の発注や

在庫管理が比較的容易になるというメリットがあるからである。

　ただし，いずれにしても国内のパン生産と消費は横ばい傾向が長期間定着しており，言い換えれば国内市場は飽和状態を呈してきた。既に見たように海外進出においては，世界的にガリバーとなった企業は現在までのところ現れてはいない。その障害となっているのが，プロダクト（P）と事業展開の再現性の困難であった。先進国においても新興国市場においても，ローカルメーカーが現地仕様のパンを製造していることが多く，パン食が定着しているヨーロッパ各国でも国によって嗜好が異なっており，流通形態もベーカリー中心の場合が少なくない。

　例えばフランスで主流のバゲットを現地で製造販売することは，流通問題も含めて日系メーカーにとっては極めて困難である。国内の「標準品」の浸透には巨額のマーケティングコストがかかることも予想される。2010年までにパンのバリエーションが豊富なアメリカや伝統的な嗜好が定着していない中国への大手製パン企業の進出はタイムリーなものではあったが，進出のスケールは小規模なままだった。

　そうした状況下でも，大手2社についてはインドネシア市場をめぐって注目すべき動きが見られた。それは，インドネシアの大手財閥サリムグループが双日や敷島製パンと合弁で1995年に設立したニッポン・インドサリ・コルピンド社の成功である。敷島側の技術協力によって1997年から工場を稼働させ，2021年までにインドネシア全土に15工場を擁するまでになっている。2010年にはジャカルタ証券取引所に上場し，一般流通のパンでは最大手で首位の座にある。同社の商標「サリ・ロティ」はインドネシア国内では広く知られている。

　注目すべき点は，菓子パンなどの製品がインドネシア市場に受け入れられ消費者に浸透しているということである。15年ほど遅れて進出した山崎製パンも，現地小売大手アルファグループと合弁で，2021年には第2工場の操業を開始し，日本国内と同じパン，菓子パンの販売ラインナップを実現している。製品の現地適応化としては現地の嗜好に合わせてより甘くしているが，基本的には日本国内の製品を投入した進出と言えるであろう。そして，より注目されることは現地生産と物流・流通における再現がなされていることである。

　再現を可能としたのは，合弁相手の保有する製造資産と物流・流通ネット
ワークの存在である。これによって従来のインストアベーカリー（店内調理型
ベーカリー）を中心とした進出形態から，国内と同じ工場製造を中心とした一
般流通型への進出が実現したことになる。ただし，敷島製パンのニッポン・イ
ンドサリ・コルピンドへの出資比率は8.5％にすぎず，双日分も入れた日本側
の出資比率は17％にすぎない。

　このことは，合弁相手であるサリムグループ側（インドネシア有数の財閥）を
中心としたインドネシア側が経営権と事業運営の主導権を握っており，統計的
には出資比率10％以上を基準にした直接投資にも及んでいない。サリムグルー
プ自体はインスタント麺や加工食品を中心としたインドフードなどを中核とし
たコングロマリット（複合企業体）である。そして，世界有数の製粉会社ボガ
サリを傘下に持っており，中間財供給がインドフードだけでなくパン製造にも
活かされた結果となった。

　サリムグループは，ニッポン・インドサリ・コルピンドを通してフィリピン
の食品メーカーモンデ・ニッシンと現地に合弁会社も設立しており，こうした
積極的な事業展開はサリムグループがフィリピンを有望市場と見なし早くから
進出してきたことが背景にある。現地大手企業をパートナーにすることによっ
て，ヤマザキインドネシアもマレーシアの大手菓子メーカーと現地合弁企業を
設立するに至っている。

　山崎製パンのパートナーは小売大手のアルファグループで，多数の物流施設
とアルファマート，ローソンなどの1万店を超えるコンビニ網を擁している。
三菱商事とアルファグループが先行して事業展開していた合弁会社アトリ・パ
シフィック（アルファ側60％出資）がヤマザキインドネシアに49％出資してお
り，敷島とは対照的に51％出資で山崎側に経営権があることから，こちらの
事例こそがロールモデルとしてふさわしいのかもしれない[8]。総合商社がパー
トナーとなる事例は食品関連事業の場合比較的多く，三菱商事のように低温物
流のノウハウの提供や製粉事業への参加などを通じて，ヤマザキインドネシア
のプロダクトの強みがインドネシアで発揮される日もそう遠くないことなのか
もしれない。

　このように対外市場戦略としては，その「商品特性」から海外市場での広範な事業展開が困難と思われてきた製パン企業であるが，数少ない事例ながら，実際の進出状況を見る限り，海外における特定の大規模市場，特にパン食が伝統的ではない地域をターゲットとして，一定の事業再現性が構築されていること，また製品そのものの現地化も微調整レベルで対応できているようである。むろん大手３社間でも海外進出には温度差があり，対外市場戦略にまで乗り出すか否かは，各社の経営中枢における判断と選択の問題であることも断っておく必要があろう。

【注】
1）　パンの明治百年史刊行会［1970］pp.582-583。
2）　以上，安保［2002］pp.54-55，pp.56-59 を参照。
3）　例えば，よく知られているように，現在でも大阪を中心にした関西圏では関東の食パン１斤６枚切りに対して，厚切りの５枚切りが販売と消費の主流である。その理由として一般的には戦前に関東ではパンは間食・菓子として認知されることが多く，戦後はサンドイッチ需要が大きかったために薄切りが好まれたのに対して，関西では神戸屋などが厚切りを販売していたことと，食事に近いものとして認知されていたことによる。
4）　J-Net21（独立行政法人の中小企業基盤整備機構）「闘いつづける経営者たち」「盛田淳夫」敷島製パン株式会社（第３回，第４回 2011.5.30）。
　　　https://j-net21.smrj.go.jp/special/fight/20110530.html
　　　https://j-net21.smrj.go.jp/special/fight/20110602.html　2021.4.7.閲覧。
5）　フジパン株式会社［2003］pp.21-22。
6）　パンの明治百年史刊行会［1970］p.487 より算出。
7）　フジパン株式会社［2003］pp.46-47，p.68，pp.102-103。
8）　敷島製パンとヤマザキ製パンのインドネシア進出については各種報道より。特に以下の記事を参考とした。産経ニュース「走り出す日本力（2015年特集）「一貫型」モデル　山崎製パン×三菱商事　原料 → 小売り，インドネシアに導入」
　　　http://www.sankeisquare.com/other/nihonryoku2015/food-export/article33.html　2022.3.1 閲覧。「ニッポン・インドサリ，比食品会社と合弁設立」2016.2.26.「日本経済新聞」（オンライン）。

第 **6** 章

コンフェクショナリー
メーカーの国際比較史
その１
―チョコレートの誕生から欧州
メーカーの市場戦略まで―

1 ―― チョコレートのビジネスヒストリー

　コンフェクショナリー（キャンディ，チョコレート，ビスケットなどの菓子類）
は通例，食品・飲料（アルコール飲料を含む）産業の中に分類される業種であり，
一般に消費者にとってなじみの深い商品である。前章までで見た通り，日用品
なども含めて FMCG（First Moving Consumer Goods）にも分類されるものであ
る。First Moving は文字通り素早く消費され，商品そのものの回転速度が速
いという特質を持つ。

　それらは時として消費者の食文化や食生活に大きな影響を与え，コカ・コー
ラやケロッグ，ハーシーチョコレートなどのように特定商品が多くの人々の日
常生活に定着することで示されてきた。こうした商品は，特定国の企業から生
まれ世界商品となっていったのだが，それら世界商品は長らく西欧，アメリカ

に属す企業から発せられてきたというのが常だった。キットカット（スイス），コカ・コーラやハーシー，マースのチョコレート，チョコレート菓子，ケロッグのシリアルなど商品名を挙げればきりがないが，1970年代以降にはカップヌードルなどの日本発の世界商品も登場している。

　本章と第7章では，こうした世界商品を世界的ブランドとして発信してきたコンフェクショナリーを製造販売するメーカーに焦点を当てて，欧米日のリーディングカンパニー（LC）だけでなく，後発の新興諸国（韓国，トルコ）の企業事例も取り上げていくことにする。先行して世界ブランドを築いた欧米企業の間においても，国内市場が狭隘であれば，国外販路の拡大や多国籍化の進展が速いことは言うまでもないが，ここでは後発国企業における国際化プロセスについても注目していくことにする。

　その理由は，図表6－1の売上高から見たコンフェクショナリー企業の世界ランキングの顔ぶれにある。さすがにトップ10では欧米メーカーのプレゼンスが高いものの，上位には日本や韓国などのメーカーも食いこんでおり，同図表では省略したが，さらに下位には東欧や中南米のメーカーも数多くランク入りしているからである。後発企業の市場戦略もまた国際比較という考察から外すことができないのである。

　コンフェクショナリーの中でもここでは考察対象を主にチョコレート，およびチョコレート菓子類を製造する企業に絞り込むことにする。その理由はチョコレートの歴史が古く，世界有数のコンフェクショナリーメーカーの看板商品になっていることと，これら企業が世界市場に進出する上での「世界商品」としての認知度と付加価値が高いという特質から，比較・類型化の考察が相対的に容易であるためである。

　近年においてチョコレートと企業経営をめぐる研究は，対外市場戦略，マーケティングなどの企業側の一面的な収益性に関する考察だけでなく，CSR（Corporate Social Responsibility），SDGs（Sustainable Development Goals）などの観点から関連業界に対する批判的な考察も多い。このため，国際的なサプライチェーン，バリューチェーンの中に，そうした要素を構築し入れ込んでおくことが企業側にも求められている。

世界のコンフェクショナリー企業 2020 ランキングと新興国企業

	企業名	販売額 （100 万ドル）	工場数
1	マース（マース・リグリィ・コンフェクショナリー，マースのコンフェクショナリー部門）シカゴ，米国（2013 年 1 位）	18,000	n/a
2	フェレログループ，ルクセンブルク，イタリア（2013 年 6 位）	13,000	25
3	モンデリーズ・インターナショナル，ディアフィールド，米国（2013 年 2 位）	11,800	150
4	明治（2013 年 7 位）	9,721	7
5	ハーシー，米国（2013 年 5 位）	7,986	12
6	ネスレ，ヴヴェイ，スイス（2013 年 4 位）	7,925	413
7	リンツ＆シュプルングリー，スイス（2013 年 10 位）	4,574	12
8	プラディス，英国（2013 年ランキング外，ゴディバを買収したトルコの食品大手ユルドゥスが 2016 年に設立した子会社）	4,574	34
9	ハリボー，独（2013 年 9 位）	3,300	16
10	江崎グリコ，大阪（2013 年 22 位）	3,156	24
13	オリオン，ソウル，韓国	1,767	14
16	森永，東京	1,120	9
17	ブルボン，新潟	1,080	10
20	アーカー，アルゼンチン	1,005	46
22	クラウン，韓国	939	5
23	カカウ・ショウ，ブラジル	909	4
26	ロッテ，韓国	894	35
27	ロッシェン，ウクライナ	800	8

（注）コンフェクショナリー部門の売上高，原料メーカーは除く。
出所：Candy Industry, 2020 Global Top 100 Candy Companies. より筆者作成。2020.10.25. 閲覧。（https://www.candyindustry.com/2020/global-top-100-candy-companies）

　中南米・アフリカ諸国からのカカオ原料供給というグローバルサプライチェーンの最川上では，児童労働や生産者に不利な価格買い付けなど，1990 年代にナイキなどをターゲットとした不買運動や国際的な批判と類似したケースが続いており，その意味では世界市場でのジャイアントであるネスレが批判的

な研究アプローチから考察対象となる場合も少なくない。その背景には，チョコレートとカカオ豆に対する世界的需要増が関係していることを指摘しておかなければならない。

　近年の川下におけるチョコレート需要と消費の拡大によって，最川上のカカオ豆生産とサプライチェーンについても水面下で見えない競争が展開されており，インドネシアなどの新しい原料供給国も形成されつつある。水面下ではチョコレートの原料メーカーやカーギル（米）などの商社からコンフェクショナリーメーカーなどが主要な競争プレイヤーとなっている。そうした競争プレイヤーの中でも，チョコレートの消費を歴史的，世界的に増大させてきた主役は，コンフェクショナリーメーカーである。現代的な研究関心としては，これら代表的なメーカーの市場戦略と対外市場への進出や多国籍化について向かいやすいところだが，ここでは前章までの考察を踏襲して，まずチョコレートの産業史とビジネスヒストリーから入っていくことにする。

　欧米を発祥とする多くのFMCGと同じく，チョコレートの場合もその歴史からして欧米企業中心であることに変わりはないが，日本の消費者は長らく明治や森永などの製品になじんできた。実際には日本の老舗コンフェクショナリーメーカーの世界市場での存在感も決して小さくない。

　日本におけるコンフェクショナリーメーカーの歴史とは，基本的に内需の開発の歴史でもあった。このため市場戦略はまず国内市場の問題として取り扱われ，マーケティング戦略の要素の入った複数の研究があり，老舗大手メーカーを研究対象とした森田［2000］はその代表的な研究であり，本章でも参考とする部分が多かった。日本のケースは後ほど取り上げることとして，ここではまずチョコレート産業とメーカーの形成から掘り起こしていくことにしよう。

2── チョコレートの登場と欧米メーカー

　コンフェクショナリーと呼ばれる菓子類の中でも，王様的な存在とされているのはチョコレートである。むろんコンフェクショナリーの中にはクッキーやビスケットなど，早くから西欧で紅茶，コーヒーとともに定着していたものが

ある。コンフェクショナリーもそうした意味では，日本の和菓子同様，喫茶文化とともに定着・発達した菓子類だと言えそうである。

　チョコレートの原料カカオ豆の産地は，第1次大戦以降，それまでの中南米からアフリカにシフトするが，これはアフリカがヨーロッパ列強の植民地となっていたことと深い関係がある。日本でも製品名に用いられているように，カカオといえばガーナというイメージが強いことからも，主にアフリカが原産地と思われることが多い。実際の原産地は中南米で，アフリカはヨーロッパ列強の支配の下で，カカオ生産が移植されヨーロッパ向けの輸出地域となったのである。フランス，ベルギー，イギリスなど欧州各国でのチョコレートの普及は，少なからず，こうした「チョコレート帝国主義」によって成立していた部分があったことは否定できない。

　18世紀前半を迎えるまでチョコレートはまだ固形化されておらず，基本的には「飲み物」であった。ホットチョコレートのような飲み物は紅茶と並んで欧州で定着していくことになるが，長い間，王侯貴族などの上流階級のための飲み物であった。1828年にカカオ豆からココアパウダーとココアバターを分離製造する圧縮機がオランダのファン・ハウテンによって開発されると，チョコレートの固形化が可能になった[1]。

　しかし，この時点でもチョコレートは相変わらず飲み物であった。抽出したココアバターの使い道がなく，この発明は当時期待されたほどの普及を見せなかった。ココアと言えばバンホーテンのように，ファン・ハウテンはその創業者であったが，バンホーテンに示されるように，その後もしばらくは「チョコレート＝飲み物」の時代が続いた。他方で産業革命の真っただ中で，チョコレート製造用の機械や製法も開発が進展していた。固形チョコレートの普及は，その後，オランダではなく産業革命の中心地であるイギリス，そしてスイスで始まることになる。

　1847年にイギリスのJ・S・フライ・アンド・サンズが，カカオバターを再混入して固形チョコレートを製造するのに成功した。ただ味の点でまだ課題が多く，商品として人気が出るまでには至らなかった。その後も固形チョコレートの改善に当時の多くの中小企業が挑んでいた。スイス人フランソワ・ルイ・

カイエもその1人だった。そして，今日のコンフェクショナリーの王様としてのチョコレートの地位を確立させた革新がスイスからもたらされた。カイエの娘婿で事業を継承したダニエル・ペーターとチョコレートと粉ミルクを混ぜ合わせる技法を開発したアンリ・ネスレとの出会いがそれであった。2人が出会った1875年にミルクチョコレートは誕生している。

　ミルクチョコレートの誕生から4年後，同じくスイスの地でルドルフ・リントがローラーでチョコレート原液を混ぜながらゆっくりと熱する精錬方法（コンチング）を開発し，それまでのざらざらした食感からなめらかで舌触りの良いチョコレートを製造するのに成功した。こうした発明と製造手法の改善はチョコレートの大量生産につながることとなり，スイスではネスレやリントを創業者とするリンツ＆シュプルングリーが世界的な企業となっていった。

　携帯しやすく滋養のあるチョコレートは，産業革命によって生み出された膨大な労働者による需要や軍隊の携行品として重宝されるようになり，欧州各国において多くのチョコレートメーカーの市場参入をもたらすこととなった。こうしてホットチョコレートのように，かつては上流階級の「飲み物」であったチョコレートは，固形チョコレートの普及と大量生産の実現によって大衆化していくことになった。20世紀に入って大量生産を担ったのは，ネスレを筆頭としたスイスのメーカー，イギリスのキャドバリー，ロントリー，アメリカのハーシー，マースなどだった。

　他方でベルギーやフランスなどではゴディバなどに代表されるように，クラフトマンシップを受け継いだ高級チョコレートを製造販売するショコラティエ型企業が発達し，量産型メーカーとショコラティエ型の2つのタイプのメーカーが併存するようになった。ただし価格が下がり大衆化しつつも，ギフト需要なども念頭に置きながら，欧州各社は引き続きラグジュアリ製品であることを重視していた。

　当時のチョコレートメーカーは，パッケージの美しい装飾箱の普及や第1次大戦後のキャドバリーの広告に示されるように，「白人世界の中流家庭」を理想的な購買層としていたようで，こうしたターゲット層を広告的に利用することで，当時の労働者階級に対しても強い訴求力を発揮したと思われる[2]。

　この時期にキャドバリーはフライ社を買収しているが，メーカー同士の統合やM&Aは盛んで，1960年代以降になるとアメリカとヨーロッパの間でのM&Aも進展していくことになる。例えば，キャドバリーは1824年創業の老舗メーカーだが，1969年に飲料大手シュウェップスと合併した後，2010年米国の食品・製菓大手クラフトフーズに買収されている。

　ヨーロッパにおけるチョコレートの普及において，ネスレによるミルクチョコレートの開発が契機になったように，アメリカにおいてもハーシー（ハーシーズ）が同様の役割を果たしている。ハーシーはペンシルベニア州でミルトン・S・ハーシーによって1894年に設立され，ミルクキャラメルの製造販売からスタートし，ミルクチョコレートは1900年から製造販売している。

　一方のマースはハーシーよりは後発だが，フランク・マースによって1911年に創業している。カルカンなどのペットフードブランドも有するが，後述するように，これらは買収によるものである。マースのチョコレート商品のラインナップは「M&M」「スニッカーズ」などで，日本では商品名の認知度は企業名以上に高い。そしてハーシーとの決定的な違いは，現在でもマース家が経営支配する同族企業（非公開企業）である点である[3]。

　ハーシーとマースがアメリカ国内市場でジャイアント企業であることと，その後のグローバルな事業展開を可能にしてきた背景には軍需も欠かせなかった。これは欧米の多くの大手企業に共通していることである。敗戦直後の日本で子供たちが「ギブミーチョコレート」と米兵に群がって手に入れたチョコ

戦後，進駐軍兵士に群がる子供たち
子供たちのお目当ては甘いハーシーのチョコレートだった。
『森永製菓100年史』より。

レートはハーシーだった。マースも米軍御用達だったが，米軍が世界各地で配ったハーシーの板チョコは甘さに飢えていた派遣先の子供たちを魅了した。

3──日本におけるコンフェクショナリーメーカーの形成

　日本における国産チョコレートの販売は 1878 年の風月堂まで遡ることができるが，カカオ豆からの本格的なチョコレートの一貫生産は，1918 年の森永製菓（1989 年設立）が初めてであった。そして，基本的に戦前におけるチョコレートの主流はチョコボール，棒チョコの形状が主流であった。1910 年には不二家，1916 年には明治が設立され，第 1 次大戦以後，江崎グリコ，モロゾフなどがチョコレートの製造販売に参入していくことになった[4]。

　カカオ豆からの一貫生産で国産チョコレートを最初に製造販売した森永に続いて，明治も 1926 年にミルクチョコレートを販売し，グリコはこれに続くことになった。森永と明治の板チョコは現在も販売されている超ロングセラー商品として知られているが，現在のチョコレート市場シェアを反映して，店頭で見かける板チョコは明治とロッテの製品で占められている。

　チョコレートは戦後において 4 社（森永，明治，グリコ，ロッテ）の中核商品となったが，戦前においてはそうではなかった。チョコレート自体，戦後も含めてしばらく高価な商品という時代が続いたからである。実は戦前創業の 3 社（森永，明治，グリコ）の主力商品は当初はキャラメルだった。また戦後創業のロッテは差別化戦略として，チューインガムの製造販売で成長を遂げるきっかけを得ている。

　戦前において森永はマシュマロからキャラメル，チョコレート製品の販売に至るまで先駆的な位置を占めており，その広告活動は当時最先端の乗り物であった飛行機を用いて全国巡回するなど（1930 年代），日本の広告活動に名を残すものとなった。飛行機で上空からチラシと景品引換券をばらまいて大いに耳目を集めたのである。また昭和に入るとキャンペーンガールの先駆となるスイートガールを起用し，丸ビルや銀座にカフェを兼ねた専門店キャンデーストアを開業していた（本書 p.ⅱ 資料）。

上は電車広告，下は一貫生産での国産第1号チョコレート
『森永製菓100年史』より。

飛行機からまかれたチラシと景品引換券
池田編著［2016］『森永航空宣伝史』より。

南方，インド向けのビスケットの広報ポスター
『森永製菓100年史』より。

　戦前から既に森永，明治，グリコ，不二家などにおいてチョコレートは製造販売されていたが，基本的に一般的な消費者にとってはまだ高価な存在であった。このため，これらメーカーでは中核商品がビスケットやキャラメル類の時代が長く続くことになる。また当時の対外市場戦略に目を向けるならば，森永製菓社史（森永製菓［1954］）によれば，第1次大戦後は東アジアや南方（東南アジア），インド向けに早くからビスケットを輸出しており，積極的な広報宣伝活動を展開していたことを知ることができる。他方でチョコレートが国内市場で主力商品になっていく転機は，戦後の高度経済成長期に入った1960年代を待たなければならなかった。

　国民の所得水準が上昇したことで，チョコレートの需要が高まり，1960年代に先立って，明治は「チョコレートは明治」のキャッチフレーズを浸透させ，ロッテもこれを急追することになった。チョコレートにおいて明治とロッテが今日の一般流通市場の2強となったのは，この頃のチョコレートの増産体制に対応できたことが大きな要因であった。

　明治が増産体制に対応できたのは，1960年代に先行して1950年代に工場増設による新規投資が行われたからで，森永はそれができなかったことで，以後明治の後塵を拝することになった。これに加えて1955年に森永ミルク中毒事件が発生し，森永製菓と森永乳業が事実上経営面で一体化していたために大きな影響を受けていたことと，それまでキャラメルの量産販売が成功していたために，キャラメルからチョコレートへのシフトにうまく対応できなかったこと，またテレビ時代の幕開けに対応した明治のようなマーケティング戦略に乗り遅れたことなども後退の理由として挙げられる[5]。

　チョコレートの国内市場については明治とロッテが拮抗しており，この他にチョコレート菓子のような駄菓子的な低価格商品を製造する中小メーカーも多数存在している。さらに伝統的にOEM生産に特化したメーカー，または原料チョコレートメーカーなどがあるために，チョコレート菓子業界の参入障壁は比較的低い。

　マースのブランド「M&M」は敗戦後，子供たちが米兵に群がった「ギブミーチョコレート」のハーシーと同様，第2次大戦前から米軍御用達を契機にして，

世界的に普及したブランド菓子である。それでも日本のチョコレート，チョコレート菓子に隠れて目立った存在とは言えない。ハーシーにいたっては戦後の森永，明治，グリコ，ロッテの安価なチョコレート販売攻勢と小売流通網の壁によって小売店で見る機会は少ない。流通市場での優位に加えて，日本製品は完全に欧米メーカーのブランドの代替品として国内消費者の間に定着したものとなっていった。

　以上の経緯を要約するならば，戦後すぐの段階から日本のコンフェクショナリー企業は，チョコレート製品については輸入代替と国産化を達成していたことがわかる。言い換えるならば，一般小売流通におけるチョコレート市場は事実上，国内企業によって占められていたということになる。

4── ヨーロッパ系企業の場合　ネスレ
─多国籍企業のロールモデル─

　ネスレと言えば，おそらく年配の日本人はインスタントコーヒーを，若い年代層は「キットカット」などの商品を思い浮かべるかもしれない。また最近では『ネスカフェ・アンバサダー』（ネスレ・ジャパン）を思い浮かべる人も多いかもしれない。ネスレはドイツ語の鳥の巣を意味しており，一時期，日本ではイギリスと同じネッスルと呼称されたこともあるが，1994年以降，日本でも世界共通のネスレの呼称となっている。

　ネスレの創業は1866年で，これだけでも老舗企業と言えるわけだが，規模で見てもフォーチュンやフォーブスのグローバル500の100位以内の常連となっている。また図表6－1に見るように，キャンディインダストリー（Global Top 2020）ではハーシーに次いで6位である。このランキングはコンフェクショナリー部門のみの売上高であるため，食品コングロマリットであるネスレが，実際にはペプシやコカ・コーラをも凌ぐ世界トップクラスの食品飲料企業であることは言うまでもない。

　ネスレの場合，乳製品を中核製品とした後に，1920年代以降チョコレートも同様に中核製品になっていくわけだが，ネスレはいわゆるチョコレート，菓

子類に特化したメーカーではなく，上述したように，総合的な食品コングロマリットに属す企業であり，アメリカでいえばかつてのクラフトフーズ（現モンデリーズ・インターナショナルとクラフト・ハインツ）に近いと言える。このタイプの企業は巨大であり，M&Aの買収側プレイヤーに位置する。M&Aを繰り返すことで製品レンジが広くなり，食品コングロマリット化する傾向が見られる。

　スイス自体は内需が限定されるために，ネスレは工場をまず欧州各地に建設し欧州市場全域に進出していくことになる。いわば多国籍企業のプロトタイプの１つであるとともに，現代においてはその組織や市場戦略も含めて多国籍企業のロールモデルとなっている。早熟な多国籍企業であることをネスレの第1の特徴とすれば，第2の特徴はインスタントコーヒーをはじめとするプロダクトイノベーションと多様な製品ラインナップを備えていることである。そのラインナップは実に多彩で，グローバルブランド以外にも地域・国限定の製品も多数ある[6]。

　多くのオリジナル自社ブランドがある一方で，日本でもおなじみの「キットカット」は，1988年の英国のロントリー・マッキントッシュの買収によって自社ブランド化したものである。ネスレの多彩なブランド商品群の多くは，特に1980年代以降，M&Aによって他社から取り込んだ結果でもある。なお「キットカット」については，ハーシーがアメリカ国内においてネスレとライセンス契約を結んでいる。「キットカット」自体，国，地域ごとに異なった製品を販売しており，ネスレの現地子会社が現地市場に根差した市場戦略を展開していることで知られている。

　ネスレの各市場に根差した製造販売を可能としている源泉は，「連邦経営」と呼ばれる現地法人の独立性にあるわけだが，それに加えて多彩な製品・事業群と世界の各市場における運営において本社の卓越したマネジメント能力があるからである[7]。現代の多国籍企業に見られる大きな特徴は，同じミッションと組織能力を持つ本社から枝分かれした現地法人だけでなく，世界的なM&Aによってミッションや組織能力が異なる子会社も全体組織に編成されていることである。

　多国籍企業による多くのクロスボーダー M&A は，国内の M&A 同様，結果的には成功よりも失敗が多く，当初意図されたシナジー効果も発揮されない場合が多い。実際には買収先企業への経営介入（ハンド・オン）やモニタリングも限定的になりがちである。むろんネスレもこうした問題から自由ではない。にもかかわらず，現地法人の組織能力と買収した海外子会社のブランド力は，この国際的な食品コングロマリットのマネジメント能力を毀損することがほとんどなかった。

　その理由の１つは，クロスボーダー M&A 後の買収ブランドの定着とシナジー効果が高いことであろう。ここではチョコレート部門だけに限定するが，ハイド，キリングら（Hyde, Killing and Ellert［1991］）の論文は，上述のロントリー・マッキントッシュ買収を，買収先の R&D，経営管理，販売力，規模の経済においてシナジー効果を発揮した画期的な買収案件として評価しており，１つのクロスボーダー M&A の成功は，その後の買収先との関係に学習効果をもたらしたと考えられる。

　ネスレの本社機能として注目すべき点は，常に選択と集中および製品ポートフォリオの見直しを図る上でのシステムの存在であろう。かつてボストンコンサルティングの PPM 分析（プロダクト・ポートフォリオ・マネジメント）は，自社製品を「花形」「問題児」「負け犬」「金のなる木」の４つに分類して，事業面での経営資源配分を区別したが，企業が国際的にコングロマリット化した場合，製品レンジは広く，分類は PPM 以上に複雑になることは容易に予想されよう。

　高橋［2019］によれば，ネスレが用いているシステムとは，副社長だったワン・リン・マルテロの主導によって開発された「アトラス」と呼ばれるポートフォリオ分析ツールである。187 カ国での多様な事業・製品を約 2,500 の地域とカテゴリーのセルに分け，社内で蓄積されたビッグデータを基礎にして，過去と将来における成長，利益などの各項目を評価し，最終的に縦軸に過去の経済採算性，横軸に将来の経済採算性をとったグラフから「金のなる木」「花形」に該当するグリーンゾーンとそれ以外のレッドゾーンに分類して，新しいポートフォリオを構築することを目的としている[8]。

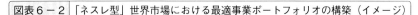

図表6－2 「ネスレ型」世界市場における最適事業ポートフォリオの構築（イメージ）

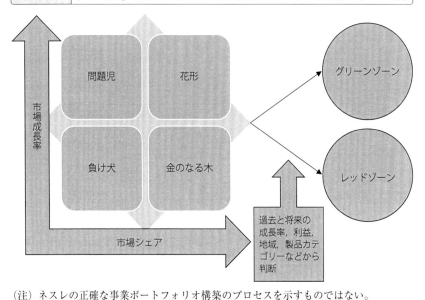

（注）ネスレの正確な事業ポートフォリオ構築のプロセスを示すものではない。
出所：高橋［2019］の記述と以下のネスレ資料も参考にして筆者作成。
　　　François Roger　Nesle Chief Financial Officer，投資家向け資料 Margin
　　　improvement / portfolio management / capital structure（https://www.
　　　nestle.com/sites/default/files/asset-library/documents/library/presentations/
　　　investors_events/investor-seminar-2017/francois-xavier-roger.pdf　2022.5.12. 閲覧）

　ただし，レッドゾーンに属しても「問題児」にとどまり，将来性が見込まれ
れば売却や撤退はない。柔軟な運用が行われる反面，過去の M&A で蓄積さ
れた事業の大胆な売却も行われており，世界全体での事業の新陳代謝が効率的
に進められてきた。こうした結果は，例えばコーヒーマシンや医療事業分野の
強化を図る一方で，2015 年に日本の缶コーヒーからの撤退をはじめ，大胆な
事業売却も進めてきた。
　このように分散独立型の組織力を支える背景には，ネスレ本社の強力な食品
コングロマリットの新陳代謝機能を支える，本社発の評価システムが存在して
いることも大きいと思われる。以上のごとく，ネスレの有する組織力と市場戦
略は，チョコレートをはじめとするコンフェクショナリー部門にも活かされて
はいるが，チョコレート，チョコレート菓子というセグメントに収まらない食

品コングロマリットという企業形態であることが，他の欧州企業と大きく異なっている点であろう。

5── ヨーロッパ系企業の場合　ゴディバ
─ラグジュアリーブランドの形成─

　チョコレートの発祥地であると同時に，ヨーロッパは世界最大の消費地である。伝統的にチョコレート輸出国はヨーロッパに集中しており，輸出上位10カ国で欧州以外はアメリカだけである（原料チョコレートの輸出も含む）。輸出しているヨーロッパ各国をすべて含めれば，世界の輸出シェアの優に70％以上はヨーロッパからということになる。

　イギリス，フランス，ドイツ，スイスなど西欧だけでなく，東欧も大きな消費地であると同時に多くのローカル企業も存在している。食品コングロマリットであるネスレを別格として，ラムリ（Ramli［2017］）によれば，ヨーロッパ企業は，フェレロ，キャドバリー，シュプリングリーの創業者たちが築き上げた，何を，どこで売り，どうやって売るかというビジネスオペレーションが定着しており，その後も脈々とビジネス哲学とブランド遺産が継承され，それがヨーロッパ企業の競争優位を形成しているとしている[9]。

　また言うまでもなく，ヨーロッパ企業間においても様々な戦略面において違いがあり，それらは製品レンジ・ブランド数や重点的な国外市場やマーケティングミックスも異なってくる。ヨーロッパがチョコレート産業において比較優位を発揮しているのは，既に見たように，歴史的にネスレなどを中心としたプロダクトイノベーションの発祥地であり，多くのチョコレートを主力商品とするコンフェクショナリーメーカーが立地しているためである。またフェレロ（伊）やゴディバの輸出単価や小売価格の高さに示されているように，商品そのものの付加価値が高いことも特徴である。

　こうした事実からヨーロッパ企業が，グローバルブランド商品を多数擁して多国籍化の道を歩んできたことは容易に想像できよう。多国籍企業のロールモデルの1つとも称されるネスレを別格としても，ヨーロッパのチョコレートと

いえば，まずベルギーのチョコレートを思い浮かべるであろうが，国内での有数のメーカーの中でも，とりわけゴディバの名声は高く，世界の空港免税ショップでは定番のお土産として定着している。「世界の」と表現したのはベルギーの空港だけでなく，どこへ行っても高級ギフトとしてゴディバが通用することを示している。いわばラグジュアリブランドとしての地位を確立しており，世界に進出し輸出を行っている多国籍企業でもある。

　これだけのブランド力を有しているのは，ゴディバはあくまでもショコラティエ型企業であって，Place も専門店などに限定されており，一般小売流通のチョコレートとは異なっているためである。従って企業そのものがグローバルブランドでありながらも，規模を反映したキャンディインダストリーの 100 位企業（図表 6 - 1）に顔を出すことはない。チョコレート製造には幅広い一般流通向けのプロダクトラインを持った企業以外に，多くのショコラティエ型企業が存在している。ショコラティエ型企業自体も大小さまざまだが，これら高級チョコレートに特化した企業を便宜的にショコラティエ型と呼ぶならば，ゴディバは規模とラグジュアリブランドの観点から「ショコラティエの巨人（ジャイアント）」と言って差し支えなかろう。

　まずその歩みに触れてみることにしよう。ジョセフ・トラップスが 1926 年にショコラトリー・ドラップスをブリュッセルで開業し，この会社名はしばらく使われていたが，1956 年にゴディバに社名変更している。それから 2 年後パリに進出しており，ゴディバの国外進出は 1960 年代以降盛んになる。ちなみにゴディバの由来は，イングランドの伝説に由来する馬に乗った裸のゴディバ婦人である[10]。

　対外進出に眼を向けて見ると，ショコラティエ型の中でも規模が大きいとはいえ，グローバルな食品・菓子メーカーとは比較にならず，単独での進出は困難だったため，1966 年にキャンベル・スープ・カンパニーの支援を得てアメリカへ進出している。キャンベルのブランド獲得という目的でニューヨークに進出すると同時に，1972 年に正式にキャンベルの傘下に入った。

　1972 年にゴディバは日本橋三越に出店し，日本進出を果たし，その後 1994 年に日本法人のゴディバ・ジャパンが設立された。2010 年代後半までに日本

1926年開業時のゴディバ

オフィシャルゴディバオンラインショップ，Our history より。
GODIVA.UK，History．https://www.godivachocolates.co.uk/history　2022.5.1. 閲覧。

　国内での店舗数は約300店に達し，日本市場で確固たるブランドを構築するの
に成功している。チョコレートに限らず，20世紀第4四半期において，ヨー
ロッパのラグジュアリブランドにとって日本市場は最も有望な市場と見なされ
ていた。

　1885年，当時のベルギー国王レオポルド2世によって，アフリカのコンゴ
がベルギー王室領地となってから急速にカカオプランテーションの開発が進め
られた結果，ベルギーではまずチョコレートの中間原料生産が盛んとなり，ノ
イハウスなど王室御用達のショコラティエが誕生することになった。こうした
歴史的背景を考えるならば，まさにベルギーのチョコレート産業の発展史は，
「チョコレート帝国主義」の歴史だったという表現がふさわしいのかもしれな
い。

　ベルギーといえば，ナッツを混ぜたチョコやトリュフチョコがすぐに思い起
こされるが，ゴディバの事例に見られるように，輸出や海外進出は意外と遅か
ったのである。ベルギーがチョコレート輸出国に転じたのは1960年代のこと
で，1980年代になってベルギー産のチョコレートは世界的名声を勝ち得るこ
とになる。こうした名声の背景には4大メーカーであるノイハウス，コート・
デ・オール，バリーカレボー（現在の本社はスイス，1996年フランスのカカオ・バ
リーと合併する前のカレボーはベルギー企業だった），そしてゴディバの多国籍企業

化があった[11]。

　意外と思われるのが，ゴディバが 2007 年にキャンベルからトルコの大手食品グループ，ユルドゥス・ホールディングスの傘下に移ったことであろう。ユルドゥスはトルコ最大のコンフェクショナリー企業ウルケルの親会社であるとともに，コングロマリット・財閥である。ユルドゥス自体は国際的なブランドを手に入れることで，世界進出を容易にするだけでなく，ゴディバ側からすれば，サウジを中心としたユルドゥスの持つ中東市場への販路を得ることができるという Win – Win の M&A であった。

　トルコのウルケルのように，特に立地的に EU に近いコンフェクショナリー企業の対外進出意欲は強い。トルコの場合，日本のスーパーでも，近年大手メーカーであるエルヴァンのトリュフ，アソートチョコレートや輸入専門店ではエリートのラグジュアリチョコレートを販売するようになっている。今後は欧米企業だけでなく，新興国企業による欧米ブランドの買収も増えていくものと考えられる。

　ゴディバの世界戦略において，特筆しておかなければならないのは日本法人における固有の市場戦略である。G・J（ゴディバ・ジャパン）は 1994 年に設立されたが，ユルドゥスの傘下に入った後，2019 年に投資ファンド MBK パートナーズ株式会社に売却されている。MBK はコメダ珈琲を買収したことでも知られており，ファンドのもう 1 つの拠出先である韓国市場も視野に入れた買収だった。それまでも日本国内に約 300 店舗の専門店を擁していたが，店舗のほとんどは片岡物産と運営契約されていた。他方で 2010 年にジェローム・シュシャンが代表取締役に就任すると G・J は独自のローカル市場戦略を次々と打ち出していった[12]。

　ジェローム社長は就任と同時にテレビ CM を開始し，バレンタインのパッケージデザインに世界の有名アーティストを起用し，翌年からコンビニエンスストアでバレンタイン商品を販売するようになった。そしてチョコレートに加えてアイスクリームもラインナップに加えた。その結果，2010 年以降 G・J は売上を順調に伸ばしてきた。

　重要な点は G・J の採用したマーケティングを含む市場戦略が，日本市場以

外のゴディバと異なったユニークなものであったことである。正鵠を射た販促活動とともに，ラグジュアリブランドというイメージを壊すことなく，毎年コンビニ限定・数量期間限定の新作を店頭に並べ，ゴディバ専用の袋も提供した。顧客に対してコンビニとゴディバの組み合わせをミスマッチではなく，むしろ新鮮な組み合わせと見なせるようにしたのである。専門店以外でのPlaceの拡大は，日本市場での売上の伸びに直結したものとなった。

　コメダ珈琲同様，こうしたG・JのパフォーマンスをMBKが見逃すわけがなく，2015年に片岡物産との店舗運営契約が終了し，2019年のMBKによる買収後G・Jは世界中のゴディバの中でも異彩を放った存在になっている。

6── ヨーロッパ系企業と変わる市場戦略

　ヨーロッパ系企業のビジネスヒストリーを一覧するならば，伝統を有したチョコレート先進地域だけあって，チョコレート産業において高付加価値型の商品・ブランドを形成するのに成功した一群のメーカーの姿が浮かび上がってくる。ヨーロッパからさらに世界市場への進出に伴うこれらメーカーの市場戦略を見た場合，当然こうした競争優位と「商品特性」を活かしたものになっていることがわかる。

　それらの「商品特性」については，高付加価値，高価格帯などのマーケティングミックスを実現しているメーカーほど企業規模・量産化とは両立しない部分があることも確かである。ゴディバはその典型である。ここでは代表的な4社を取り上げるが，ネスレはコングロマリットであるため，図表6-3の市場戦略の比較に入っていない。

　チョコレートを主力商品とするこれら4社においても価格帯に違いがあり，規模も異なっている。規模と価格帯の相違はそのまま4Pに反映されており，高価格帯になるほど，消費者がそれらの商品にアクセスできるPlaceは限定されることになる。ただこれらメーカーは，多国籍化しつつもヨーロッパ以外への本格的進出は遅く，統合や買収によって企業規模も変化してきたため，当初の市場戦略にも変化が見られることにも注意しなければならない。

| 図表6−3 | 対外市場戦略の比較（ヨーロッパ系企業4社 2010年代後半） |

マーケティング戦略	フェレロ（伊）	キャドバリー（英）	リンツ＆シュプリングリー（スイス）	ゴディバ（ベルギー）
製品レンジ・ブランディング	4ブランド（Nutella, Kinder, TicTac, フェレロプラーリンズ）	アメリカ9ブランド, 英国・アイルランド12ブランド, 中東・アフリカ11ブランド, アジア太平洋9ブランド	3ブランド（Lindt, Ghiradell, Russel Stover）	ゴディバ
対外市場	フェレログループは53カ国に進出, 160カ国以上で販売	米国, 英国, アイルランド, 中東, アフリカ, 欧州, アジア太平洋	北米, ブラジル, 欧州, 日本, 南アフリカ, オーストラリア（店舗）	オーストラリア, 中国, インドネシア, 韓国, マカオ, サウジ, トルコなど新興市場を含む世界32,000カ所の販売網
マーケティングミックス	フェレロ	キャドバリー	リンツ＆シュプリングリー	ゴディバ
Product	チョコレート, パン用スプレッド	チョコレート, 飲料, アイスクリーム, ビスケットなど。	チョコレート, マカロン, ケーキ, アイスクリーム	チョコレート, 飲料, ペストリー
Price	高価	原料により価格レンジは広い。	高価	高価
Promotion	TV広告, インターネット, 雑誌	TV広告, インターネット, 雑誌, セールスプロモーション, 広告板	テニス後援大使, ディスカウント, セールスプロモーション	オンラインキャンペーン, 広告板
Place・流通	専門店, スーパー, モール, 空港	代理店, モール, 専門店, スーパー, 空港など。	リンツ・カフェ, モール, リンツ専門店, 空港	カフェ・ゴディバ, モール, ゴディバ専門店, 空港

出所：Ramli［2017］table 4, 5 より作成。

　フェレロもリンツ＆シュプリングリーも売上高では世界トップメーカーであるため，かつては免税店でしか見かけることがほとんどなかったが，今では日本でも大型スーパーやコンビニでも見かけるようになって久しい。状況は既に述べたようにゴディバでも同じで，コンビニだけでなくコストコのような量販店向け製品も手掛けている。キャドバリーもクラフトフーズ傘下に入ってから一般流通商品化しているのが現状であろう。

　以上の現状から企業規模に比例して，製品そのものが顧客のボリュームゾーンを広げていくことは避けられないが，その場合は製品そのもののブランドに応じて価格帯に差をつけ，製品レンジを広げることが主流になっているようで

ある。そして製品ごとに Place も変えられることになる。

　このようにヨーロッパの大手メーカーは，世界のチョコレート需要の拡大に
対応して，量産や販路の多様化で対応してきた。ブランド毀損を防ぐためもあ
って，ネスレを除けば製品そのものの現地化志向は見られない。次章で考察す
る米国メーカーの場合も状況は同じであって，チョコレート自体が欧米メー
カーの伝統的な「世界商品」であることを前提として，市場戦略はその枠内で
構築されていることを読み取ることができよう。

【注】
1 ） チョコレートの一般的な歴史については，以下，武田［2010］，Sarah and Badenoch
　　［2009］（邦訳版）を参照。
2 ） Sarah and Badenoch［2009］（邦訳版）第 3 章参照。
3 ） Mars, History in the Making. Milton Hershey Biography による（ウェブサイト）。
4 ） 日本のチョコレートの歴史については，森永製菓株式会社［1954］［2000］，明治製
　　菓株式会社［1958］［1968］，ウェブサイト森永製菓モリナガデジタルミュージアム，
　　明治ホールディングス「赤い糸がつなぐ明治グループ 100 年の歴史」を参考にした
　　（参考文献参照）。
5 ） 森田［2000］pp.139-148。
6 ） Boyarskaya, Ushakova and Schwaninger（Supervision）［2014］pp.8-9. 以下ネス
　　レの歴史，歩みについては同社ホームページ The Nestlé company history などに
　　よる。
7 ） 「ネスレを世界一にした「連邦経営」100 年間の計略」「日本経済新聞」2014.8.10。
8 ） 同システムの詳細については高橋［2019］pp.65-68 参照。
9 ） Ramli［2017］p.9.
10） ゴディバの歴史については同社ホームページ参照（参考文献参照）。
11） Cf. Garrone, Pieters and Swinnen［2016］.
12） 日本市場におけるゴディバの市場戦略については，ジェローム・シユシヤン［2016］
　　を参照。

※本章と第 7 章は，既発表の澤田［2021］「コンフェクショナリー企業と対外市場戦略
　についての比較研究：チョコレートをめぐる国際競争の展開を中心にして」『名城論
　叢』21（3-4）をベースとしているが，本書執筆において内容も含めて大幅に書き直し，
　2 つの章に分割した新たな論稿であることを断っておきたい。

第**7**章

コンフェクショナリーメーカーの国際比較史その2
―日米メーカーのビジネスヒストリーから市場戦略を読み解く―

1 —— 拡大する世界のチョコレート市場とコンフェクショナリーメーカー

　チョコレートの主たる消費地は伝統的に欧州，北米に集中しているが，インドや中国も含めた新興国市場の拡大を見すえた場合，世界的な消費増は今後も継続することは確実であろう。調査会社の Technavio は，2020-24 年の間にチョコレート市場は 410 億ドル以上拡大し，年率で 5％成長を見込んでいる。別の調査会社（KBR Research）は 2026 年までに世界市場は 1,710 億ドルに達し，毎年 5.3％成長するであろうと予測している。

　他方で ICCO（The International Cocoa Organization）のデータによれば，原料であるカカオ豆生産量は 2010 年代後半で平均 470 万トン水準にとどまっており，毎年の生産量と加工された量を示す磨砕量との間には慢性的なギャップが

顕在化しており，不足分はストック分で補われているのが現状である。

　以上のチョコレートをめぐるマクロ指標が示す通り，年々世界のチョコレート需要と消費は拡大しており，しかも消費者の健康志向を反映して，カカオ含有量の高い高価格帯の製品も増加している。このため世界の大手コンフェクショナリー企業は，対外市場開拓と販路の開拓にしのぎを削ってきた。

　特に欧米メーカーにとって，速い速度でチョコレートの需要拡大が見込まれる新興国市場は魅力的である。例えばインド市場では，早い段階で酪農・牛乳生産などでインドに進出したネスレや他のヨーロッパ系企業を中心に競争が激しくなっている。近年本格的にインド市場攻略に取り組んでいるマースを除けば，新興国市場での競争優位はヨーロッパ系企業に顕著であって，後述するように日本企業は影が薄いか，進出していない新興国市場も数多いことがわかる。

　川下（コンフェクショナリー企業，小売り）における需要の拡大は，川上のカカオ豆の生産・供給を含めたサプライチェーンの拡大・変化を伴うため，まずこの全体的な拡大局面に対応する関連企業の市場戦略を見ておかなければならない。カカオ豆の需給ギャップに対応するためには，妹尾［2014］が指摘するように，新しいカカオ原産地が加わる必要がある。言い換えれば原料供給地の多角化である。

　基本的にチョコレートのサプライチェーンはシンプルである。図表7－1に見るように，現在では川上のサプライチェーンにおいて，ガーナ，コートジボワール，ブラジルなどの主要原産国の生産者，輸出業者などが存在するが，国際貿易において主要な役割を果たしているのは伝統的にチョコレートの原料加工メーカーである。グローバル上位のコンフェクショナリー企業も独自に供給ルートを開発するか，持っている場合も少なくないが，カカオ豆からチョコレート原料（中間製品）のサプライルートと生産においては，スイスのバリー・カレボーを筆頭に，農産物商社のカーギル（米国），米国のブロマー（日本の不二製油傘下）などが主要なプレイヤーである。

　原料メーカーのチョコレートの販売先は，コンフェクショナリーメーカー，ショコラティエ，専門店などであり，いわゆるB2Bビジネスであるため，原

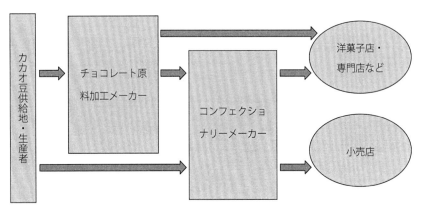

| 図表 7 − 1 | チョコレートのサプライチェーン |

(注) 簡略化のため輸入業者，仲介業者，卸売り業者などは省略した。
出所：筆者作成。

料メーカーは需要拡大の恩恵を受ける川上側に近いプレイヤーとなっている。他方でこれらプレイヤーたちは，市場のボラティリティ（変動）としてカカオ豆の収穫量（供給）と，これに比例した価格変動から自由ではない。こうした市場の不安定さに対して，例えば，バリー・カレボーは需給ギャップに対しては原料供給地の多角化，カカオ豆価格の上昇については，主にココアバター含有量32％以上のクーベルチュールと呼ばれる業務用ハイエンドチョコレートを供給し，川下の販売先に価格転嫁してきた[1]。

　チョコレート全体のサプライチェーンについては，コンフェクショナリーメーカーだけでなく，グローバル上位の原料メーカーの対外市場戦略も同時に見ておく必要があるのは言うまでもない。原料メーカーの場合，統合とM&Aが急速に進展しており，この点については，欧米コンフェクショナリーメーカーの過去のM&Aを取り上げたときに再び論じることになろう。なお日本の原料メーカーについても同様に後述することにする。

2 ―― ハーシーとマースのビジネスヒストリーと対外市場戦略

　欧米企業の対外市場戦略における共通した特徴は，企業間の統合やM&A，分離が繰り返されることで，グローバル企業が形成されていったことである。例えば，クラフトフーズ自体はキャドバリーを買収した時点で世界一のコンフェクショナリーメーカーとなったが，2012年に北米部門をクラフトフーズグループ，グローバル市場部門をモンデリーズ・インターナショナルの2社に分離し，これによってキャドバリーはモンデリーズの傘下企業となっている。

　さらに3年後に，クラフトフーズグループは，ハインツと合併しクラフト・ハインツとなっている。合併の背後にはバークシャー・ハサウェイなどの投資会社が関与しており，大株主となっていることである。このように個別に老舗メーカーの軌跡をたどると，M&Aが繰り返されていることを大きな特徴としている。

　先に見たように，キャンディインダストリーの2020年グローバルトップ（図表6－1）の1位はマースだった。長年の間マースのライバルと目されていたのは5位につけているハーシー（ザ・ハーシーカンパニー）である。アメリカ国内でのライバルとしてもう1社挙げるとすれば，2位のイタリアのフェレロに次ぐ3位のモンデリーズ・インターナショナルということになろう。しかし，少なくともチョコレート，チョコレート菓子という商品カテゴリーでは，マースとハーシーは長年の間，ライバル関係にあると言っても過言ではなく，J・G・ブレナー（Brenner[1998]）の傑作ノンフィクション『チョコレートの帝国』の中で描かれたことで，そのライバル関係は広く知られるところとなった。

　ハーシーやマースに限らず，アメリカのチョコレートを食べたことのある消費者であれば，ヨーロッパのそれとの違いは明白である。ヨーロッパの主流がビターチョコレートであるのに対して，アメリカのチョコレートは伝統的にココア（カカオ）含有量を少なくし甘味が強い。アメリカ人向けにこうした嗜好を定着させた功績はハーシーにあると言ってもよい。こうしたアメリカとヨーロッパ

の嗜好面での差異は，互いの市場に進出する上での1つの壁になっている。

　ペンシルベニア州を拠点とするハーシーが運営するハーシーパーク（1906年設立）は，ディズニーのようなアミューズメント施設としてアメリカの子供たちにとってよく知られており，大人たちも十分楽しめる施設となっている。アメリカだけでなく，日本を含め世界には企業が運営するテーマパークは少なくないが，チョコレートという1商品だけで人々を魅了する施設は珍しく，それだけチョコレートの持つ魅力の大きさを物語っているようである。

　ハーシー自体は20世紀に入るまではキャラメルを製造しており，チョコレー

ハーシーの創業者ミルトン・S・ハーシー（1852-1945）
Hershey，A History of Goodness より
https://www.thehersheycompany.com/en_us/home/about-us/the-company/history.html　2022.5.1. 閲覧。

1900年代初頭のハーシーの工場（ペンシルベニア州）
Hershey，A History of Goodness より
https://www.thehersheycompany.com/en_us/home/about-us/the-company/history.html　2022.5.1. 閲覧。

最初のハーシーミルクチョコレート（当時 10 セントだった）

Hershey, A History of Goodness より
https://www.thehersheycompany.com/en_us/home/about-us/the-company/history.
html　2022.5.1. 閲覧。

トの製造は 1903 年にペンシルベニア州の大規模工場で製造を開始したミルク
チョコバーからである。生乳を使用したアメリカ発のミルクチョコバーは全米
でヒット商品となり，1907 年にはおなじみの小粒で円錐形の「ハーシーキス」
を発売している。以後，第 2 次大戦前までに「ハーシーズシロップ」など複数
の製品をヒットさせ，成長が継続していくことになる[2]。

　ハーシーの製造工場が国外に置かれたのは 1963 年カナダのオンタリオ州が
最初であるが，多国籍化の歩みは戦後においても決して速いものではなかっ
た。それはアメリカ市場自体の大きさや軍需もあったからと考えられる。日本
には 1989 年に現地法人ハーシージャパンが設立されたが，製造自体は不二家，
雪印，その後ロッテと提携しライセンス生産を行ってきた。

　ハーシーよりも後発のマースについては，より多国籍化の歴史は早くなっ
ている。国内市場では 1920 - 30 年代に「キャンディバー」や「スニッカーズ」
をヒットさせ，1932 年にはイギリスに現地法人を設立している。日本では
1975 年にマースジャパンを設立しているが，主に輸入ペットフードの販売が
中心であった。実はペットフードは，マースにとってチョコレートを含むコン
フェクショナリー，飲料以上に中核事業部門となっている。

　その注目すべきペットフード事業では，イギリスに進出した 1934 年に早く
もペットフード製造のチャペルブラザーズを買収し，同じころアメリカ国内で
はやはりペットフード製造のウィスカーズを買収している。驚くべきことは
1930 年代には既に英米でペットフード需要が高まっていたことであり，その

先見の明であろう。イギリスで買収したチャペルブラザーズこそ後のペディグリ・ペット・フーズ（1972年社名変更）なのである。そしてウィスカーズは後のカルカン・フーズ（1968年社名変更）だった。

　現在ではカルカンやペディグリーブランドは世界で広く知られており，2014年にはP&Gのペットフード事業も買収している。売り上げで世界最大であり，世界シェアも約18％（2020年ディールラボによる試算）である。2位はネスレで約15％のシェアとなっており，ネスレとともにマースもペットフード事業が中核の1つであることを示している。ペディグリーの売上高はマースのコンフェクショナリー部門の売上よりも大きく倍以上に上っていることから，ハーシーとは異なり，ややネスレに近い多角経営型であると見なすことができる。こうした異業種事業の早期的な国際化・多国籍化は，コンフェクショナリー部門の国際的進出に対して，ペット事業の販売ルートなどを通じて支援するシナジー効果へとつながっていったと思われる。

　クラフトフーズ，モンデリーズをはじめ，食品やコンフェクショナリーの大手企業は国外も含めて他社ブランドを吸収し，M&Aを繰り返すことでグローバル企業となっている。いかにもアメリカ企業らしいと言えばそれまでだが，ハーシーもマースもそうしたアメリカ企業の伝統を継承しつつも，ヨーロッパ系企業とは明らかに異なった対外市場戦略を示している。

　ハーシーとマースはアメリカのコンフェクショナリー，チョコレート市場において互いにライバル関係にあるが，チョコレートにおいてはハーシーが約43％のシェアなのに対してマースは約30％で，コンフェクショナリー全体で互いに約30％であるのに対して，マースはチョコレートでは水をあけられた形となっている（2018年時点）[3]。この開きは以前から固定しており，このアメリカ市場での開きが近年のライバル同士に対外市場戦略の違いを生み出している。

　2010年代に入って，世界のチョコレート需要に対応してハーシーもマースも当初は対外市場を重視してきた。特に中国やインドのような新興国市場の伸びが著しかったため，ハーシーは2014年に上海ゴールデンモンキー社を買収していた。しかし，4年後の2018年に同社を売却し，同じ年にアメリカ企業

B&G フードの製品ブランド（Pirate）を買収し，翌 2019 年にも ILC からブランド（ONE）を買収している。ハーシーは，上海ゴールデンモンキー社売却の時点で明確にアメリカ市場重視を打ち出していた[4]。

　アメリカ市場の特徴として，元々巨大な国内市場でアメリカ企業同士が激しい競争を展開していたことと，大衆的な価格設定のハーシーやマースに対して，高価格帯の製品ブランドが主力のヨーロッパ系企業は，こうした激しい競争市場への参入を忌避してきたことを指摘できよう。典型的な例はネスレで，キットカットの販売権をハーシーに譲渡し参入していない。アメリカ企業がヨーロッパブランドの販売権を持つことは珍しいことではないのである。

　他方，マースはヨーロッパ系企業と同じく対外市場戦略を重視しており，これはハーシーとは逆に国内チョコレート市場の競争圧力が高いことと，先述したようにペットフード事業などで早くから多国籍化を遂げてきたためと考えられる。このため先進国，新興国を問わず，ハーシーは現地市場でマースやヨーロッパのトップメーカーほど存在感を示すことができなかった。

　ハーシーはマースとは対照的に対外市場戦略と世界市場への参入については消極的だが，他方でアメリカ市場でのポジショニングを堅牢なものにしており，2020 年のコロナ禍の中でも，フォーブス誌が 8 月号で「競争優位がハーシーの成長機会を推進する」（David Trainer [2020]）（引用者訳）という特集記事を掲載し，ハーシーの豊富なフリーキャッシュフローと営業利益の高さに示される財務面での優位性を特集していたことは注目されよう。過去の M&A においては買収と売却双方を展開しており，国内外の M&A については，むしろアメリカのメーカーの中では最も行使能力を備えていることも忘れるべきではなかろう。

3── 日本のチョコレート市場と国内メーカー

　日本のコンフェクショナリーの中でも，傑出して消費を伸ばしているものにチョコレート，チョコレート菓子がある。2000 年代以降，全日本菓子協会の統計によれば，チョコレートの販売額は 4,000 億円台前半で安定的に推移して

いたが，2011年から販売増が目立つようになり，2010年から2017年にかけて市場は3割拡大したという。新聞報道によれば，こうした拡大の背景には大人の消費者による健康志向からハイカカオなどの高価格帯のチョコレートに対する需要が伸びたことが大きかったとしている[5]。

　図表7－2は，1980年代後半以降のチョコレートの国内消費量と輸入量の推移を示したものである。消費量全体の伸びに合わせて1人当たり年間消費量も伸びており，2017年には2.16kgに達している。消費量は国内生産量全体に輸入量を加えたもので，おおよそ輸入量は国内生産量の1割前後で推移し，こちらも伸びている。輸出は輸入の5分の1程度でアジア向け輸出が多く，輸入はベルギー，フランスなどヨーロッパからの高級チョコレートと生産拠点である中国からのチョコレートで占められている。

　さらに長期的にチョコレートの生産・消費量を見るならば，高度経済成長期を経て，バレンタインデー商戦が定着した1970年代半ば以降から伸びており，その後もチョコレートはコンフェクショナリー，菓子類の中でも王道を歩んできたと言っても過言ではなかった。

　大手メーカーや業界が成功させたマーケティング活動といえば，バレンタインデーということになるが，実はバレンタインデーが日本に定着するには非常

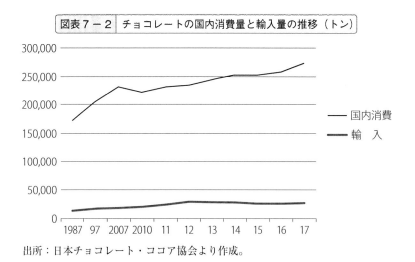

図表7－2 チョコレートの国内消費量と輸入量の推移（トン）

出所：日本チョコレート・ココア協会より作成。

に時間がかかっているのである。バレンタインデー自体はよく知られているように，聖バレンタインにちなんでヨーロッパでの贈り物をする習慣に眼を付けたチョコレート業界の広報活動に端を発したもので，1970 年代後半以降，小中学校を中心として急速に浸透していった。しかし，少なくとも 1960 年代以前には業界側の広報活動にもかかわらず，なかなか浸透しなかった。

　実はバレンタインデーの広報活動は戦前の 1930 年代半ばまで遡ることができるのである。その最初は神戸のモロゾフであったとされている。モロゾフは 1931 年に神戸・三宮のトアロードで創業し，翌年バレンタイン商品を売り出した。2019 年 2 月 14 日付神戸新聞によれば，1935 年 2 月 13 日号英字紙「ジャパン・アドバタイザー」に掲載されたのが最初で，モロゾフは同紙には 1940 年の終刊まで毎年広告を出していた。

　ただし，神戸の英字紙ということで，主として外国人居留民を対象としていたもので，一般的な日本人消費者を対象としたものでなかったことは明らかだった。そしてもう 1 つ広報活動の痕跡がはっきり残っているわけではないが，不二家（1910 年創業）が 1935 年にハート型チョコレートを発売している。不二家のハート型チョコは現在でも販売されており，当時，洋菓子店であった不二家がバレンタインデーを意識していたことをうかがわせる商品である。

　戦後の業界・企業によるバレンタインデーを浸透させようという広報面での努力と活動は，1960 年以降の戦後復興から高度経済成長へ移りつつあった時期に相当する。1960 年の森永による広報を見ると，腕時計や宝石などの懸賞品などもつけて，バレンタインセールを盛り上げようとしていたことがわかる。1960 年代においてチョコレートは日本人の所得が上昇するにつれて，もはや高価なものではなくなりつつあった。1960 年前後から森永，デパート業界，メリーチョコレートなどメーカーと小売業界のバレンタインキャンペーンは続いたが，それでも 1960 年代を通じてバレンタインデーはなかなか定着しなかった。

　当時の森永のキャンペーン広告が物語るように，時計や宝石がチョコレートの懸賞商品になっていたように，業界が購買層のターゲットにしたのは明らかに都市の成人女性だった。職場で働く女性たちが OL ではなく，今では死語と

1960年の森永製菓によるバレンタイン広告
出所：モリナガデジタルミュージアム　森永製菓のあゆみ
https://www.morinaga.co.jp/museum/history/　2022.3.20. 閲覧。

なった BG（ビジネスガール）と呼ばれていた頃である。多少の進歩的な雰囲気が生まれていたとしても，当時の成人世代の女性たちが職場を舞台として異性にチョコレートを渡すことはやはり難しかったと考えられる。

　バレンタインデーの定着は小学校，中学・高校などの学校から始まっており，業界が見込んだ購買層よりも若かった。業界側の継続した広報活動が1970年代になってやっと報われたことになるが，このときの中高校生は業界のキャンペーンが開始され継続していた時期に生まれた新しい世代であるとともに，所得水準の上昇とともに駄菓子以上の菓子，チョコレートを買える世代でもあった。その後，欧米にはない日本のバレンタインデーイベントは，近隣の韓国や中国，台湾にも浸透していくことになった。

　チョコレートやキャンディは夏場に売り上げが落ちる商品に属し，特にチョコレートの場合，そうした傾向は昔から顕著であった。このため大手コンフェクショナリーメーカーは，アイスクリームも製造販売する場合が多く，アイスクリーム用チョコレート需要を通じて，年間を通じてシームレスな製造販売体制を構築している。

　ここまでは主に大手メーカーの内需拡大に対する市場戦略だが，チョコレートが依然として子供たちにとって高価だった高度成長期頃には，高価なチョコレート原料や国際的なカカオ含有量の基準に縛られないことで，駄菓子メーカーを含む中小メーカーの国内コンフェクショナリー市場への参入も活発にな

った。

　チロルチョコで知られる松尾製菓（1919年設立），アルファベットチョコレートの名糖産業（名古屋）やカバヤ食品（岡山）などは典型的な例である。大手も同様に国際基準と乖離した国内基準によって低価格を実現させることができたし，キャンディインダストリーランキングに顔をだしているブルボン（新潟）は，主力製品のほとんどがオリジナルのチョコレート菓子である。

　低価格のチョコレート菓子を製造するメーカーがある一方で，チョコレートの贈答品としての「商品特性」を活かしたメーカーも需要拡大期に成長を遂げている。メリーチョコレート，モロゾフなどのように高級な部類に属し付加価値の高いチョコレートの方が贈答用に適していることは言うまでもない。ヨーロッパでもチョコレートは贈答品として普及した部分も大きいからである

4 —— 明治，森永，江崎グリコの対外市場戦略

　流通小売りのチョコレートでは，森永と明治のロゴがすぐ浮かぶくらい日本の消費者にはこれら2社の製品が戦前戦後から広く知られていたが，現在は明治，江崎グリコ，ロッテのチョコレート製品が小売市場では主流となっている。森永と同様に明治は乳業部門を持っており，江崎グリコも乳製品を製造販売し，幅広い商品レンジを擁している。海外進出においても明治は中国，アメリカ，タイ，インドネシア，オーストラリア，シンガポールに現地法人を持っており，森永も進出国がほぼ重なっている。

　日本のコンフェクショナリー企業が，ネスレやマースなどのように，規模で見るならば世界有数の規模に達していることは前章のキャンディインダストリーにおけるグローバルトップのランキングにも示されていた。しかも明治は，4位でネスレとハーシーよりも上位に位置している。グリコも10位に位置しており，トップ10に日本から2社が顔を並べている。そして森永は16位，ブルボン17位，ロッテ（韓国）26位となっている。2013年グローバルトップでは明治が7位で，日本からはトップ10は1社のみだったので，2010年代末までの短期間に，日本のコンフェクショナリー企業は世界的レベルで規模を拡

大させてきたことがわかる。

　ランキングについてはコンフェクショナリーまたは食品事業部門だけが取り上げられているので，明治も森永も企業グループとしての売上規模はさらに大きくなる。明治はさらに伝統的に製薬部門も擁しており，食品コングロマリットとしての規模も大きい。2011年に明治乳業と明治製菓から薬品部門が Meiji Seika ファルマとして分離した後，それまでの明治製菓は製菓・食品事業と合体して明治となったからである。いずれも親会社は明治ホールディングスである。

　ここでは明治と江崎グリコの対外市場戦略に焦点を当てることにするが，その前にチョコレートの国別輸出シェアでは上位10カ国に日本の名前がないことを確認しておきたい。これにはカカオ含有量95%（他の植物油脂は5%まで）をチョコレートとするココア含有量の規定に厳しいEUとは対照的に，35%以上をチョコレートとして規定する（準チョコレート以下はさらに配合率が減る）日本の格段にカカオ含有量が少ない商品がチョコレートとして認められていないことも関係している。

　EU市場だけでなく，アメリカ市場も既に見たようにハーシーを中心に厳しい競争下にあることから，日本の輸出先は東・東南アジアなど対外市場が限定されることに加えて，東南アジアなど亜熱帯地域では，溶けやすいチョコレート自体の需要が限定されている。このため，明治などのようにグローバル上位やその近辺にランキングを上げていても，少なくともそれはチョコレートの海外売上高増と結びついたものではない。

　企業別世界市場シェアにおいてもマース，モンデリーズ，ネスレ，フェレロ，ハーシーなどの欧米企業だけで6割前後を占めており，先のキャンディインダストリーのランキングからすれば，日本企業の国際市場でのギャップが大きいことは否定できない。重要な点は明治，江崎グリコ，森永において，チョコレートは海外事業において主力商品ではないということである。

　残念ながら，このような日本企業の欧米企業に対する対外市場での劣位とその原因について論究した先行研究は見当たらない。海外進出自体は，戦前から事業活動を行っていた明治，森永，江崎グリコは比較的早い時期にアジア市場

に進出を遂げており，例えば森永の場合，前章で見たように，第1次大戦後，中国，インド，南洋方面にビスケット，キャラメルなどを輸出し，1920年代半ば以降，中国，台湾などにも工場を持つようになった[6]。直接投資という点では先駆的だったが，チョコレートは対外市場向け商品ではなかったのである。

　ここでの要諦は，日本におけるチョコレートの普及と販売増には低価格が1つの前提条件となっていたことで，1960年代以降，明治をパイオニアとして量産体制が実現していったことと，国内基準でのカカオ含有量の少ない形式上のチョコレートやチョコレート菓子が，「チョコレート」として消費者の承認を得ていったことである。従って，既に述べたようにチョコレートについては，その消費需要の伸びは，基本的には国内市場で国内企業によって供給対応されてきたということを前提として確認しておく必要があろう。

　現在までの対外市場戦略の状況として，2010年代における大手企業による海外でのM&Aをはじめとした事例を見る限り，最大手の明治においては，チョコレート部門における海外事業活動に目立った進展は見られない。大手の中ではM&Aに関しては，唯一江崎グリコによるアメリカ企業の買収が見られるだけである。

　江崎グリコは，2018年にアメリカのチョコレート販売会社TCHOベンチャーズ（カリフォルニア州，2005年創業）を買収しており，同社は若者に人気の高級チョコレート「TCHO（チョー）」ブランドを米国で展開する新興企業である。この買収によって，江崎グリコは米国のクラフトチョコ市場へ進出を遂げている。

　森永と明治についてチョコレートというセグメントで比較する限り，対国内市場戦略という点では明確な違いが見られる。それは原料供給面である。既述したように，森永は原料加工メーカーの世界最大手バリー・カレボー（日本法人）と戦略的な提携関係を結んでおり，群馬県高崎市の森永工場隣接地に，バリー・カレボーはチョコレート原液を供給する工場を持っている。原料から中間製品の供給を外資系企業に依存する形にして，森永は製品供給体制を構築してきた[7]。

　これに対して明治は，それまでよりもカカオ含有量の高い高付加価値・高価格帯のチョコレートを国内市場に投入し，健康志向の高まりに対応した消費者側の需要に対応してきた。カカオ豆の主産地であるアフリカ（コートジボワール，ガーナなど）ではなく，中南米（ドミニカ，エクアドル，ベネズエラ）で生産支援活動を行うとともに，カカオ豆の加工方法とその組み合わせ研究に取り組み，製品化を目指してきた。

　以上の明治と森永の差は，チョコレート量産体制における生産・セグメントの組織力の差を反映したものではあるが，森永の場合においてもチョコレートというセグメントでの劣位を埋め，国内需要増に対応するという意味では，原料外資メーカーとの連携は合理的な選択であったという見方も可能である。そしてより重要な点は，これら大手メーカーは，チョコレートの世界市場においてコンピテーターとして事実上蚊帳の外にいるということである。

　最大手明治（明治ホールディングス）の場合，開示資料によれば，2020年時点での菓子類を含む食品部門の海外売上高比率は4％台にとどまっていた。中期計画では10％以上を目指してはいるものの，むしろアジアを中心とした乳製品の拡販に重点が置かれており，チョコレート類では国内ほど市場プレゼンスはなく，内外格差が著しいものとなっている。チョコレートに関係して海外現地法人，工場，買収において最も力を入れてきたのが明治であることは確かだが，アメリカ，中国，東南アジアで現地生産を行っている主力商品は，チョコレート菓子というよりもビスケット類などである。

　こうした状況は，比較的海外売上高比率が18.5％（2019年）と高い江崎グリコにも当てはまる。欧州，アジアでの主力商品は「ポッキー」や「プリッツ」であり，これらもビスケットやスナック菓子市場での市場シェアに入るものである。東南アジアにおける主力製品は明治同様，乳製品であり，近年の同社開示資料によれば，アイスクリームが中核的な商品となっている。

　結論のみを先取りすれば，日本の大手コンフェクショナリー企業は，海外事業においてチョコレートを主力商品・ブランドとして戦略的に組み込んでいないということである。より正確に言うならば，「組み込むことができなかった」ということになろう。

　以上のことから，チョコレートの世界的な消費需要の高まりに対応して，世界的な比較・ランキングとして明治などが，チョコレート，チョコレート菓子を主力商品とする欧米メーカーに匹敵するまでに成長を遂げてきたのは，国内市場での価格と流通面での競争優位に基づくもので，国際的な競争優位によるものではないということを確認できよう。そして日本のコンフェクショナリーメーカーは，海外においては国内のオリジナル菓子を対外市場向け戦略的商品として投入してきたのである。

5── 新興国メーカーと原料加工メーカーの対外市場戦略

　チョコレートにおける日本の国際市場でのプレゼンスの弱さに反映されるように，アジア地域におけるコンフェクショナリーメーカーも基本的には内需型の成長を遂げてきた。韓国のロッテとオリオンは1990年代以降，中国や東南アジア市場へ進出してきたが，現状は日本のケースとよく似ている。

　周知のごとくロッテは，戦後日本で創業し，1960年代以降韓国においてもロッテグループとして発展してきたコングロマリットである。日本のロッテは韓国ロッテほど多角化していないが，当初はチューインガム製造によって，大手メーカーに対して差別化を図ってきた。その後製品プロダクトが拡大し，他の大手と変わらない製品構成となっているが，元々チョコレートは日韓市場では低価格製品が主流で，海外市場ではチョコパイなどが主力商品となっている。

　ロッテよりも創業が古い1956年に創業したオリオンは，1974年に発売を開始した元祖チョコパイのメーカーでもあり，オリオンのチョコパイは2000年代に北朝鮮の開城工業団地でおやつとして配布され，一時期，闇通貨のような役割を果たしたことでも知られている。また日本では，比較的高価格帯に属するブラウニーの「Market O」の方が消費者の認知度が高いかもしれない。

　各社開示資料によれば，オリオンは中国，ベトナムに生産拠点を持っているが，日本メーカーと同様にチョコレート菓子やオリジナル商品が主力で，市場

も東・東南アジアに限定されている。ロッテもアジアを中心に進出しており，ロッテ製菓は，2010年にパキスタンのコルソン（Kolson）を買収している。直近ではミャンマーのL&Mメイスン（ベーカリー，スナック）を傘下に収めてきた。コルソンの場合もビスケット，クッキー，加工食品事業が中心であるため，チョコレート製品には力を注いでおらず，世界市場で国際競争力を備えていないことでは日本メーカーと同じようなポジションにある。

それでは他の地域のメーカーについてはどうだろうか。前章図表6−1のランキングからトップ10以外のランキングでは，実は欧米などの先進諸国以外に数多くの新興国のメーカーが名前を連ねている。ランキング分布の特徴としては，カカオ原産地かこれに近い中南米諸国のメーカーが多い。ブラジルのカカウ・ショウ，アルゼンチンのアーカーなどが代表的である。メルコスールのように関税同盟のある南米市場では，こうしたメーカーは国内市場以外にもより規模の大きな地域市場を商圏とすることができるからである。

地域市場圏についてはEUやASEANも同様である。インドネシアのメーカーは国内市場も大きく，コンフェクショナリー製造にはコスト面も含めて有利である。また東欧のメーカーも同様である。ウクライナのロッシェンなどは東欧タイプに近く，このタイプには大きな国内市場を持つロシアの老舗企業クラスニー・アクチャーブリも入る。トルコはウルケルをはじめ大手メーカーが多く，中東，EU市場に強みを発揮している。

ここでは新興国メーカーの事例として，対外市場戦略に積極的なトルコの最大手メーカーであるウルケル（イスタンブール証券取引所上場）の例を取り上げておこう。既に見たように，ウルケルはゴディバをグループ傘下に置いたことでも知られており，以下同社の年次報告書と開示資料などから同社の対外市場戦略を概観することで，日本を含む先進国の既存メーカーとの相違を明らかにしておきたい[8]。

ウルケルはクリミア半島からの移民を両親に持つサブリ・ウルケルとアシム・ウルケル兄弟によって1944年に創業している。最初は小さなベーカリーだったが，その後，工場の増設に伴い，1970年代には中東市場に製品を輸出するようになった。主力製品はビスケットとチョコレートだったが，規模の拡

大に伴い製品レンジもアイスクリーム，コーヒー，コーラ飲料（コーラ・ターカ）などへと広がっていった。

　親会社のユルドゥスは 2016 年にイギリスに子会社プラディス（Pladis）を設立しており，現在はウルケルをはじめゴディバ，ビスケットブランドで有名なイギリスのマクビティ，アメリカのキャンディ大手デメット（DeMets）など複数の国際的ブランドと企業を傘下に収めている。プラディス設立以前にユルドゥスは 2013 年にデメットを，翌 2014 年にはマクビティの親会社ユナイテッド・ビスケットを買収している。このためプラディスは 2019 年時点で，11 カ国に 25 製造工場を展開する文字通りの多国籍企業となっている。

　以上の多国籍化の経緯から，ウルケルの対外市場戦略を見る前にユルドゥスの事業展開に言及しておく必要があろう。1989 年に国内事業の拡大に伴い，持ち株会社ユルドゥスが設立されており，2000 年代後半以降クロスボーダー M&A が活発になると，さらに国際的なブランド企業を統括するために，イギリスに子会社プラディスが設立されたのである。

　中東市場を越えて，世界市場へのコンフェクショナリーメーカーとしての参入は後発ではあるが，ユルドゥスの企業グループ組織とクロスボーダー M&A を通じた多国籍化は新興・後発国メーカーの中でも群を抜いていると言っても過言ではなかろう。このような組織化によって傘下企業の対外市場戦略も，ゴディバがそうであったように 2010 年代後半に加速化していくことになる。そしてトルコ国内のウルケルにも同様のことが言えよう。

　ウルケルのクロスボーダー M&A は 2016-17 年に集中しており，ハイフード（エジプト），FMC（サウジ），IBC（サウジ），UI メナ・アミル・グローバル（サウジ），ハミル（カザフスタン）と立て続けに 5 社を買収している。これらの一連の買収によってチョコレートとビスケットの生産・販売が拡大し，2019 年には連結売上高の伸びとともに，海外売上高比率は 40% 近くに上昇している。

　ウルケルのトップ生産品目はチョコレートであり，次にビスケットであるが，ユルドゥス，プラディスというグループ全体の再編とその中で，中東・中央アジアという国際市場の中でも地域市場を押さえていく姿が鮮明になっていると言ってよい。このように世界需要に対応した急速な新興国の輸出増の背景

ウルケルのミルクチョコレート「エチェ」
Ülker ホームページより。
https://www.ulker.com.tr/en/brands/ec　2022.5.1. 閲覧。

には，ウルケルやそのグループ全体のクロスボーダー M&A に見られる対外
市場戦略が深く関係していることが見てとれよう。

　トルコは EU 市場への制度的アクセスとして加盟国に近い優位性を持って
いるという例外があるものの，クロスボーダー M&A が世界市場への参入に
必要不可欠な条件となっていることを明確に示している。実はこうした M&A
を通じた統合は，コンフェクショナリーメーカー以上に影のメーカーである大
手原料加工メーカーで進行してきた。

　1996 年に世界的な大手原料加工メーカーであるベルギーのカレボーとフラ
ンスのカカオ・バリーが合併して世界的なガリバーメーカーとしてバリー・カ
レボー（スイスに本社）が誕生した。カレボーもカカオ・バリーも原料調達か
ら加工までを行う老舗メーカーであった。カレボーがオクターブ・カレボーに
よって設立されたのが 1911 年，一方のカカオ・バリーは，バリー家が 1884 年
に創業し，ラ・カレ家による買収を経て第 2 次大戦後世界的なクーベルチュー
ルの供給メーカーになっていった。

　バリー・カレボーはチョコレートの世界消費の 4 分の 1 を供給しており，過
去に大型買収として，2007 年にアメリカのフードプロセシングインターナシ
ョナル，2013 年にはカカオ豆原産国のインドネシアのペストラフードを買収
している。既に言及したように，日本の森永ともチョコレート原液供給の長期
契約を締結しており，B2B 企業としての対外市場戦略は，原料調達から川下
への供給も含めて非常に幅広いものになっている[9]。

図表7－3	大手原料加工メーカーの国際的なM&Aをめぐる動向（2010年代）

バリー・カレボー （スイス）	2016	モンデリーズ・インターナショナルのベルギー工場を買収
	2019	ロシア有数の原料メーカーインフォラムを買収，ロシア市場 でのB2B販路と製品レンジを拡大
	2020	オーストラリアのGKCフード買収
不二製油	2013	フジオイル ヨーロッパがインターナショナル オイルズ アン ド ファッツ（ガーナ）の株式50%を取得
	2015	ブラジルの業務用チョコレートメーカー Harald 社を子会社化
	2016	マレーシアのGCB SPECIALTY CHOCOLATESを子会社化
	2018	オーストラリアの業務用チョコレートメーカー Industrial Food Services を完全子会社化
	2018	米国の業務用チョコレートメーカー Blommer Chocolate Company を完全子会社化

出所：KBV Research［2020］summary 版，各社プレスリリース，各社 IR 開示資料，
　　　報道などから作成。

　アフリカ，南米にカカオ農園事業を展開するとともに，大規模な加工工場を
擁しながら，その後も国際的な買収の勢いを緩めず，図表7－3に見られるよ
うに，2016年にモンデリーズ・インターナショナルのベルギー工場を買収し
たりして，バリー・カレボーは国際的なM&A戦略を強化してきた。また近
年ではニュープロダクトとして，100%乳製品を含まないミルクチョコレート
を発売し植物由来の製品レンジを拡大している。

　実はこのような大手原料加工メーカーの国際的なM&Aを通じての顕著な
動きは，日本のメーカーにおいても見られる。主にB2Bの影のメーカーだけ
あって，その名前がコンフェクショナリーメーカーよりも知名度が低いために
目立つことはないが，世界的にも大手である不二製油（大阪）がそうである。

　1950年創業の不二製油は植物性油脂製造を中心として，並行して業務用チ
ョコレート製造を行い，高度経済成長期以降，植物性油脂とチョコレートの
全般的な需要増に対応して製造施設を拡大し多国籍化してきた。2015年に不
二製油グループ本社に商号を変えて，不二製油はグループ会社となっている。
営業利益ではチョコレート事業は全体の34%（2021年上期）ほどで植物油脂に
はおよばないものの，2013年以降のクロスボーダーM&Aを通じて不二製油

は世界3位の原料メーカーとなった。この結果，海外売上高比率は2016年の40％から60％へ上昇し，海外子会社数も17社から30社に増加した[10]。チョコレートの製造拠点となる海外現地法人だけでも，マレーシア，タイ，シンガポール，オーストラリア，中国（2カ所），アメリカ（2カ所），ヨーロッパと広い範囲にわたって事業展開を行ってきた。

　原料メーカー間のM&Aは，チョコレートの世界需要増とカカオ原産国の供給面でのボトルネックによって，日本・欧米を問わず進まざるを得ない状況にあると言ってよかろう。国内コンフェクショナリーメーカーと異なり，不二製油のケースは原料加工メーカーとして，欧米市場にM&Aを通じて進出を遂げた数少ない事例となっている。

6── 市場戦略の岐路に立つコンフェクショナリーメーカー

　日本企業による海外でのコンフェクショナリー事業の展開は，欧米型のブランド・商品名として知られたチョコレートではなく，国内でヒットしたオリジナル菓子類であるため，さらに現地でのマーケティング活動を通じて知名度とブランドを築く必要がある。江崎グリコの事例から，標準的な製品・商品をすぐに現地展開できるグローバリゼーション戦略に対して，上田，竹内，山中［2019］が指摘するところのセミ・グローバリゼーション戦略と呼ぶことも可能であろう。

　ただし，この場合のセミ・グローバリゼーション戦略とは，ゲマワット（Ghemawat［2007］本書第1章）のCAGEアプローチによる製品現地化とはやや異なっていることに注意する必要がある。ネスレのように先行したヨーロッパ企業ならば，素直にそう呼べるかもしれないが，日本のチョコレート，菓子類は，その形成過程から自国メーカーによって国内市場においてセミ・グローバル化されていたからである。またロングセラーのベース商品の製品種類や新商品などのアイテムも多いという「商品特性」も考慮するならば，こうした違いを活かした差別化戦略こそが有効と考えられ，インスタント麺のように現地の

嗜好に合わせる必要もない。

　必然的に日本のコンフェクショナリーメーカーの M&A は，欧米メーカーのように既存メーカーの買収によってブランドを増やすのではなく，現地販売会社の買収が中心になっている。種類の多いベース商品の絞り込みと販売による浸透を重視しているからだと思われる。対外市場戦略として「チョコレートなき競争」を選択した日本と伝統的な欧米メーカーとの必然的な違いが，M&Aの数と質の違いに反映されているのである。

　欧米市場を別として，東・東南アジア地域などでは日本の板チョコにも部分的な消費需要があるものの，大手メーカーは食品コングロマリットとなっているため，グループ全体としては，オリジナル商品やアイスクリーム，乳製品などの組み合わせによる拡販がアジア市場で有効であると捉えているようである。また欧米市場においても，純粋なチョコレートではなく，幅広い独自のコンフェクショナリー製品の投入こそが有効であることは，日本の菓子人気が示しているところであろう。

【注】

1 ）　Boyarskaya, Ushakova and Schwaninger（Supervision）［2014］pp.8-9.

2 ）　以下ハーシーとマースについては，Brenner［1998］邦訳版，各社ウェブサイト（参考文献参照）を参考にした。先行したハーシーはマースをはじめ，他のチョコレート菓子メーカーにもチョコレートを供給し B2B ビジネスも確立させていた。

3 ）　The Hershey Company［2019］p.45.

4 ）　Ibid., pp.28-29.

5 ）　「チョコ人気，溶けぬ勢い　7 年連続で販売額最高」「日本経済新聞」2018.3.30。

6 ）　森永製菓株式会社［2000］pp.72-73，pp.112-113。

7 ）　「バリーカレボージャパン，20.8 億円投じ高崎市に新工場開所，3 年以内に増強計画」工場計画情報（2013 年 12 月 3 日）https://www.sangyo-times.jp/article.aspx?ID=8752020.11.25. 閲覧。

8 ）　同グループについては以下を参照。Ülker, Annual Report 各年次報告書，Our History, IR http://ulkerbiskuviinvestorrelations.com/en/about-ulker/history.aspx Yıldız Holding, Our Story　https://english.yildizholding.com.tr/our-story/　2020.11.20 閲覧。

9 ）　Barry Callebaut ホームページ，Investors 各種開示資料より。同社は戦略的には北米，欧州に加えて新興国市場を重視しており，そのために拡大，イノベーション，

コストリーダーシップ，サステナビリティの4つの柱を掲げている。www.cacao-barry.com/ja-JP/　カカオバリーの歴史も参照。2022.3.24. 閲覧。

10)　不二製油グループ［2020］p.40.　以下同社 IR など開示資料による。

第**8**章

ウィスキーの経営史
—スコッチからジャパニーズ
　ウィスキーへ—

1── 高度経済成長とウィスキーの消費

　高度経済成長を経て，日本人の生活が豊かになっていく上で，多くの耐久消費財や嗜好品に変遷が見られた。所得水準が上昇することで，消費者は同じ商品カテゴリーの中から選択肢の幅を増やし，よりスペックの高い高価格帯の商品を選択し，そこで新たなボリュームゾーンが生まれる。高度経済成長期の大衆車に該当する乗用車を例にとれば，当初は現行の所得で手に入るスバル360（富士重工，現SUBARU）に人気が集中したが，所得水準やオートローンが浸透することでカローラ（トヨタ）に人気がシフトしていくことになった。

　巨大なボリュームゾーンを持った商品を抱える企業の成長は言うまでもないが，とりわけ「白い」カローラが日本の道路で多く見られた。モータリゼーションが進む中で特定の商品・製品にボリュームゾーンが現れるのは，右へ倣えという消費者の画一的な行動の現れであって，新しい文化生活を謳った団地への抽選殺到などもそうした例の1つだった。1966年に発売されたカローラは，以後30年以上の長きにわたって国内販売台数1位の座を守り，国内累計販売台数では1,000万台を超えるベストセラーカーになっており，現在も売れ筋上

位車にとどまっている。

　上述の「白い」カローラとは，日本人ユーザーの自動車カラーに対する好みが白であるため，中古車市場での価格付けも意識され，「白い」カローラが選好された結果でもあった。いわばカローラは，トヨタ自動車にとってフォードのT型車に相当するようなスーパーボリュームゾーンの車であったと言っても過言ではなかった。

　このボリュームゾーン型購買行動を経て，自動車だけに限らず，多くの製品においてボリュームゾーンの製品もより速く移り変わるようになった。これに対応して製造も販売もその方法において大きな転換期を迎えることになった。こうした消費者側の心理と購買行動の変化は，有名なマズローの5段階の心理学仮説（原型となった論文は Maslow［1943］）にあてはめることが可能である。図表8－1では5段階の心理欲求に，高度成長期のサラリーマンが平社員から課長，部長へと昇進する出世魚の名前のように，特定企業の製品ブランドをあてはめたものである。

　ここではトヨタの乗用車とサントリーのウィスキーをあてはめてみた。この図が示唆することは，市場において自社製品によってボリュームゾーンを獲得している企業ならば，消費者側の所得水準の上昇に伴う心理の変化に対応して製品ラインナップをそろえなければならないということである。なおマズローの心理学自体は本来，承認欲求や自己実現を特定「商品」にたとえたものではないので，あくまでも筆者による創作的なチャートである。このことを踏まえた上で，以下自動車からウィスキーにたとえを変えて見ていくことにしよう。

　高度経済成長期の1960年代は，植木等の映画に示されるように「サラリーマン」という言葉が定着した時期でもあった。それは同時に均質性を志向する巨大な「マス」（大衆ボリュームゾーン）の出現でもあった。そして，このボリュームゾーンを狙って多くの企業の製品が市場に現れることになった。サントリーのウィスキーもその1つだった。

　戦後，ウィスキーという言葉は，日本人の間では高級品と同じ意味であり，高度経済成長期に突入した会社員たちには憧れの的でもあった。この時期，小津安二郎の映画のシーンにとどまらず，1960年代の都会の会社員たちが，背

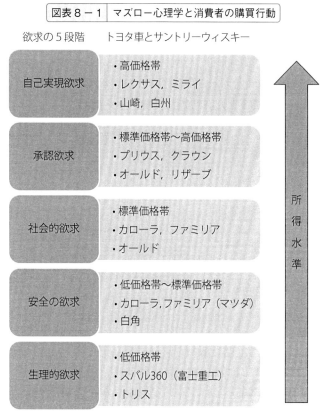

図表８-１　マズロー心理学と消費者の購買行動

欲求の５段階　　トヨタ車とサントリーウィスキー

自己実現欲求
・高価格帯
・レクサス，ミライ
・山崎，白州

承認欲求
・標準価格帯～高価格帯
・プリウス，クラウン
・オールド，リザーブ

社会的欲求
・標準価格帯
・カローラ，ファミリア
・オールド

安全の欲求
・低価格帯～標準価格帯
・カローラ,ファミリア（マツダ）
・白角

生理的欲求
・低価格帯
・スバル360（富士重工）
・トリス

所得水準

（注）製品ブランド名はあくまでも一例に過ぎない。
出所：筆者作成。

広姿のまま，会社帰りにバーに立ち寄る姿が定着するようになった。伝統的な居酒屋ではなく，欧米風のバーこそが新たに量産されつつあった社会階層にふさわしいものと思われたのである。

　他方でウィスキー自体は戦前から高価な洋酒であり，舶来品のスコッチウィスキーは一般的な会社員のサラリーで手に届くものではなかった。1960年代を通じて，一般的に当時最も知られたスコッチの１つ「ホワイトホース」は，トリスバーなどでは国産の最高価格帯に属した「オールド」のシングルの倍，おおよそ300円が相場だった。同時代の石原裕次郎主演「銀座の恋の物語」

(1962年公開)では，銀座界隈に巣くうギャングたちが「ホワイトホース」を密輸して荒稼ぎしているシーンさえ登場している。

　それまでは日本において消費される酒の主流は，日本酒，ビールなどの醸造酒，焼酎などの蒸留酒などが主流であった。ウィスキーそのものは戦前から製造販売されていたが，戦後，高度経済成長期に入るころでもマイナーな存在であり続けた。今では当たり前のように食卓に上がるワインも同様であった。1960年代当時，これらマイナーなワイン，ウィスキーを製造販売していたのは大阪の寿屋（コトブキヤ），現在のサントリーである。

　寿屋は1929年にウィスキーの販売を始めたが，ウィスキー以前に「赤玉ポートワイン」をヒットさせており，その名前は全国津々浦々まで知れ渡っていた。1923年に京都山崎に蒸留所を設け，所長にはスコットランド帰りで「日本のウィスキーの父」として知られる竹鶴政孝を招いている。その後，竹鶴は独立してニッカウヰスキーを設立しており，既に戦前において現在の2大ウィスキーメーカーが誕生していた。この2社が，後のジャパニーズウィスキーを代表するブランド商品を世界に発信していくことになる[1]。

　日本でウィスキーが定着していくのは1960年代から1970年代にかけてで，メーカー側の仕掛け，いわゆるマーケティング戦略が大きな効果を発揮した。これをマーケティングミックスという観点から考察するならば，まず製品（Product）そのものは，1950年代以降，林立する多くのメーカーが存在する中で，先駆的企業であるサントリーやニッカを中心として品質改善と設備投資が進んでいった。そして，これによって多くの中小メーカーは淘汰されていった。

　結果的に，製品そのものはサントリーの「トリス」やニッカブランドなど大手メーカーの特定ブランドに人気が集中していくことになる。これらのブランドはボリュームゾーンを形成していくことになるが，それは残りの3Pとの関わり合いを抜きにしては実現しなかった。

　当時の一般的なサラリーマンの所得に対応した価格設定（Price）が，すなわち低価格が鍵になったことは言うまでもないが，その低価格を実現することができた背景には，戦後の酒税法による等級制が関係していた。当初，等級制によって原酒混和率30％以上が1級，5％以上が2級，5％未満が3級と定め

られていた。等級はアルコール度数による区分が加えられ，1953年に特級，1
級，2級に変更され，以後，段階的に各級の原酒混和率は引き上げられ，1989
年に等級が廃止され，ウィスキーに対する酒税が緩和されるまでこの制度は続
いた。当時の日本のウィスキーは，スコッチや他の欧米諸国の製品と比較して
も，最初は輸入品に対抗できる代物ではなかった。そしてサントリーもニッカ
も3級（後に等級制が廃止されるまでは2級）を主力製品としていたのである。
　当初の3級は原酒混和率がゼロでもウィスキーと表示されたため，中小メー
カーの参入が相次ぐとともに，水や香料でごまかした粗悪品が横行することと
なった。スコッチなどの外国製品を基準にするまでもなく，とてもウィスキー
と呼べる代物ではなかったのである。粗悪品ばかりの中で，先駆的な企業であ
ったサントリーもニッカも，技術の蓄積と規模の面で抜きん出ていたため，3
級ウィスキーというボリュームゾーンを獲得し，消費者に認知されるまでにそ
れほど時間を要しなかった。
　製品の優越性と低価格を前提に，メーカー側は需要を創出するために，Place
（流通・販売），Promotion（販促）の両面からの攻めを続けていくことになる。
ウィスキーの小売流通を担っているのは既存の酒屋であり，今も昔も酒類に関
係なくメーカー側による営業の最前線となる所である。戦後においてサント
リーは，仕入れ側に強いモチベーションを持たせるために買入通知制度を導入
し，ウィスキーやワインの仕入れに応じて割戻金を支払い，その上に福引によ

寿屋の買入通知制度の新聞広告（1953年）
サントリー株式会社［1969b］『サントリーの70年Ⅱ』より。

ってさらに賞金を提供するという強力な小売店向け販促活動を展開した。この制度が当時の小売店側にとって大きな仕入れのモチベーションとなったことは言うまでもなかろう。

しかし，もう1つ Place の問題が残されていた。小売店以外でウィスキーをどこで販売するのか，という問題である。欧米のようなバーの少ない日本では，まずメーカー側はこれを「内部化」しようとしたのである。都市部を中心に，1950年代前半からサントリーやニッカがそれぞれトリスバー，ニッカバーを展開し，以後ウィスキーメーカーによるバーのチェーン展開が進んでいくことになる。ここからサラリーマン向けに安価なウィスキーを提供し始めていくことになる。テレビや広告などの CM 効果も重なり，仕事帰りにこうしたバーへ立ち寄ることが都会のサラリーマンたちの見慣れた風景になっていく。

都市圏を中心に全国にトリスバーやニッカバーの看板が目立つようになり，正確な数は把握されていないが，1960年代にはトリスバーだけで全国におよそ2万店があったといわれる[2]。これらのバーは現在ではほとんど姿を見ることがなくなり，ウィスキーは家庭をはじめ，より多くの飲食店にも浸透していったのである。また高度経済成長に伴う新しいメディア媒体であるテレビの活用も大きかった。「トリスを飲んでハワイに行こう」などの様々な CM コピーが発信され，酒屋などの小売り流通店においても，居酒屋においてもウィスキーそのものが日本酒やビールと肩を並べる定番商品になっていったのである。

トリスバー1号店の様子（1950年東京池袋）
サントリーウェブサイト，ウィスキーミュージアム「ジャパニーズウィスキー物語」より。
https://www.suntory.co.jp/whisky/museum/mizukaoru/water_story1.html
2022.3.27. 閲覧。

図表8−2｜サントリーチェーンバー（トリスバー）数の推移

	東京	名古屋	大阪
1958 年	262	108	117
1959 年	284	＼	169
1960 年	290	209	263
1961 年	294	201	312
1962 年	295	190	330
1963 年	270	190	354
1965 年	344	217	232
1966 年	399	242	230
1968 年	650	＼	＼

出所：『サントリーの 70 年Ⅱ』より。

　もう１つプロモーションとして指摘しておかなければならない点は，バーや後にスナックにおいて定着した，日本独自のウィスキーの飲み方である。これはいわゆるメーカー側が仕掛けた提案型ビジネスとしての古典的な成功事例となっている。欧米人が主にスコッチをストレートで飲むのに対し，アルコール度数の低い醸造酒に慣れ，アルコール耐性が相対的に弱いとされる日本人へのソーダ割り，いわゆるハイボールの提供は画期的であった。

　ハイボールは，その後のジャパニーズウィスキーが注目されるようになった現在においても，ウィスキーの飲み方の定番となっている。スナックで定着した水割りも同様で，こうした日本特有の飲み方が浸透することで，販売と需要の促進に貢献したことは言うまでもなかろう。

　ウィスキーの品質向上も手伝って，大手メーカー側の新たな設備投資が生まれ，零細なメーカーは淘汰されていくことになった。久保［2011］によれば，こうした1960年代のメーカー側の対応こそが，日本におけるウィスキーの「産業化」を形成していくことにつながったとしており，高度経済成長期にウィスキーの製造・消費のサイクルに拍車をかけることになった。寿屋は1960年代後半には数量で国内シェアの過半数を占め，ニッカも２割ほどのシェアに達し，反面輸入ウィスキーのシェアは2−3％にすぎなかった。サントリー，ニッカ（現アサヒグループＨ傘下）の現在の２強体制は，この頃確立されている。

　1970年代以降，ウィスキーが「産業化」し，国産ウィスキーが市場を席捲するようになったのには，さらに他の輸入代替産業と同じように関税効果を挙げておかなければならない。勃興期（高度経済成長期）における企業側の対応以外に，日本においてウィスキーが産業として成功した理由として，谷光［1996］は，技術の受容，企業家精神，モノづくり精神などの存在があったことを指摘している。ただし，ウィスキーに限らず，1つの移植された新産業が国産化（輸入代替）するには，政府と業界による産業保護につながる税体系と保護関税の存在を抜きにしては語れない[3]。

　高度経済成長期とそれ以降も税体系が保護関税として機能し，国産ウィスキーの市場支配を支えたことは否定できない。このことは酒類の貿易自由化が進んだ1960年代半ばに，早くも『日本醸造協會雜誌』に掲載された穂積［1965］論文で指摘されており，政府は従来の従価税課税方式から従量税課税方式に関税率表を改定し，これが保護関税になっていた。また国内酒税も高級酒類に高率の従価税が課せられ，輸入ウィスキーには二重の課税負担となり，ますます国産ウィスキーとの価格差が開くことになっていった。

　高度経済成長期以後，こうしたウィスキーをめぐる保護関税による内外価格差は，やがてEU側による撤廃要求につながっていくことになり，1996年にWTO（世界貿易機関）勧告を受け，2002年には関税が撤廃されることになった。現行において輸入ウィスキーの関税はゼロになっており，内外価格差は解消している。EU，とりわけスコッチウィスキーを主要輸出品とするイギリスの利害が反映された結果となっている。この頃から円高の定着もあって輸入ウィスキーの価格は低下傾向にあり，多くの酒の量販店も小売流通に加わり，スコッチウィスキーは1960〜70年代に比較すれば，大きく値を下げることになり，もはや1,000円を切るブランドも珍しくなくなった。日本はスコッチウィスキーを世界で最も安く購入できる国の1つになったのである。

　こうした長期にわたる保護関税の存在とともに，他方で関税撤廃を目指した動きと輸入ウィスキーの価格破壊に対して，スコッチタイプのウィスキーを製造する国内メーカー勢はむしろスコッチに代替するほどの，あるいは凌駕するほどの品質志向のモチベーションを強めたと考えられる。今や海外旅行先の免

税店でスコッチウィスキーに群がる日本人観光客を見る機会はほとんどなくなったのである。

2── ジャパニーズウィスキー世界市場へ進出

　2020年8月，香港の英競売会社ボナムズのオークションで，サントリーのウィスキー「山崎55」が620万香港ドル（約8,515万円）で落札された。この驚くべき金額は，ウィスキー愛好家たちの格好の話題となった。なぜならば，わずか2カ月ほど前にサントリーは限定100本で，1960年代の山崎原酒を厳選ブレンドした「山崎55」を国内の消費者に抽選で販売していたからである。この時の小売販売価格は330万円だった。

　オークションでは販売価格の約26倍の値が付いたことも驚きだったが，そもそも販売時点で300万円を超える値段で数カ月後のオークションでこの値がついたことは，ウィスキーの歴史においてもかなり特異なことだった。ワインなど他の酒類においてもそうだが，オークションで高値が付くのは古い製造年，特定の製造年であって，原酒そのものが古いとはいえ，当初から高額で販売された直後，高値がつくのは，逆説的に言えば，日本のウィスキーの歴史が，欧米に比べれば100年にも満たないまま，世界的評価を得るとともにブームとなっていたからである。

　「山崎55」を落札したのは中国人投資家で，この日本のウィスキーの最高落札価格の前にも日本のウィスキーをめぐって，海外のオークションで落札価格の記録更新が相次いでいた。「山崎50」がサザビーズで約3,200万円，また地ウィスキー製造のベンチャーウィスキーが製造した「イチローズモルト」（1985－2014年製造54本セット）は，約1億円で落札されていた[4]。

　近年の高額落札者の多くは中国人投資家で，ジャパニーズウィスキーに対する国際評価の高まりが，絵画，お茶から茅台酒（マオタイ酒）に至るまで投資対象としてきた中国人投資家たちの参入によって，さらに値が吊り上げられたことは否めない。そもそも日本のウィスキーがジャパニーズウィスキーへと呼称が変わり，評価が高まる契機となったのは数多くの国際コンペでの受賞であ

る。それに伴って国内でもウィスキーが見直されるようになったのである。

　日本のウィスキーの国際的な受賞を時系列的にまとめたものが図表8－3である。2000年代に入り，日本のウィスキーが受賞を重ねた後，国際的なコン

年	図表8－3　ジャパニーズウィスキーの国際的な受賞例（2010年以降）	
	WWA	ISC
2010	World Best Single Malt Whisky「山崎1984」，World Best Blended Whisky サントリー「響21年」，World Best Blended Malt Whisky ニッカ「竹鶴21年」	最高賞「山崎1984」
2011	World Best Blended Malt Whisky「響21年」「竹鶴21年」	金賞「竹鶴21年」
2012	World Best Blended Malt Whisky「竹鶴17年」World Best Single Malt Whisky「山崎25年」	トロフィー，サントリー「白州25年」「山崎18年」
2013	World Best Blended Malt Whisky「響21年」，本坊酒造「マルス・モルテージ3プラス25 28年」	トロフィー「響21年」
2014	World Best Blended Malt Whisky「竹鶴17年」	トロフィー「響21年」
2015	World Best Blended Malt Whisky「竹鶴17年」	トロフィー「響21年」「ニッカ フロム・ザ・バレル」
2016	World Best Blended Whisky「響21年」World Best Grain Whisky キリン，シングル・グレーン・ウイスキー AGED 25 YEARS SMALL BATCH	トロフィー「響21年」
2017	World Best Blended Whisky「響21年」，World Best Grain Whisky シングル・グレーン・ウイスキー AGED 25 YEARS SMALL BATCH World Best Single Cask Single Malt　イチローズモルト「秩父ウィスキー祭」	トロフィー，最高賞「響21年」「ニッカ カフェモルト」
2018	World Best Single Malt Whisky「白州25年」，World Best Blended Whisky「竹鶴17年」，World Best Blended Whiskey Limited Release「イチローズ　Malt & Grain Limited Edition」	トロフィー「ニッカ カフェウォッカ」
2019	World Best Grain Whisky シングル・グレーン・ウイスキー AGED 25 YEARS SMALL BATCH	ダブルゴールド受賞　「竹鶴25，21年」「響21年」，キリン「富士御殿場蒸留所シングルモルト17年」
2020	World Best Blended Whiskey Limited Release「イチローズ　Malt & Grain Limited Edition」	Japanese Whisky 部門　松井酒造「山陰」「倉吉」など
2021	World Best Blended Whiskey Limited Release「イチローズ　Malt & Grain Limited Edition」	

（注）一部省略した。
出所：WWA，ISC（インターナショナル・スピリッツ・チャレンジ）および各社開示情報より作成。

ペ自体も開催回数が増え，さらに 2010 年代の受賞ラッシュを迎えると，ジャ
パニーズウィスキーの需要が一挙に高まることになった。ただし，そこに至る
道筋は決して順風満帆と言えるものではなかった。

　日本のウィスキー産業が高度経済成長期に軌道に乗り，需要が拡大していっ
たことは既に述べたが，それも 1983 年に生産・消費のピークを迎えると長期
の低迷期に入ってしまった。低迷の原因は消費世代の交代に伴う嗜好の変化で
あった。新しい若年層世代にとって，ウィスキーは高度経済成長期が生み出し
た前の世代，「おじさん世代のお酒」であって，女性消費者の拡大とともに新
しい世代のワインやサワーなどへのシフトが顕著になっていた。

　バブルがはじけた 1990 年代以降，酎ハイブームが起き，居酒屋でもビール
ではなく，酎ハイ，サワーを注文する若年層の姿が目立つようになり，もはや，
一世代前の「とりあえずビール」という注文の仕方も減り，ウィスキー業界だ
けでなく，ビール業界も危機感を共有していた。ビールの場合，他の酒類より
も税率が高く，およそ小売価格 (350ml) の 3 分の 1 を占めて酒類の中でも相
対的な高価格感は否めなかった。

　バブル後の消費者のビール離れは，突き詰めれば Price の問題に集約されて
いた。ビール業界はこの問題を解決するために，Product に変更を加えたので
ある。麦芽の配合率を減らした「発泡酒」を 1990 年代前半に投入し，その後，
「第 3 のビール」の登場によって，「発泡酒」の品質は向上し消費は伸びていく
ことになった。また，この間にウィスキーメーカーであるサントリーが「発泡
酒」を発売し，後にビールにおいても大手 3 社 (キリン，アサヒ，サッポロ) の
牙城を崩すほどの躍進を遂げていくことになる[5]。

　こうした酒税と関係した価格要因と酒類の嗜好の変化による影響は，ウィス
キー業界において顕著に現れていた。国内のウィスキー消費量は 1983 年に 38
万リットルでピークに達すると減少傾向をたどり，2008 年にはピーク時の約 5
分の 1 にまで減ったのである。この減少傾向に歯止めをかけることになったの
は，1 つには関税の撤廃による価格下落であった。

　ただし，関税撤廃はイギリスをはじめとする EU 側の要求によって，1996
年に WTO によって勧告が行われ，ウィスキーに対して関税が撤廃されたのは

2002 年であったが，2008 年まで消費は下降気味だった。量販店も各地に増え
つつあったが，価格と流通ルートの拡大はすぐに消費増には結び付いていなか
った。

　国際的な評価において，最も有名なウィスキーマガジン主催によるワールド
ウィスキーアワード（WWA）の総合 1 位をニッカの「シングルカスク余市 10
年」が，2 位をサントリーの「響 21 年」がダブル受賞したのが 2001 年のこと
であった。その後も日本のウィスキーは国際的なコンペで受賞を重ねていく
が，受賞ラッシュを迎えるのは先の表に見られるように 2010 年代に入ってか
らのことである。

　ウィスキーの価格低下と焼酎に対する税率引き上げの影響によって，酎ハイ
やサワーブームに次ぐハイボールブームが訪れることになり，2009 年以降消
費が上向いていくことになる。奇しくも高度経済成長期のハイボールブームが
再燃した格好となった。この再燃はウィスキーを購買する幅広い世代に浸透し
ていくことになった。サントリーなどのメーカー側の提案型販促が功を奏した
ことに加えて，品質の向上した，かつてのボリュームゾーンと新ボリューム
ゾーンのウィスキーブランドが加わったことで，購買層の選択肢も広がったの
である。

　旧ボリュームゾーンは最低価格帯のトリスに代表されるが，新ボリューム
ゾーンには安価なスコッチが加わったことである。代表的なブランドはかつて
密輸までされた「ホワイトホース」，さらに同じくスコッチの「ティーチャー
ズ」，米国のバーボンウィスキー，「ジム・ビーム」などであろう。これらは量
販店だけでなく，スーパーやコンビニでもおなじみのブランドとなっている。

　「ホワイトホース」の場合，2009 年 4 月，麒麟麦酒と世界一の酒造会社ディ
アジオ（英）との間で合弁企業キリン・ディアジオが設立され，ディアジオ傘
下の「ギネスビール」「ジョニーウォーカー」「ホワイトホース」「I.W. ハーパー」
などのブランドが，キリンの流通ネットワーク下に置かれたことが大きく，も
ともと人気のあった「ホワイトホース」や「ジョニーウォーカー」などが店頭
でさらに大きな位置を占めるようになった。

　サントリーの場合は，より戦略的なクロスボーダー M&A によってボリュー

ムゾーンとなる輸入ウィスキーのブランドを絞り込んできた。2014 年に米国のビーム社を買収し，以後，代表的なブランドである「ジム・ビーム」，続いてビーム社傘下のスコッチの「ティーチャーズ」がそうしたボリュームゾーンの製品となった。これらブランドに対してハイボールという飲み方を続けて強調していったわけだが，麒麟麦酒が扱う「ホワイトホース」と同じく，1,000円を切る小売価格も消費者に大きなインパクトを与え，小売店においてこれらのブランドが店頭の大きな部分を占めるようになったのである。

　「ティーチャーズ」の場合，ニッカの「ブラックニッカ」やサントリーの「トリスクラシック」とさほど値段に違いがなく，多くのスコッチは 1,000 円前後にまでなっている。かつてウィスキーのラグジュアリブランドと思われていた「ジョニーウォーカー」についても黒ラベルが 2,000 円代前半，赤ラベルが1,000 円代前半（2022 年時点）という状況にまでなっており，もし高度経済成長期のサラリーマンが，この状況を見たならば，驚天動地の大騒ぎとなったかもしれないだろう。

3 ── 日本におけるウィスキー産業の歴史と世界市場

　日本国内におけるウィスキーの消費構造は大きく変化し，スコッチを中心とした価格の変動，すなわち低価格化を主な背景として，国内メーカーによって，これらかつての高価格帯と考えられていた輸入ウィスキーを組み入れたボリュームゾーンのブランドが新たに形成されることになった。そして，これと並んで重要な変化が，ボリュームゾーンとは別の高価格帯に属す大手メーカーと地方メーカーによるジャパニーズウィスキーの出現である。

　これには，サントリーの「響」「山崎」「白州」「知多」，ニッカの「竹鶴」などに加えて，地方からはベンチャーウィスキーの「イチローズモルト」（埼玉県秩父市），本坊酒造（鹿児島）の「マルス」（信州マルス蒸留所），松井酒造（鳥取）の「マツイ」，若鶴酒造の「三郎丸ゼロ」など，いわゆるクラフトウィスキーも含まれる。しかもベンチャーウィスキーや若鶴酒造などの日の浅い新規参入組や老舗酒造によるウィスキー参入組も目立つ。

　これら以外にも中価格帯以下に位置するクラフトウィスキーメーカーは，近年増加しており，これも2010年代のジャパニーズウィスキーの国際賞受賞ラッシュにより喚起された感がある。クラフトウィスキーの受賞も次々と伝わることで，国内では原酒不足が手伝って，製造が一時的に停止し，いくつかの銘柄では価格が高騰する事態にまでなった。

　日本のウィスキーに対する人気は，2010年代初頭から2020年までに輸出額が約10倍近くにまで伸び，財務省貿易統計では2020年の輸出額は271億円に達し，前年まで輸出額トップの日本酒を抜き，遂に酒類輸出のトップになっていることに示されている。コロナ禍においても前年増を達成しており，こうした輸出増の背景には単にジャパニーズウィスキー人気だけでなく，世界的なウィスキー人気の高まりがあり，スコッチの本場イギリスも輸出を伸ばしている。イギリスでもクラフトウィスキー会社の立ち上げが増えているのである。

　現在の世界5大ウィスキーとは，スコッチを筆頭としてアイリッシュ，カナディアン，米国のバーボンウィスキー，そして日本のウィスキーのことを指す。それぞれ製法や原料が異なるし，同じスコッチでも一般的に流通量が多いブレンデッドウィスキーから1つの蒸留所で製造されたシングルモルトウィスキーまでその種類は幅広い。

　そもそもいつから日本のウィスキーは世界の5大ウィスキーに入っていたのだろうか。1929年に本格的な国産ウィスキー（サントリーの白札）が発売されてから100年に満たず，他の4大ウィスキーに比べて歴史的に浅いために，こうした疑問が湧いてくるのは至極当然かもしれない。しかし，元々5大ウィスキー国は言説であって，日本国内で生まれたものが，数々の国際賞受賞を経て先発国のグループとして認められるようになったのが真実に近いようである。

　ウィスキー文化研究所代表の土屋守氏によれば，1970年代から1980年代には，5大ウィスキーという呼称が既に使われていたとされ，サントリーをはじめ早くも1960年代に輸出をスタートさせていた業界側の自称であったようだとしている[6]。それがいつのまにか，世界4大ウィスキーに肩を並べる存在となったわけだから，業界の自称は1つの目標設定として意義が大きかったことを認める必要があろう。

　既に述べたように，日本でウィスキー産業が定着したのには，イギリスへの
ウィスキー留学を経てサントリーでのウィスキー開発に携わり，ニッカウキス
キーの創業者となった竹鶴政孝やサントリーの創業者鳥井信治郎の「やってみ
なはれ」精神に示されるように，モノづくりと起業家精神の存在が大きかった
ことを真っ先に挙げることができよう。

　このあたりのビジネスストーリーは広くドラマや小説の題材にもなってい
る。NHK の連続ドラマ「マッサン」(2014 ～ 2015 年放送) は，こうしたドラマ
性のある竹鶴政孝とスコットランド出身で，妻のリタをモデルとし，当時とし
ては先駆的な国際結婚をストーリーの中軸にしていた。

　ウィスキー産業の黎明期に，より近いビール業界が参入してもよさそうなも
のであったが，実際に参入し事業を継続したのは寿屋（現サントリー）と大日
本果実（後のニッカウキスキー）だけだった。第１次大戦後の日本では，西欧発
祥の飲食品が一般流通するようになっていくが，その代表が第４章と第５章で
紹介したパンであり，ウィスキーもその１つであった。ただし，ウィスキーの
場合は依然として日本人にとってはなじみのない未知のアルコールであった。
国内市場で認知されていた西欧由来のアルコールは，基本的にビールとワイン
のみだったのである。

　寿屋はウィスキーではなく，ワイン製造と販売で商機をつかみ，「赤玉ポー
トワイン」（「現赤玉スィートワイン」）は既にヒット商品になっていた。ブドウ
酒という呼称の方が普通に使用されていた時期にあえてワインという商品名に

スコットランド留学中の竹鶴政孝（1918 年頃）　　　正孝とリタ夫妻
ニッカウキスキーサイト，ニッカウキスキーストーリーより。
https://www.nikka.com/story/　2022.3.27. 閲覧。

したこと，有名な女性のセミヌードのポスターなどを用いたことは，高度経済成長以降に発揮されたサントリーの卓越した宣伝広報の原型と言えるものであった。戦前の寿屋広告媒体は基本的にはチラシ・ネオン・ポスター・POPによって成り立っていた[7]。

　もう1つの成功要因はProductの現地化である。国内市場の消費者の嗜好に合わせてワインを甘口にしたことである。現在の「赤玉スィートワイン」はこれを踏襲しており，単なるワインの甘口ではなく，砂糖を加えた甘さだった。現在のワインのような味は，当時の消費者にとっては一般的ではなかったのである。

　ウィスキーの熟成には当時，少なくとも6〜7年前後を要したため，それが商品として販売されるまで，つなぎとなる商品や事業がなければ参入は困難であった。寿屋は既にワインの製造販売で事業基盤を築いており，ニッカの場合も先行した果実ジュースの製造販売があったからこそ，ウィスキーへの参入が可能であった。他方で当時のビール業界にも参入の機会があったわけだが，大日本麦酒や麒麟麦酒などはまったく目を向けようとしなかった。技術的な問題もあったろうが，当時国内でウィスキーが消費者に歓迎されるとは思っていなかったというのが本当のところであろう。

　パイオニアである寿屋の場合も，ウィスキー製造については，内部だけでなく当時の関西財界の要人たちも反対し，鳥居信次郎は窮地に立たされた。同社社史によれば，反対理由として，熟成期間が必要であることに加えて，消費者だけでなく，社内においてもウィスキーには馴染みがなく，良質の製品ができたとしても売れる地盤がなかったからという記述がある。つまりウィスキーへの参入は鳥居がすべての反対を押し切って決定したことだった[8]。

　ウィスキーが商品として日の目を見るのに時間がかかるため，鳥居はカレー，紅茶，ソース，シロップなど製品レンジを広げており，1929年には「オラガビール」（当時の田中義一首相の愛称だった「おらが大将」を製品名に採用）の販売も開始した。戦後ではなく，戦前に寿屋は一時的にビール業界にも参入していたのである。前年に「カスケードビール」で知られた日英醸造（横浜）を買収していたのだが，大日本麦酒や麒麟麦酒などの寡占包囲網によって，この

ビール業界への参入は，工場を大日本麦酒に売却し5年の短命で終わった[9]。

　話をウィスキーに戻すなら，寿屋が売り出した日本最初のウィスキー「白札」の売れ行きと消費者への浸透は芳しいものではなかった。かなり時間を経て1937年頃からウィスキーは消費者に浸透し経営的に安定していくことになったが，これはスコッチの輸入制限が設けられたことと，軍需（特に海軍）の存在があったことも大きかった[10]。戦後のウィスキー販売はアルコールに欠乏した消費者の飢餓的需要に助けられた側面もあり，本格的な浸透は，サントリーのビールへの再参入同様，高度経済成長以後を待たなければならなかった。

　さらに草創期のパイオニアたちの存在に加えて，戦後，高度経済成長期以後のメーカー側の優れたマーケティング戦略もウィスキー定着の要因として加え

国産ウィスキー第1号「白札」

竣工当時の山崎蒸留所　1923年頃　　　ウィスキーの瓶詰作業（寿屋，戦前）

写真3点とも『サントリーの70年Ⅱ』より。

なければならないが，それでも日本のウィスキーがグローバル市場で脚光を浴びるまでには，国内低迷期もはさんで，かなりの時間を要していたことも既に見た通りである。裏を返せば世界のウィスキー業界は，スコッチを中心とした4大ウィスキーの時代が長く続いていたということである。

　日本のウィスキーは戦前も含めて早くから輸出の試みがなされており，需要は限られていたようだが，寿屋は禁酒法が廃止された後の1934年に早くもアメリカへの輸出を試み，中国大陸や南方（東南アジア）へも輸出していた。戦後の1960年代以降に本格的に輸出をスタートさせ，1960年代末までに寿屋（サントリー）は約60カ国に輸出していたにもかかわらず，世界市場でのプレゼンスや認知度は現在ほど高くなかった。ニッカも1960年代からアメリカやフィリピンに輸出していたが，ヨーロッパへの本格的な販売は遅く，2006年にフランスの酒類商社メゾン・ド・ウィスキーと提携し，ヨーロッパ全域とその周辺で販売をスタートさせている。2013年にはオーストラリアでも販売を開始するようになった[11]。

　サントリーもニッカも，共に輸出の試みは早かったものの，欧米市場で現在のような評判になるほどではなかった。国際賞が設立されるようになり，世界的なウィスキーブーム，ジャパニーズウィスキーブームによって，2000年代後半以降に世界市場から引き合いがくるようになったのであって，それまでは典型的な内需依存型産業であったことに変わりはなかった。ここまでのケースは，前の章で取り上げたパンやチョコレートと似ていると言えよう。

4── スコッチの統合史から新規参入メーカーの台頭まで

　国内市場ではスコッチなどの関税が撤廃され，日本の大手メーカーによる買収や輸入によってボリュームゾーンのスコッチブランドが形成されたため，もはや「ジョニーウォーカー」をラグジュアリブランドと見なす日本の消費者はほとんどいないかもしれない。しかも，これらのスコッチは元々イギリス本国では大衆的な酒に属していたのである。スコッチ自体の歴史は15世紀末頃まで遡ることができるが，本格的にブレンデッドウィスキーなどが製造販売され

るようになったのは 19 世紀第 3 四半期以降のことである（ウィスキー略史については，第 9 章図表 9 - 2 参照）。

　大英帝国全体を含むウィスキー普及の契機は，害虫によるフランスのブドウ被害によりワイン生産，およびワインを蒸留したブランデーの生産が一時停止したことである。この後，1877 年にウィスキーメーカー大手 6 社が合同し DCL 社を設立し，スコッチの輸出を推し進めていったのである。そして，この DCL 社こそ，その後の買収・合併を経て現在，世界最大の酒造メーカーとなっているディアジオなのである。

　スコッチが本格的に世界市場に浸透するようになったのは，バウアー（Bower［2016］）によれば，20 世紀全体を通じてのことであり，20 世紀以前にはスコッチウィスキーは産業として，在庫循環をコントロールすることができず，過剰生産にも悩まされていた。1980 年代以降，業界の組織化と大規模な統合・合併が進展したことで，ディアジオやペルノ・リカールなどが多国籍企業として事業展開を加速していくことになる。

　スコッチはイギリスにとって現在も重要な外貨獲得商品の 1 つで，2010 年代を通じた世界的なウィスキーブームによって，2010 年代末までには日本円に換算して 7,000 億円を超える輸出額になっている。これは日本における 2020 年の輸出額の 26 倍以上である。そして世界のウィスキー市場の 6 割はスコッチだといわれているように，ジャパニーズウィスキーが 5 大ウィスキー入りしたといっても，依然としてスコッチとの間には大きな差があるのは確かである。2020 年時点で醸造所だけでもスコットランドには約 130 もあり，日本でも増設されているとはいえ，そのわずか 1 割の 13 ほどにすぎない。

　誤解があるといけないが，5 大ウィスキーとはあくまでもウィスキーの生産主要国であり，主要国を除く後発国における参入も相次いでいることを忘れるべきではなかろう。シングルモルトウィスキーやカスタムウィスキーのブームは，新興諸国にも浸透しているからである。実際 WWA をはじめとする国際的な受賞国には，南アフリカ，オーストラリア，ドイツなどとともに台湾も近年，受賞国に名を連ねている。台湾カバラン蒸留所の「カバラン」は，2020 年の WWA ワールド・プロデューサー・オブ・ザ・イヤーに輝いている。

　温暖な気候の台湾でなぜ？　という疑問が出るかもしれない。カバラン蒸留所は2005年に建てられ、ソフト飲料製造の大手として知られるキングカーグループ（金車集団）の傘下にある。2002年の台湾のWTO加盟を契機にキングカーは酒類製造への参入を計画し、あえて競争の厳しいビール業界ではなく、台湾初のウィスキー製造に乗り出した。北東に位置し水脈と山地特有の気候に恵まれた宜蘭（ギーラン）に蒸留所を設置し、2009年以降ここで製造されたシングルモルトウィスキーは、数多くの国際賞で受賞を重ねていくことになる。

　キングカーの2代目の経営者アルバート・リー総経理は、創業者の父によって成長したソフトドリンク製造販売から、さらに多角化戦略の一環としてウィスキー製造に乗り出した[12]。「カバラン」（KAVALAN）は台湾の少数民族名で、短期的に成功を収めた鍵は、1つの蒸留所で大麦を原料とした個性の強いシングルモルト製造に絞り込んだことにあった。さらに樽熟成においては気候が温暖という環境を逆手にとって、樽熟成の期間を短縮することができたことを指摘できよう。

　シングルモルト以外にとうもろこしや小麦など大麦以外を原料としたグレーンウィスキーは、モルトとは異なり、まろやかなテイストが一般的で、通常数種類のモルトにグレーンをブレンドしたウィスキーがブレンデッドウィスキーである。一般に流通しているウィスキーの大半はスコッチを含めこのタイプである。言うまでもなくシングルモルトの方はブレンデッドより希少性が高く、香りとテイストにおけるその個性の強さから値段が必然的に高くなる。

　世界のウィスキー人気はこのシングルモルトにけん引されており、従って一般流通しているシングルモルトの多くは、その希少性から自社のブレンデッドウィスキーより高い価格帯に入ることになる。カバランのプロダクトに関する選択は、まさに世界的なシングルモルト人気を意識した優れた市場戦略だったのである。国際的な受賞によって付加価値を高めたカバランのシングルモルトを通じて、比較的量産可能なカバランのブレンデッドウィスキーの付加価値も高めることになったからである。

　いわゆるカスタムウィスキーを製造する新興企業や新規参入組が増えたのは、シングルモルト需要が背景にあり、日本の場合も例外ではない。先に紹介

した秩父に蒸留所を持つベンチャーウィスキーはその典型的な事例であった。新規参入を阻む壁は，自社の熟成させた原酒を持っていないと，そもそもオリジナルのモルトウィスキーを製造できないことである。

　蒸留所を完成させたとして，状況にもよるが，最低でも3年から6年の熟成期間が必要である。本坊酒造（鹿児島）や松井酒造（鳥取）にしても元々日本酒を製造していたために，蒸留所完成から熟成期間を経てウィスキーを市場に出すまで売上がないわけではなかった。そのため新規投資を伴う関連多角化として，ウィスキー製造に専念できるという事情があった。カバランの場合も同様で，企業として規模が大きいなら新規立ち上げで優位にあるが，中小の酒造メーカーにも新規参入の機会があることは言うまでもない。

　ベンチャーウィスキーの場合も，創業者の肥土伊知郎の父が経営し，民事再生によって破たんした東亜酒造の羽生蒸留所にあった大量のウィスキー原酒を活かして，ベンチャーウィスキーを設立すると同時に，自らの名前をつけた「イチローズモルト」を市場に出したのである。このように日本国内，海外においてシングルモルトや高級ブレンデッドウィスキーを中心としたウィスキーブームと需要の拡大は，数多くのクラフトウィスキーにまつわる興味深いビジネスストーリーを生み出してきた。

　こうした世界的なブームを背景にして，台湾だけでなく，もっと多くの国でウィスキーが製造されてもおかしくはないのだが，国際賞においても5大ウィスキー以外の国々は限られており，まるで他の国々には国産ウィスキーが存在していないかのようである。しかし，日本のウィスキーも他の4大ウィスキーに比較すれば，歴史が浅く，むしろ国際舞台に登場するのは非常に遅かったのである。それまではスコットランドやイギリスだけでなく，欧米人の多くは日本がウィスキーを作っていることさえ知らなかったのである。

　今ではジャパニーズウィスキーブームによって，国際コンペ向けに出品された「響」「白州」「山崎」「竹鶴」などの銘柄を一般流通店で見かけることはほとんどなく，これらには高額なオークション価格が設定されている。一般向けに流通している銘柄は，サントリーを例とするならば，ジャパニーズウィスキーを継承した「知多」のような新しい高級銘柄なのである。

　高度成長期以降の日本のウィスキーは，しばらくの間，国産とスコッチは別物という明確な線引きが存在し，ウィスキーそのものがダブルスタンダードの状態だった。関税保護と国内消費者向けの価格設定によって，事実上，内需向けの製品のみでウィスキー産業は成立しており，それらのボリュームゾーンがサントリーの「トリス」から「オールド」「リザーブ」に至るまでの，もしくはニッカの「ハイニッカ」「ブラックニッカ」「スーパーニッカ」などのラインナップであった。これらに対してスコッチが高級ブランドとして存在していたが，双方の小売価格が接近することで，「ジョニーウォーカー」黒ラベルのブランド価値が下がり，贈答用需要も減らしたようである。

　このように税体系を背景とした低価格（Price），どこで消費されるか（Place）（家庭，バー，レストラン，居酒屋など），どのように販売されているか（Promote）（サントリーなどの卓越した PR 戦略），の 3P が日本のウィスキーという Product を育て上げてきた。そして，これらにもう 1 つの，その国の酒類に対する嗜好（購買される主要な酒の種類）である Preference を加えることで Product の特徴そのものが決定的になると思われる。いわば市場の特性と構造によって内需向けの Product が形成されるのであって，それらの「商品特性」は，次章で見るように，必ずしもグローバル市場での「標準品」と一致するとは限らないのである。

【注】
1 ）　ニッカという社名は前身の大日本果汁株式会社の略称「日果（にっか）」に由来する。
2 ）　小玉 ［2012］p.228。なおサントリーは，トリスバーに続いて 1970 年代にはオールドバーも展開していった。
3 ）　谷光 ［1996］によれば，高度経済成長期以降ウィスキー需要が伸びたのは，日本酒の品質悪化による消費離れも関係があったとしている。その後，日本酒は地方の蔵元を中心にして品質向上が図られ，今日に至る大吟醸ブームなどの高品質・高価格帯製品を看板に復活を遂げていくことになる。
4 ）　ちなみに 2021 年 5 月現在におけるウィスキーのオークション世界記録は，2018 年に英国で 120 万ドル（約 1 億 7,000 万円）の値が付いたスコッチのマッカラン 60 年物である。
5 ）　サントリーが 1963 年にビール事業に参入し，撤退せず 46 年間赤字だった話は有名

である。これにはサントリー自体が非上場で同族企業であったために，株主圧力を
受けにくかったことも関係していたと思われる。プロダクト・ポートフォリオ・マ
ネジメント（以下PPM）で位置づけるならば，究極の「問題児」に相当する事業
だったと言えるかもしれない。

6 ）土屋守「ウィスキー文化研究所代表日本が世界5大ウィスキーに入った衝撃的理
　　由　はじまりは「自称」だった可能性が非常に高い」『東洋経済』オンライン，
　　2021.4.1.　https://toyokeizai.net/articles/-/419858　2021.5.10. 閲覧。
7 ）サントリー株式会社［1969b］pp.108-109。
8 ）サントリー株式会社［1969a］pp.98-99。
9 ）同上，pp.165-166。
10）同上 p.106。ニッカウヰスキー株式会社［2015］pp.18-19。
11）同上 p.140。ニッカウヰスキー株式会社［2015］p.116。
12）「台湾ウィスキー「KAVALAN」#2, 後発組にこそある強み」『日経ビジネス』
　　2019.8.23.（武田安恵）オンライン　https://business.nikkei.com/article/person/20
　　130415/246629/　2021.5.10. 閲覧。

第9章

ウィスキーの王国を目指して
―新興国市場における市場戦略―

1 ── グローバル市場と隠れたローカルウィスキー

　Preference（嗜好）を加えた5Pのマーケティングミックス分析は，酒類，ウィスキーに対して国ごと，市場ごとに有効な指針を与えるツールであると思われる。それを典型的に示しているのが，これまで見てきた日本の事例である。かつての日本の国産ウィスキーとスコッチの間に存在した価格と品質の壁は取り払われたように見えるが，国内市場では，スコッチをも含む低価格帯・ボリュームゾーンのウィスキーと高価格帯のジャパニーズウィスキーやシングルモルトなどの新たなダブルスタンダードに置き換わったにすぎない。

　戒律の厳しいイスラム圏などを除けば，その「商品特性」から国ごとに酒類の嗜好が異なっており，同じ国内でも年代や性別などで異なる場合も多い。それらがメーカー側の対応も含めた5Pを通じて変化する可能性があり，その変化にまたメーカー側が対応するということが繰り返されることになる。

　ウィスキーの製造と消費において周辺国に位置する国や地域においても，例えばアジア地域においてもローカルメーカーは存在している。台湾「カバラン」

の例では，高価格帯になることもあって，ウィスキーを嗜好する世代は若者よりも中高年層だということは明らかで，ウィスキーへの参入は将来的に消費が伸びることを見込んだキングカー（金車）側のニッチ＆ブルーオーシャン戦略であった。また同じく亜熱帯に位置するタイでは，TCC グループが伝統的に低価格帯のローカルウィスキーを製造してきた。

　韓国では焼酎が消費の中心であるが，ロッテグループやディアジオ，ペルノ・リカール（仏）の現地法人がウィスキーを製造している。またウィスキーの消費は，家庭などでの個人消費よりも伝統的にナイトクラブなどの接待の場が中心であった。近年においても消費は低迷しており，国産ウィスキーメーカーは発展途上の段階にある。他方で高級ウィスキーに対するブランド信奉はかつての日本を彷彿とさせる。

　韓国では高級スコッチがかつての日本のようにもてはやされ，韓国の中高年ツーリストたちが免税店でウィスキーを購入して嬉々として帰国していく姿は珍しいものではない。その理由は価格にある。関税とその他の諸税が以前から高く，以前より下がったとはいえ，ウィスキーの関税は従価税で20％，さらに諸税が加わる。課税は輸入申告価格のため，最終的に小売価格はかなり高くなるのである。例えば，「ジョニーウォーカー」黒ラベルは，韓国では日本の約2倍の小売価格となっている。

　韓国では，ブランド化している輸入ウィスキーは比較的好調であるが，輸入自由化を経て2000年代以降，国産ウィスキーの製造と販売は長らく低迷してきた。というのも国産ウィスキーは原酒製造・蒸留・熟成の一貫生産が行われず，原酒は専らスコットランドからの輸入に依存しているのが現状であるため，そもそも国際的コンペに出品し国産ウィスキーを国内外においてブランディングすることもできないからである。

　近年，外資系メーカーや新興メーカーのゴールデンブルーは，それまでのウィスキーよりも40度を切る低アルコールのウィスキー製造と販売にシフトを遂げており，ウィスキーの消費が持ち直す契機となった。ウィスキー業界は36.5度のウィスキーを中核製品として市場に投入しており，韓国の消費者には歓迎されているようである。

　ゴールデンブルー（主要銘柄も「ゴールデンブルー」）は，2009年に設立された
ばかりの釜山を拠点とする新興メーカーで，中国，東南アジア，近年ではアメ
リカにも製品を輸出している。国内では外資系に次ぐ市場シェアを獲得してい
るが，イギリスではアルコール度数40度以下をウィスキーと定義しておらず，
こうした国内スタンダードのみのウィスキーにおいてはグローバル市場へ進出
する展望は見えにくい。ゴールデンブルーは一貫生産を目指すことを発表して
はいるが，未だ実現していないのが現状である（2021年時点）。

　国産ウィスキーのアルコール度数をスコッチのような国際的な標準品より低
くしたことで，ここでもウィスキーのダブルスタンダード（「標準品」と「非標
準品」の併存）が形成されていることを確認できる。日本の場合もハイボール
や水割りを国内での標準的な飲み方にすることで，実質的にアルコール度数を
低くして普及した経緯がある。さらに『ハイニッカ』などのように，40度を
切るボリュームゾーンのウィスキーが国内市場拡大に貢献したことも事実であ
る[1]。

　このように事実上，内需向けブランドとスコッチなどの「標準品」（世界商
品）が併存したダブルスタンダードの国々は多く，内需向けブランドが「非標
準品」で原酒を輸入に依存するなどして「純国産品」ではないために，ウィス
キーを製造していないように見えるケースは少なくないのである。世界のウィ
スキー業界にとって潜在的で巨大な有望市場は中国である。そして，ここでも
韓国同様にディアジオなどがダブルスタンダード形成に大きな役割を果たしつ
つある。

　2019年にペルノ・リカールは四川省にモルト蒸留所を設置しており，同じ
く同年にディアジオは中国有数の白酒メーカーと合弁企業（Jiangsu Yanghe
Diageo Spirit Company）を設立し，ブレンデッドウィスキー「中仕忌（Zhong
Shi Ji）」を製造販売している。こうした外資を中心とした内需向けの製造販売
は加速していくものと思われるが，「中仕忌」に見られるように，アルコール
度数は40度で熟成工程に一部陶器を用いるなどオリジナリティの強いもので
あることをアピールしており，価格も日本円換算だと6,000円以上で高価格帯
に属している[2]。

　こうしたヨーロッパ外資によるブランド価値を前面に出した対中市場戦略には，既にウィスキーブームが中国で定着したものになっているという事情がある。スコッチやジャパニーズウィスキーの輸出先は欧米以外では中国が主な輸出先となっており，中国国内ではジャパニーズウィスキーのブームによって，ジャパニーズウィスキーを名乗る中国産ウィスキーが雨後の筍のように店頭に見られるようになった。消費市場としては，低価格帯のウィスキーがあふれているために，輸入ウィスキー以外に国産のウィスキーも外資を中心に，むしろ国際標準の高価格帯路線で明確な差別化を追求しているようである。これはウィスキー需要の大きくない韓国とは真逆の市場戦略であると言える。

　こうした大きな内需を支える国産ウィスキーは5大ウィスキーの陰に隠れて，グローバル市場では完全に見えないものになっている。世界中のウィスキーを銘柄別に出荷数からランク付けするとどのような結果になるだろうか？　これは同時にその銘柄の消費量とも重なってくる。その結果は大方の予想を覆すものとなっている。図表9－1がその結果である。

　1位から30位までの中にジャパニーズウィスキーは3銘柄しか入っていない。18位のサントリーの「角瓶」，23位の「ブラックニッカ」，30位の「トリス」である。スコッチは9銘柄だが，驚くべきことにインディアンが14銘柄，ベスト10位では7銘柄で上位を独占している状況である。インディアンとはインドのウィスキーのことであることは言うまでもない。世界一の売上を誇るのはインディアンウィスキーの「マクダウェルズ」（ディアジオ）なのである。

　売上銘柄ランキングでこれだけ圧倒的な存在感を示しながらも，インディアンウィスキーは5大ウィスキーどころか先進諸国の販売店で見かけることはほとんどなく，日本でも小売店で出会うようなことはない。これらインディアンは欧州などのウィスキーの定義・基準からはずれており，穀物以外に糖蜜を主原料としたスピリッツに該当する。原酒自体もスコッチを輸入しているケースが多く，このためインドは世界の主要なスコッチ輸入国の1つとなっており，輸入の多くはバルク輸入，すなわち原酒の輸入となっている。

　これらインディアンウィスキーは国際市場でウィスキーとして販売される機会が少なく，基本的には内需向けの地場ウィスキーでIMFL（Indian-made

順位	ウィスキー名	カテゴリー	オーナー企業	出荷数／ケース（万）
1	マクダウェルズ（ミスタードエル NO.1）	インディアン	ディアジオ /United Spirits	3,070
2	オフィサーズチョイス	インディアン	Allied Blenders & Distillers（ABD）	3,060
3	インペリアルブルー	インディアン	ペルノ・リカール	2,830
4	ロイヤルスタッグ	インディアン	ペルノ・リカール	2,200
5	ジョニーウォーカー	スコッチ	ディアジオ	1,840
6	ジャックダニエル	テネシー（米）	ブラウンフォーマン	1,340
7	オリジナルチョイス	インディアン	John Distilleries	1,270
8	ゴールデンオーク	インディアン	Himalayan Distillery	1,060
9	ジムビーム	バーボン（米）	ビームサントリー	1,040
10	ヘイワーズファイン	インディアン	ディアジオ /United Spirits	960
11	ジェムソン	アイリッシュ	ペルノ・リカール	810
12	クラウンローヤル	カナディアン	ディアジオ	790
13	バランタイン	スコッチ	ペルノ・リカール	770
14	ブレンダーズプライド	インディアン	ペルノ・リカール	640
15	バグパイパー	インディアン	ディアジオ /United Spirits	610
16	ロイヤルチャレンジ	インディアン	ディアジオ /United Spirits	550
17	オールドターバン	インディアン	ディアジオ /United Spirits	530
18	サントリー角瓶	ジャパニーズ	ビームサントリー	520
19	シーバスリーガル	スコッチ	ペルノ・リカール	440
20	ディレクターズスペシャル	インディアン	ディアジオ /United Spirits	420
21	グランツ	スコッチ	ウィリアムグラント＆サンズ	420
22	バンガロールモルト	インディアン	John Distilleries	420
23	ブラックニッカ　クリア	ジャパニーズ	アサヒビール	340
24	ウィリアム　ローソンズ	スコッチ	バカルディ	330
25	デュワーズ	スコッチ	バカルディ	300
26	J&B	スコッチ	ディアジオ	300
27	スターリング・リザーブ・プレミアム	インディアン	Allied Blenders & Distillers	280
28	ブラック＆ホワイト	スコッチ	ディアジオ	280
29	ラベル5	スコッチ	ラ・マルティーニケーズ	270
30	トリス	ジャパニーズ	ビームサントリー	260

図表 9 − 1 ｜ 世界のウィスキー売上ランキングトップ 30

（注）シングルモルトを除く。2019 年時点の年間データ。
出所：世界のウィスキー売上ランキング TOP30【2020 年版】Liquor Page, 2020.8.24.
　　　https://liquorpage.com/whiskey-world-sales-ranking-2020/3/　2021.8.1. 閲覧。
　　　（原データは Drinks International, The Spirit Ranking 2020.）

foreign liquor) と呼ばれている。ただし，後述するが一部ウィスキーブランド
の国際的評価も手伝って，国際的には主にオンラインで販売されている。各
メーカーによれば輸出も行っているというが，売上と消費の大半は国内市場
で，アルコール度数は 42 度を超えているものが多い。インドにおける IMFL
の市場シェアは 98 ％といわれている。IMFL を内需向けウィスキーと見るな
らば，間違いなくインドは世界一のウィスキー消費国である。

2── インドにおけるウィスキーの歴史と市場戦略

　かつてイギリスの植民地であったことからウィスキー製造の技術が早期に
移転され，消費が定着したように思われるかもしれないが，実際にインド人消
費者の間でウィスキーが定着したのは 1991 年の経済自由化以降である。全体
の消費量はビールと蒸留酒がほぼ半々，蒸留酒の大部分はウィスキーである。
WTO（世界保健機関）によれば，2005 年から 2016 年までに 1 人当たり消費量が
5.7 リットルと約 2 倍に伸びている。ただし，この消費量は世界平均以下である。
　ニューデリーやムンバイなどの街中のレストランではアルコールを提供しな
い店も多く，特にウィスキーの消費については見えない部分が多く，実態も詳
細に把握されているとは言えない。他方で蒸留酒製造の歴史は比較的長いが，
国産ウィスキーの製造自体は 1960 年代以降本格化していったために，日本の
第 1 次ウィスキー消費ブームのときに国産化がスタートしたことになる。以後
大衆消費をけん引してきたメーカーとして，第一に名前が挙がるのがユナイテ
ッド・スピリッツ（US）である。
　US の歴史は古く，植民地時代の 1826 年にアンガス・マクドネル・スコッ
トによってマクドウェル・アンド・カンパニーとして，マドラス（現チェンナ
イ）で創業しているので，サントリーより 70 年以上早かった。ただし当初は
リキュールや煙草を輸入する商社だった。ウィスキーを本格的に製造するよう
になったのは，独立後の 1951 年に国内ビール製造大手の UB グループに買収
されて以後のことである。1950 年代には輸入ブランデー原酒をボトル詰めす
るだけだったが，1959 年にケララに最初の蒸留所を設置している。

　ブランデーの自社ブランド発売後，US は 1968 年にロングセラーウィスキーとなる「マクダウェルズ（ミスタードエル No1）」を販売している。この頃からIMFL メーカーとして成長軌道に乗っていくことになった。以後新たに蒸留所を増やしながら，1987 年に南部内陸のバンガロールに拠点を移している。2000 年代に入ってからも複数の国内メーカーを買収し，2006 年にグループ会社を統合し現在の US に社名変更している。

　2010 年代にディアジオが US に出資を開始し，2013 年にディアジオの傘下に入ることになった。ディアジオの市場戦略は明確である。隠れた世界一のウィスキー消費大国であるインドにおいては，消費のボリュームゾーンにあるIMFL のトップメーカーを傘下に収めることが至上命題であったと言っても過言ではなかった。ディアジオが有するスコッチブランドは，どれもインドの一般的購買層にとっては高すぎるからである。

　インド市場においてディアジオは，高価格帯のブランド浸透を待ちつつ，消費需要の拡大部分の多くを占めるローカルブランドを取り込むことと，現地適応した製品開発が中国や韓国でも展開されていたように，現地市場に対応した優れたダブルスタンダード型の市場戦略を採用している。ただし，買収後，現地紙テレグラフによれば，「マクダウェルズ」や「ディレクターズスペシャル」のようなロングセラーブランドを除く約 30 のブランドについては，国内フランチャイズの活用や売却なども進め，よりプレミアムで国際市場において通じるローカルブランドの価値向上を目指しているとしている[3]。

　ディアジオの売上の 4 割はウィスキーである。スコッチが 23％，アメリカン，カナディアン 11％に対して IMFL は 5％を占めている（2020 年同社アニュアルレポート）。この 5％というのはディアジオの世界全体の売上高であることと，IMFL の価格水準の低さから数量ベースでのシェアはより高くなると思われる。ディアジオの 2010 年代後半の売上規模が日本円換算で約 3 兆円前後に上っており，これに対して US の 2021 年売上高は約 1,200 億円ほどだから，概ね IMFL の売上規模はこの額に近いと推計される。ニッカの売上規模の 3 倍近くあることになる。

　IMFL を製造ラインナップに加えたことに加えて，ディアジオは 1997 年の

経営統合以降，インドだけでなく，世界全体でのローカルブランド買収を推進
してきた。ウィスキー以外の蒸留酒メーカー買収だけでも，2000年にペルノ・
リカールと共同でシーグラム（カナダ）を買収，その後オランダのウォッカメー
カーであるケテルワン（50％出資），トルコ蒸留酒最大手のメイ・イチキ，ブラ
ジルのカシャサ（サトウキビ原料の蒸留酒）メーカーであるイピオカ，白酒の四
川水井坊への出資増，テキーラメーカー（カーサミーゴス）の買収などを挙げる
ことができる。またカーサミーゴスは俳優のジョージ・クルーニがオーナーだ
ったため，2017年の買収時には話題を集めた。

　ウィスキー以外の蒸留酒をブランドポートフォリオに加えているのは，進出
地域の地域的な嗜好や特性を備えた多様な需要に対応することと，輸出も念頭
においていることである。こうした蒸留酒はペルノ・リカールも戦略的ブランド
として位置付けている。例えばウォッカはロシアなどの需要が大きいし，テキー
ラは中南米，ジンもイギリスをはじめ世界で人気が高まっているからである。

　ペルノ・リカールはインドの経済自由化（1991年〜）後の1994年に現地法
人を設立し，ローカルブランド製品を開発し市場に投入してきた。2000年以
降市場で販売されるようになった「インペリアルブルー」も原酒はスコッチを
用いたブレンデッドウィスキーだが，「マクダウェルズ」，アライドブレンダー

左からユナイテッド・スピリッツの「ミスタードエル NO.1（旧マクダウェルズ），
ペルノ・リカールの「インペリアルブルー」，ABD の「オフィサーズチョイス」
ディアジオ・インド，ペルノ・リカール，ABD の各サイトより（参考文献参照）。
2022.3.29. 閲覧。

ズ＆ディスティラーズ（ABD）の「オフィサーズチョイス」と並んで人気が高い。

　ロングセラー商品と同様に，地場のウィスキーメーカーも比較的設立されてから日が浅い。例えば，大手ローカルメーカーでムンバイを拠点とする ABD は 1988 年に設立され，1990 年代以降「オフィサーズチョイス」ブランドを主軸にして売上を伸ばしてきた。同ブランドは長らく国内市場で売上トップを記録してきた。またゴアを拠点に南インドで事業展開をしているジョン・ディスティラーズは，1996 年に設立されている。

　こうしたインドの市場特性と競争環境を踏まえて，サントリーも後発的にインド市場への進出を果たしている。実はサントリーの場合，2014 年に 1 兆6,000 億円で買収したビーム（米）のインド拠点を活用しているのである。サントリーはビームの親会社フォーチュン・ブランズから買収後，サントリー酒類（現サントリースピリッツ）のウィスキーなどの蒸留酒類を新会社ビームサントリーに業務移管し，ここにディアジオ，ペルノ・リカールに次ぐ世界 3 番手の蒸留酒メーカーが誕生することになった。

　ビームのバーボンウィスキーの蒸留所は，1795 年までその起源をさかのぼることができるほど古く，ビーム家によって蒸留所が運営されており，1942年に発売された「ジムビーム」は世界のロングセラー商品となっている。いわばアメリカンウィスキーの歴史を象徴していたのがビーム社だった。「メーカーズマーク」「オールドクロウ」などのバーボン以外にもスコッチの「ボウモア」「ティーチャーズ」「ハイランドクリーム」などをはじめ，各国のウィスキーブランドから様々な蒸留酒ブランドも擁している。

　ビームサントリーは，先発大手 2 社と同じように現地製造・ブレンドの IMFL ウィスキー「オークスミス」を 2019 年にインドで販売している。「オークスミス」はスコッチとバーボンの原酒を輸入し現地でブレンドしたものである。このブレンドによって，バーボンとスコッチ双方の強みを活かしたローカルブランドを開発している[4]。このように新興国市場では，ディアジオ，ペルノ・リカールなどの外資系メーカーは，インドや韓国，中国などで事業展開しているように，その市場特性に合わせてボリュームゾーンとしてのローカルブランドを開発・製造販売しており，タイでも同じようにディアジオは地場メー

カーとの提携なども通じて，ダブルスタンダードによる参入を果たしているのである[5]。

　インドでは西部のグジャラート州をはじめアルコールを禁止している州は4州におよんでおり，ムンバイのような大都市においても元々酒類を提供するレストランは少なく，酒類販売は免許制となっている。2016年には国道，州道半径500メートル以内では酒類販売が禁止されるようになった。加えてアルコールの広告もスポーツやイベントのスポンサーを除けば，原則禁止されている。しかしながら消費市場はまったく別の動きを示してきた。マーケティング活動もままならない中でも，ウィスキーの消費量は伸び続けているのである。

　ウィスキーの輸入関税は150％で，これに諸経費が加わるとスコッチの場合，「ジョニーウォーカー」黒ラベルが約6,000ルピー，日本円換算で約9,000円（2021年末レート換算）の小売値となる。先に見た高関税とされる韓国よりもさらに2倍を超える値段となっている。こうした状況からスコッチなどの輸入ウィスキーのシェアは小さく，シェアのほとんどは地場のウィスキー（IMFL）によって占められるという極端な市場構造が形成されてきた。インドの場合，かなり極端なダブルスタンダードが成立していることになるが，地場メーカー側にとっては，その強みは消費者が酒類として最もウィスキーを選好していることにある。

　当然のことながら国際的な圧力とともに，国内でも関税引き下げを唱える論調があり，一見すると逆風のようにも思える法制度などが存在しながらも，ウィスキーの産業としての展望は明るいようである[6]。またマートゥル（Mathur[2014]）が指摘しているように，都市化，若年層の比率の高い人口構成，アルコールに対する社会的許容度の変化，販売店やバーなどの増加なども追い風となる可能性が高い[7]。

　地場のウィスキーメーカーの中には，シングルモルトウィスキーを製造販売して国際的な評価を得てきたアムルット蒸留所もある。ウィスキー製造は独立後から行っていたが，1989年にシングルモルト製造をスタートさせている。近年ではウィスキー・オブ・ザ・ワールドの金賞に輝くなど，イギリスのウィスキー評論家の評価も高い。台湾のカバランと似たケースだが，アムルットの

方が 20 年近く早い熱帯・亜熱帯地域からのグローバル市場への参入であった。

　カバラン同様，アムルットも自然条件に恵まれた南インド内陸の高地バンガロールに蒸留所を構えている。バンガロール自体，IT 産業をはじめとした産業集積地であり，日本のトヨタも進出している。高地とはいえ，熟成の際に台湾と同じようにエンジェルズシェアと呼ばれる原酒の蒸発率が高くなり，スコッチの熟成期間の約 3 分の 1 で済むため，それだけ市場に早く製品を出荷することができるという利点を備えている。

　付加価値の高い内外に通じるブランドが一部形成されている一方で，国内消費は圧倒的に国内スタンダードのウィスキーで占められており，先の売上ランキング表の上位インディアンは，韓国と同じくディアジオ，ペルノ・リカールのような外資系メーカーが製造する国内向けウィスキーブランドの独壇場となっていることがわかる。このように地場メーカーも参入しているものの，税体系の違いによる輸入ウィスキーとの価格乖離と地域的な嗜好性に対応した外資系メーカーのプレゼンスが際立っていることがわかる。

3—— ウィスキーの市場構造と市場戦略　「標準品」と「非標準品」

　以上のことから世界のウィスキー市場は，ディアジオ，ペルノ・リカールなどの多数のウィスキーブランドを有する大手外資系メーカーによる国際流通市場（先進国市場）での寡占構造が存在しつつ，それら外資ブランドを輸入する新興国市場では，主として内外価格差によって，ローカルブランドのウィスキーが国内流通市場の大半を占めるダブルスタンダード型となっていた。そこではローカルブランドの開発・製造販売にも，ウィスキーの「商品特性」に対応した外資系メーカーの競争優位が観察される。

　スコッチや欧米のウィスキーの定義や基準からすれば，原酒配合率やアルコール度数の違いから，ローカルブランドには非ウィスキー，スピリッツ（蒸留酒）にすぎないものも少なくないが，個々の国内基準からすれば，その消費嗜好に沿った紛れもないウィスキーということになろう。そして，スコッチな

どの5大ウィスキーを中心とする製品を「標準品」とすれば，ローカルウィスキーは，これら「標準品」を製造する大手外資系からすれば「非標準品」ということになる。

　外資系メーカーからすれば，世界中で事業展開を行う場合，一般論としては，既にブランドとして認知されている自国や先進国市場と同じ「標準品」を投入することは，技術やブランドの認知度からも合理的な選択のはずである。もし個々の市場特性に応じて，現地適応した製品を投入するならば，マーケットリサーチから製品開発，新たなマーケティング活動に至る過程で余分なコストと時間をかけることになるからである。結果もまた予測できない不確実性に直面することになる。

　加工食品飲料だけに限らず，アパレルや日用品などの消費財においても，いわゆる多国籍企業は「標準品」ブランドの投入を第一義的に考えるが，問題はいかに技術や国際ブランドとしての優位性を持っていても，「標準品」が現地市場で受け入れられないという事態は必ず起こるのである。受容されない要因は，税体系の違いや先進国と新興国との所得格差などによる高価格や嗜好の違いが最大の市場障壁になる。

　この場合，プラハラードら（Prahalad and Stuart［2002］第1章参考文献）が提唱したBOP（ベース・オブ・ピラミッド）戦略による低価格の現地適応型製品の投入が有効性を持っていることは，ネスレやインドのユニリーバー，スマホのシャオミなど数多くの事例が実証してきた[8]。他方で先進国と同じ価格水準でも，グローバル化した市場では新興国市場の消費者も同じブランドとスペックの製品を望むことも今や当たり前となっている。家電メーカーが2000年代に入っても液晶型ではない薄型ブラウン管テレビをインド市場に投入しても，現地消費者の心を射止めることはできなかったのである。

　それでも市場戦略として，「標準品」か現地適応の「非標準品」かという二者択一の解は複数の要因によって形成された市場・産業構造に依存しており，基本的に市場戦略はこの構造に従わざるをえない。ウィスキーの場合，新興国市場を中心に原酒からの大規模な一貫生産工程を欠いており，原酒そのもののイギリスへの輸入依存度が高く，スコッチや欧米ウィスキーの定義と異なる

	図表9－2	世界のウィスキー略史　先発国から後発国まで

15 世紀	1405 年アイルランド「クロンマクノイズ年代記」にウィスキーの記述あり。 1494 年スコットランド王室財務記録にウィスキーの記述あり。
1608	アイルランド「オールドブッシュミルズ蒸留所」設立
1627	ヘイグ家が蒸留所設立
1720 年代〜	スコットランドのイングランド併合（1707 年）後，ウィスキー課税が強化され，密造が普及（熟成過程が普通になる）
18 世紀後半	アメリカでアメリカンウィスキーが普及
1820 年代	インドで蒸留所設立，スコットランド「グレンリベット蒸留所」設立 連続式蒸留器の開発
1830 年代	グレンウィスキー製造開始　カフェ式蒸留器開発
1850〜60 年代	ブレンデッドウィスキー製造
1877	ローランドの6社が統合し DCL 社設立
1890 年代	DCL の発展期
1918	竹鶴正孝スコットランドに留学
1920	米国禁酒法
1924	日本初モルトウィスキー蒸留所（山崎蒸留所）設立 竹鶴正孝が大日本果汁株式会社（ニッカウヰスキー設立）
1929	国産初のウィスキー「白札」発売
1950	トリスバー1号店オープン
1954	ニッカウヰスキーが朝日麦酒（アサヒビール）の傘下に入る。
1963	寿屋がサントリーに社名変更 イギリスでモルトウィスキー発売
1980	サントリーの「オールド」が出荷量世界一になる。
1982 〜	インドで本格的にウィスキーが製造開始。アムルット蒸留所が 1986 年初のシングルモルトを製造販売。
1987	DCL がギネスグループの傘下に入る。
1990 〜	オーストラリア，タスマニアウィスキーの製造販売がスタート
1997	ギネスとグランド・メトロポリタン・グループが合併してディアジオが誕生
2000 年代〜	国際コンペでジャパニーズウィスキーの受賞が相次ぐ。 2004 年ディアジオと LVMH が MHD 設立 2008 年台湾カバラン蒸留所からシングルモルト「カバラン クラシック」を発売。
2010 年代〜	2014 年サントリーがビーム社（米）を買収　世界的なシングルモルトブーム，蒸留所設立ブーム 2020 年韓国スリーソサエティーズが初のシングルモルト「KI・ONE」を製造販売。

出所：筆者作成。

ローカルウィスキーの製造販売が主流であるため，ディアジオなどの外資系メーカーもこの市場・産業構造に合わせて，現地価格でローカルウィスキーを製造することこそが最適解だったのである。

輸入原酒の調達とともに，強力な地場の一貫製造企業が存在していないこと

も外資系の競争優位を際立たせることになった。日本もかつて現在の新興国市場と同じく，ダブルスタンダード構造であったが，サントリーとニッカに代表される強力な一貫製造企業がローカルウィスキーを事実上独占していたために，外資系メーカーが参入できず，その後の世界市場進出への地歩を築くことが可能になったのである。

　日本のウィスキー製造の強みは，欧米とは異なり，蒸留所を自社の系列下に置いているケースが多く，競争関係にあるメーカー間での原酒取引はほとんど見られない。このため原酒の確保において価格が吊り上げられることなく安定しているために，ボリュームゾーンでのウィスキーの低価格安定化には有利である。他方で高価格帯のジャパニーズウィスキーへの需要の高まりによって，原酒不足も生じているために，大手メーカーは蒸留所の新設や海外を含む買収が必要になっている。

　「山崎」や「響」「白州」などの高価格帯ジャパニーズウィスキーは原酒不足で供給がストップしがちで，そもそもボリュームゾーンにはなりえないので売上規模への貢献は大きくない。ただし，ジャパニーズウィスキーのボリュームゾーン製品の評価を高めることにはなる。そして既に強調したように，世界ブランド（国際標準品）をブランドポートフォリオに入れたビームサントリーについては，図表9－3に示されるように，バーボンやスコッチ，アイリッシュなどの世界ブランドとともに，ディアジオやペルノ・リカールがインドなどの新興国市場で行ってきたローカルブランドの拡大，その他の蒸留酒のブランドポートフォリオの組み込み増が必要になっている。

　こうしたグローバルメーカーの市場戦略については，後発国のメーカーも取り入れており，その最も顕著な例はフィリピンの蒸留酒メーカーであるエンペラドール（2001年創業，蒸留酒メーカーの持ち株会社）である。エンペラドールはアンドリュー・タン率いるアライアンス・グローバル・グループの中核企業で，ブランデーの単一ブランドでは「エンペラドール」ブランドの販売量で世界一を誇っている。「エンペラドール」（エンペラーディストリーズが1990年から販売）自体はブランデー原料の果実以外にサトウキビも含めているブランドがあり，厳密には本来のブランデーと区別されたカットブランデーになる。ただ

192

| 図表9－3 | 3大ウィスキー・蒸留酒メーカーの世界市場での位置づけ（イメージ） |

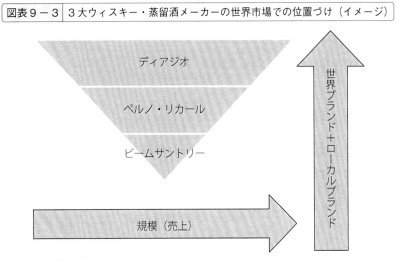

出所：筆者作成。

驚くべきなのはその価格である。現地では2ドルから3ドル以下なのである。

　エンペラドールは現地化されたブランデーであるとともに，輸出もされている。現地ではスーパー，コンビニから零細な小売店（サリサリストア）でも販売されており，新興国市場に浸透した典型的なローカルブランドとして定着している。注目すべきはエンペラドールによる買収を中心とした市場戦略である。例えば，スペインのブランデーメーカーであるペドロ・ドメックを2016年に傘下に収めている。ドメックの「フンタドール」は世界的に人気が高く，高価格帯に属すブランデーである。

　エンペラドールは，ウィスキーについてもスコッチの「ダルモア」（シングルモルト）や「ホワイト＆マッカイ」ブランドを傘下に収めてきた。このように国・地域ごとに異なる嗜好や「商品特性」を理解した上で，低価格帯から高価格帯までのブランドポートフォリオを構築し，最後発メーカーに属しながらも世界市場への参入を果たしてきた。ブランデーでの差別化を図りながら，こうした市場戦略はディアジオやペルノ・リカールと共通しており大いに注目できよう[9]。

　ディアジオやペルノ・リカールの対外事業展開を見る限り，ウィスキーについてはその「商品特性」を市場別に考慮しながら，ダブルスタンダードによる

ローカルブランドの現地開発と製造販売を行うとともに，M&A を用いながら地域市場別に嗜好される蒸留酒も製品ポートフォリオに加え，現地開発・製造販売を行うことが現在までのところ最適解の市場戦略であることが示されてきた。こうした市場戦略は，日本メーカーも製品のローカル化と M&A を強力に進めていくことこそが優先事項であることを強く示唆しているのである。

【注】
1) 竹鶴正孝が毎晩自社のアルコール度数 39 度の『ハイニッカ』を愛飲したことは，有名な逸話としてウィスキー業界に伝わっている。ここから大衆向けでありながら，スコッチタイプに近づいた 1 つの完成品に対する自負のようなものがうかがわれよう。
2) Diageo and Yanghe baijiu owner launch new whisky, 23rd April, 2019 by Nicola Carruthers, The Spirit Business.　https://www.thespiritsbusiness.com/2019/04/diageo-and-yanghe-baijiu-owner-launch-new-whisky/　2021.7.1. 閲覧。
　　Diageo, Press Release, Diageo and Jiangsu Yanghe Distillery form joint venture; launch new-to-world whisky in China19 APR 2019.
3) The Telegraph Online, United Spirits may sell low-value brands. 2017.3.22. 閲覧。https://www.telegraphindia.com/topic/united-spirits-ltd　2022.3.21. 閲覧。
4) 「サントリー「ウィスキー大国」インド参入の勝算　市場規模は日本の 10 倍，専用商品で開拓狙う」東洋経済オンライン，2019.12.18。
5) Cf. Mongay and others［2012］
6) Dhanuraj and Kumar［2014］は，ステークホルダー全体にとって，貿易自由化はメリットがあることを強調している。
7) Mathur［2014］p.6.
8) プラハラードについては，Cf. Prahalad and Stuart［2002］（第 1 章参考文献）
9) エンペラドール　ウェブサイト　about us より https://www.emperadorbrandy.com/about-us.html　2022.5.1. 閲覧。「フィリピン蒸留酒　買収攻勢」「日本経済新聞」2022.4.7.

第 *10* 章

プラモデルの王国
―覇権をめぐって―

1 ── プラモデルの誕生と創成期のリーディングカンパニー

　プラモデル自体の歴史は比較的新しく，合成樹脂プラスチックという素材が
工業用生産に用いられるようになったのは20世紀に入ってからで，プラモデ
ルが量産されるようになったのは第2次大戦後のことである。プラモデルのシ
リーズが当初から飛行機に集中していたのは，それが新しい乗り物として人々
の憧れの的だったからである。老舗メーカーの場合，実際にゴム動力付きの模
型飛行機を製造していたケースも多い。世界最初のプラモデルメーカーである
イギリスのIMA（International Model Aircraft）もその1つであった。

　プラモデルは，イギリスにおいて軍が航空機などの識別用モデルを教育用に
用いていた技術を応用したもので，こうした技術を背景としてチャールズ・ウ
ィルモットとジョー・マンソーが，IMAを1931年に創業し1936年から大手
玩具メーカーのラインズブラザーズと提携して，それまでの動力付き模型飛行
機から合成樹脂のセルロースアセテート製の72分の1スケールの組み立て模
型飛行機を製造販売するようになった。これが世界最初のプラモデルであっ
た。以後フロッグ・ペンギンのブランドで模型飛行機シリーズを販売してい
った。ペンギンは飛べないことからこの名前がつけられ，フロッグはこの後

フロッグシリーズ最初の模型飛行機（1937年）
Brighton Toy and Model Museum より。
Category:FROG（International Model Aircraft）
https://www.brightontoymuseum.co.uk/index/Category:FROG_（International_Model_
Aircraft）2022.4.2. 閲覧。

IMA の世界的なブランドとして定着していくことになった。

　以後フロッグの72分の1スケールは模型飛行機の標準スケールとなり，戦後においては飛行機以外にも艦船，自動車など幅広いプラモデルを製造販売し，1970年代前半にはハセガワと提携し，OEMによってハセガワの製品を自社ブランドで販売していたこともあった。この世界最初のプラモデルメーカーは一見順調に発展していたかに見えたが，イギリスでの業界全体の低迷や日本やイタリアなどの後発メーカーの追い上げに遭遇し，1971年に提携先だったラインズブラザーズが倒産，その後IMAも1976年に倒産している。

　IMA社は消滅したものの，フロッグの販売親会社によって，倒産後の金型などが旧ソ連側のメーカーにわたったことで，現在にまで至る旧ソ連圏・東欧圏に多くの中小メーカーが存立する契機にもなった。またフロッグのブランドそのものは存続しており，2022年現在，シンガポールのプラモデル販売会社ホビーバウンティーズがフロッグブランドを保有している[1]。

　フロッグのプラモデルが世界に初めて登場してから10年も経たない間に，アメリカでは後のリーディングカンパニー（LC）となる2社が新たに市場に参入した。第2次大戦中の1943年にカリフォルニアでルイスH・クエイサーが設立したレベル（Revell）と1945年にジャック・ベッサーらによってイリノイ

で設立されたモノグラム（Monogram）であった。ただし，モノグラムのプラモデル製造販売は 1950 年代後半以降のことであるから，ここではレベルの概略について触れておくことにする[2]。

　レベルの場合，創業後すぐにプラモデルを製造販売したわけではなく，プラモデル以外の様々な特注製品を製造していたようである（モノグラムの場合はゴム動力付き模型飛行機だった）。1950 年代から 1960 年代にかけてレベルもモノグラムも航空機，艦船など次々とキットを発売し，これらキットは欧米だけでなく，日本でも少年たちの憧れのブランドとなった。レベルのビジネスヒストリーにおいて注目すべき点は，極めて早い段階での海外進出である。

　1956 年にレベルはドイツ（当時は西ドイツ）とイギリスに現地法人を設置しており，特に前者のドイツ法人レベル・プラスチック・GmbH（独有限会社）は，この後，独自の発展を遂げていくことになる。当時，こうした対外市場進出は，総合玩具メーカーではなくプラモデルに特化したメーカーでは極めて珍しかった。第 2 次大戦後のドイツをはじめとしてヨーロッパ諸国には，それらの国・地域で人気の航空機や艦船，戦車などのミリタリーモデルや自動車などがあったから，メーカーは対外市場に合わせて現地適応したキットモデルの種類を増やす必要があった。

　ミリタリーモデルでも自動車でも，その国の購買層はメーカーの母国以外のモデル，もしくは自国のミリタリーモデルを買おうとする。例えば戦後の日本市場においてレベルが欧米のミリタリーモデルや自動車などを販売しても，そもそも高価なため子供には手が届かない代物であったばかりでなく，日本の航空機や艦船などがなかったことも欧米メーカーにはマイナスだった。逆に日本のメーカーは，後述するように，こうした欧米メーカーの製品価格を破壊し，需要に合わせることで大きな参入機会を得ることができた。

　レベルは日本でのプラモデル産業発展の初期において，国内メーカーのマルサンと提携しマルサンはレベル製品を日本語パッケージで販売していたこともあった。その後も複数の日本メーカーとは提携を行ってきた。日本以外にも複数の国々で提携を通じて，現地企業によるレベル製品が販売されるほど世界市場でのプレゼンスは大きかったが，1970 年代以降，フロッグと同じく，日本

やイタリアのメーカーの追い上げとアメリカ市場を中心にミリタリーモデルなどの売上が低迷し経営困難に陥っていった。

　レベルは 1979 年以降，フランスの大手玩具メーカーによる買収を経て，1986 年にモノグラムとともにオディセイパートナーズに買収されて，両社は合併してレベル・モノグラムとなった。この後，アメリカの玩具メーカーであるホビコがレベル・モノグラムを買収し，2012 年にはドイツレベルも買収した。しかし，レベルの紆余曲折はここで終わらなかった。2018 年にホビコが倒産するとともに，レベル・モノグラムも歴史に幕を閉じることになった。本家のレベル・モノグラムの倒産後も，ドイツレベルについては存続し現在に至るまで独自に事業を展開している。従ってレベルブランドそのものは消滅していない。

　レベルの不振と倒産は買収した親会社の不振とも関係しているが，ミリタリーモデルに依存したプラモデル業界全体における市場規模の限界とも関係していた。これは日本市場をはじめとした他の市場にも共通していることだが，当初の低年齢層の男子購買層が年を重ねた後に次の世代の購買層が続かないという，購買世代の非連続性や顧客ターゲットが狭いということや，ラジコンやミニカー，ビデオゲーム，フィギュアなどの新しい玩具が登場したことも大きかった。プラモデル自体が，マイケル・ポーター（Porter［1980］）のいうファイブフォースの 1 つである「代替品の脅威」に常にさらされやすい「商品特性」を備えていたのである。

　ファイブフォースの残りの 4 つは，「同業他社の脅威」「新規参入の脅威」「買い手との交渉力」「売り手との交渉力」だが，これらの要素も含めて日本のメーカーにとっても，その黎明期からビジネス環境は決して恵まれたものではなかった。特に後述するように集積地である静岡のメーカーは「代替品の脅威」への対応も含めて，どのようにして英米のメーカーに代わり，LC への道を歩んでいったのだろうか。このあたりに留意しながら，次に日本メーカーのビジネスヒストリーを鳥瞰しておこう。

2──── 国産プラモデルの誕生と初期のメーカー

　子供用玩具，特に男子向けに製造販売されたプラモデルと呼ばれるミニチュア模型は，戦後の子供たちを魅了し国内で一大ブームとなった歴史を持っている。プラモデル自体は高度経済成長時代に普及したもので，組み立て説明書に従って，箱のイラスト・写真のような完成品を作成プロセスも含めて完成させることで，疑似的なモノづくり・クラフトマンシップの喜びを子供たちに提供した一面もあった。

　プラモデルは欧米メーカーによる世界的な普及を経て，タミヤ（静岡）などの国産メーカーによる製造販売によってブームを迎えることになったが，現在ではゲームやフィギュアなどの台頭に見られるように玩具の多様化が進み，プラモデル業界は全体として斜陽気味である。言い方を変えれば，プラモデル業界にも従来以上に多品種少量生産が進展し，需要の中身もよりマニアックなものになっている。

　自ら組み立てるキットではなく，自動車などのミニチュア模型は実は戦前から国内でも製造販売されていた。現在でも販売されているダイキャスト製ミニカーの走りとなったのがブリキのおもちゃである。国内では懐かし玩具として市場において高値で取引されている，あのおもちゃである。イメージ的には戦後しばらくの時期にブームになったように思われているが，実は戦前から国内では盛んに製造販売されていた。

　既にドイツなどで製造され普及していたブリキのおもちゃは，1870年代半ば頃に日本でも製造販売されるようになった。ブリキ板自体は当時の日本国内において高価であったにもかかわらず，石油缶の空き缶を原料としたために原料コストはほとんどかからず，一度金型を作れば，製造・量産化が比較的容易だったために国内製造業者の台頭を促すこととなった。

　第1次大戦後，ブリキのおもちゃは日本にとって重要な輸出産品となり，第2次大戦後に引き継がれることになる。戦後すぐに製造が再開されたブリキのおもちゃは，進駐軍の缶詰の空き缶なども利用してアメリカなどへ輸出され

た。これらの製造を中心的に担ったのが増田屋（台東区，現増田屋コーポレーション）で，その創業は人形を製造していた江戸時代の享保 9 年（1724 年）にまでさかのぼることができる老舗メーカーだった。ブリキのおもちゃブームが終焉した後も，同社はラジコンなどのメーカー（ラジコンの商標権を保有）として現在も存続している。

　日本が世界的な輸出産業としての地位を築き上げていく過程で，1960 年代以降，プラスチックの玩具が主流になると，バンダイやタカラ，アサヒ玩具などのような現在の大手メーカーが成長していくことになる。ブリキのおもちゃは市場から急速に姿を消していくことになり，多くのメーカーも製造販売から撤退していくことになった。ブリキのおもちゃはその後，骨董的な価値を持つ玩具として市場で取引されるに至ったが，代わって高度経済成長期に登場したプラモデルは，デパートや玩具小売店だけでなく，専門ショップにおいても販売されるようになり，成人層も含めて多くのファンを獲得することとなった。

　プラスチックという当時としては画期的な新素材は，模型業界において 1 つのイノベーションを引き起こすことになった。世界最初のプラモデルとしてフロッグが登場して以来，1950 年代に欧米メーカー（米リンドバーグ，米オーロラ，英エアフィックス，レベル，モノグラムなど）が続々と製造販売に加わることで世界的に普及することとなった。

　その後，戦後にかけて世界のプラモデル製造販売の中心には，精巧さにおいて評判の高かったアメリカのレベルやモノグラムが鎮座し，戦後，日本市場にもこうした舶来（輸入）プラモデルが顔を見せるようになった。ところが，1950 年代半ば頃に東京新橋の輸入プラモデル店や浅草橋の問屋に並んだレベル社製などのプラモデルは，800 円から 1,000 円くらいの値がついていた。子供の小遣いが 10 円ほどの時代だったから，大人も含めて簡単に買えるものではなかったのである[3]。

　世界においても日本においても，当時プラモデルの製造販売は欧米メーカーが中心的役割を果たしており，1950–60 年代の日本においては，他の輸入品同様にプラモデルの輸入品は一般の消費者に手が届くものではなかった。しかし，逆に外国の組み立てキットという仕様上の違いがあったことや日本の航空

機などのモデルがなかったため，この分野では国内メーカーにとって大きな参
入機会を提供することになった。

　諸説あるが，海外メーカーの下請け生産を行っていた日本プラスチックが
1956 年にゼロ戦を製造販売したのが，日本最初の国産プラモデルだったとさ
れている。そして，すぐに和光樹脂やマルサン商店，日本模型などが次々と
市場への参入を遂げた。草創期の中心となったのはマルサン商店（台東区浅草，
後にマルサン）である。増田屋と同じくブリキ製の車などの玩具を作っていた
マルサン商店は，1958 年に潜水艦ノーチラス号をデパートで販売することに
なった（和光樹脂のダットサン 1000 も同時期に発売）。こちらが実質的に最初の国
産モデルとされる場合もある。

　当時，ノーチラス号の価格は 250 円であったが，当初の売れ行きはかんばし
くなかった。売れるようになった契機は，当時の新しい媒体を用いた広報活動
であった。1つは登場したばかりのテレビの番組スポンサーにマルサンがつき，
番組内で自社製品を紹介したところ，番組終了後子供たちが売り場に殺到し，
売り上げが一挙に伸びたこと，もう1つは月刊少年誌，週刊少年誌におけるプ
ラモデルの紹介とそこで中心となった戦闘機，航空機などの特集や関連した連
載漫画などの影響を通じたブームの到来である[4]。

　小林［2018］によれば，この時期において輸入モデルに対して低価格を打ち
出したマルサンであったが，小売流通ルートをデパートに絞り込み，販売店に
契約金を課したために流通ルートに隘路が生じていたという。これに対してラ
イバルメーカーのニチモや三共，三和は 30 ～ 100 円というさらに安価な価格
設定で戦闘機や潜水艦モデルを発売し，しかも販売店は文具店や駄菓子屋にま
で広がっていった[5]。

　子どもがお小遣いを持って駄菓子屋でプラモデルを買えるという状況は，
プラモデル自体の全国的な普及に大いに貢献した要因であった。この時点で
Price（安価）と Promotion（TV スポンサー，少年漫画誌）による効果に加えて，
Product という面では木型，金型，射出成型という工程の大部分が外注可能で
あったために，多くの新規参入組を生み，これが Price（安価）における競争
と Place（駄菓子屋などへの流通ルート）の拡大につながるという 4P 好循環を通

じて，プラモデルの人気と普及，および市場そのものの拡大につながっていった。

　1960 年代に日本のプラモデルはブーム期に入り，多くの子供たちが夢中になったが，その中でも今日まで業界をけん引するメーカーが現れることになる。マルサンやニチモ，三共などの在京メーカーに対して，タミヤを中心とした静岡を拠点としたメーカー群がそれらであった。

3 ── 国内メーカーの盛衰とプラモデル王国静岡の形成

　国内でいわゆる産地と呼ばれる特定の製品製造において，圧倒的な出荷額のシェアを占める地域がある。新潟県燕の洋食器，福井県鯖江の眼鏡フレーム，愛知県尾西の毛織物，愛媛県今治のタオル，岡山県倉敷のジーンズなどが代表的である。これら地域で特定の産業が興隆したのには様々な理由がある。原料産地に近接し江戸時代にまでさかのぼれる地域や，人為的に移植されたものまで，衰退した地域も含めてそのルーツとなった時代と契機も様々である。結果として，これら地域では関連中小企業の集積が見られるようになった。

　例えば燕市は，江戸時代に農村工業振興のために盛んに製造された和釘をベースにして，近代以降輸入品によって和釘製造が衰退した後，金属加工業が発展し今日国内金属洋食器製造・出荷シェア 90％を誇るまでの一大産地となっている。ここでは洋食器メーカー燕物産がリーダー企業となって，東京市場での取引（銀座十一屋）を通じて全国に燕の製品が浸透していくことになった。燕に限らず，こうした産地の興隆には市場を開拓したリーダー企業や中小企業のネットワーク，集積などが共通して見られることを特徴としている。

　静岡県は，隣接する愛知県と並んで「モノづくり王国」として知られている。自動車ではトヨタ同様，繊維機械から出発し軽自動車・二輪車メーカーとなったスズキ，船外機・二輪車のヤマハ発動機，そして楽器製造ではヤマハ，河合楽器など世界的なメーカーが軒を連ねている。そうした「モノづくり王国」の中でも異彩を放っているのがプラモデル製造である。世界的なメーカーとして知られるタミヤをはじめとして，アオシマとして知られる青島文化教材社（以

上静岡市），ハセガワ（焼津市），バンダイナムコホールディングス傘下のバンダイスピリッツの工場（静岡市）などが同じく軒を連ねている。

2020／21年はコロナ禍においての巣ごもり需要増から，県下の代表的なプラモデルメーカーは軒並み売上を伸ばしており，海外売上も好調だった[6]。同年にタミヤの田宮俊作会長は，「生産が間に合わず，世界的に商品が足りない」[7]と新聞インタビューに答えており，ゲーム需要とともにプラモデル，ラジコン，ミニ四駆メーカーに世界的な追い風が吹いたのは皮肉な出来事だったかもしれない。しかし，コロナ禍とは関係なく，この年国内のプラモデル売上高は350億円の水準に達し，2010年代前半の200億円前後の水準から順調に伸びてきた（数字はstatistaの統計による）。

それでは静岡がなぜプラモデル製造の集積地・産地になったのか，これについては先に見たように産業の人為的な移転と集積の中心となったリーダー企業の存在を指摘することができよう。タミヤやアオシマの事例に見られるように，プラモデルを製造する前は，木製模型のメーカーだったように，当地においては木製模型や木工技術を用いた産業が戦前から盛んだった。

江戸時代に現在の静岡である駿河において，徳川家ゆかりの富士山本宮浅間大社をはじめとして多数の浅間神社があり，時の将軍の命によって2回の大造営が行われた。そのとき全国から集められた職人たちが造営後も当地に定住したことが，木工関係の産業が興隆したはじまりとされている。代表的な製造品としては家具，仏壇，蒔絵，ひな人形などを挙げることができる。いずれも職人的な技術を必要とするものばかりである。

その後，時を経て1930年代にアオシマが伝統的な木工技術を活かして木製模型飛行機（動力付き）を製造販売したことを契機として，当地において続々と木製模型メーカーが誕生したという経緯がある。戦後の1950年代に，タミヤを含むこうした木製模型メーカーがプラモデルメーカーへと転身していったのである。こうした模型技術は単にホビー需要としての技術ではなく，モノづくりの原点として，実際の航空機・艦船・自動車などの設計試作時に欠かせなかったことは言うまでもない。

先に見た在京プラモデルメーカーの多くは，ブリキやセルロイドの玩具など

を製造していた会社が多かったが，静岡の場合は伝統的に飛行機などの木製模型を製作していた会社が多く，同じ模型という類似性では有利に見えたが，当時，これらの模型メーカーにとって，プラスチックという素材は初めて見るものであり，技術的な蓄積もなかった。

　東京をはじめ，全国的に 1960 年代以降プラモデルメーカーが乱立していくことになったが，これは既に述べたように金型などの主要な工程が外注であったため，金型代を用意できる資金力さえあれば，業界への参入は困難ではなかったという事情があった。他方でメーカーの金型屋への依存は，金型代を高騰させる大きな要因にもなっていた。

　一見参入が容易に見えても，高額な金型代はこの時期のメーカーを苦しめたようである。しかも業界の慣行として金型屋は特定のメーカーと取引していることが多く，こうしたことも高騰の要因となっていたが，静岡に金型屋がないために，ハセガワもアオシマも東京の金型屋に発注しなければならず，納期も守られないケースが多かった[8]。

　タミヤにおいても事情は同じで，在京の金型会社との取引は金型会社側の都合で一方的に進められることが多く，費用がかかる割に地方のメーカーは不利な立場に立たされていた。これをマイケル・ポーター（Porter ［1980］）の現代的な競争戦略論から読み解くならば，メーカー側にとって，サプライヤー側の交渉力が強いことを示している[9]。こうした取引面での不利な立場に対して，当時，タミヤは非常にコストと労力がかかるが，1 つのソリューションを見出していた。

　タミヤの場合，こうしたサプライヤーへの対応が他社と決定的に異なっていた。1964 年に社内に金型製作部門を設けると金型技術者の育成に積極的に乗り出すことになった[10]。重要な工程を内部化することで，後に設計から製品完成に至るまでのリードタイムを短くし，競合他社に対して決定的な差別化を実現していくことになる。

　1960 年代は飛行機，艦船，潜水艦，戦車などのミリタリーモデルから怪獣ブームも手伝って，メーカーは売れ筋製品のモデルに困らなかった。例えば，マルサンはゴジラ，ウルトラマンなど，今井科学はサンダーバードシリーズな

どでヒット商品を出していたが，こうした怪獣ブームや TV シリーズに乗った在京メーカーの隆盛は長く続かなかった。ブームが去った後の次の売れ筋モデルを見出せなかったからである。

　この頃林立したメーカーは中小零細企業であって，大手玩具メーカーと違って新たにブームになったキャラクターなどの版権を得るほどの資金力にも乏しかった。1970 年代を迎えるまでに，マルサン，今井科学，三共，三和などの主だったメーカーが次々と姿を消していくことになり，プラモデル製造の中心地は静岡に移っていくことになる。それではなぜ静岡のメーカーは在京メーカーと異なって存続することができたのであろうか。

　この疑問については，在京メーカーのようにブームに乗って怪獣などのキャラクター商品に特化せず，ミリタリーモデルの品質を高めつつ，タミヤなどのリーダー企業がホンダ F1 のような精密なレーシングモデルを発売し，プラモデルファンの評価を高めていったことを指摘できよう。1970 年代以降の購買層は，年齢的にもそれまでの子供から青年層に移行しており，タミヤやハセガワなどは，そうした大人需要に対応することができたメーカーであった。

　国際的にも評価の高いタミヤの戦車モデルやレーシングカーなどは，現地（展示館など）で実測・調査を経て完成されたものであり，戦車モデルを走行できるようにモーターを搭載したことでヒット商品となった。この後タミヤは動かないミリタリーミニチュアシリーズを販売し，精密な兵士フィギュアを備えることで，コアファン層の要求に応え，今日に至るまでのロングセラー商品を築いていくことになった。

　1960 年代末には，タミヤやハセガワなどの静岡のメーカーはアメリカのレベルやモノグラムにキャッチアップし，アメリカ市場へ輸出するために世界の標準スケールに合わせていくことになった。航空機を得意とするハセガワは，世界標準の 72 分の 1 もしくは 48 分の 1 に合わせていた。ところが，輸出をはじめてから 1970 年代後半に至るまでに，静岡のメーカーは技術水準と製品品質を向上させ，艦船と戦車モデルでは逆に国際標準スケールを確立させるまでになっていく[11]。

　当時，艦船模型ではレベルの製品は世界トップクラスだったが，点数が少な

く，その 720 分の 1 スケールは世界標準になっていなかった。これに対して静岡のメーカー 4 社は戦艦，空母，駆逐艦，潜水艦など様々な艦船モデルを市場に送り出し，数の論理によって，これら 700 分の 1 スケールが世界標準となっていった。また艦船モデルに先行してタミヤは戦車モデルで 35 分の 1 スケールの世界標準を確立させていた[12]。1970 年代後半には静岡のメーカーは，アメリカの LC へのキャッチアップを終えて世界市場での覇権交代を実現させていったのである。

静岡市駿河区では 1959 年から毎年 5 月にプラモデル，ラジコン・鉄道模型などの見本市が開催されている。タミヤやアオシマなど県内メーカーが加盟する静岡模型教材協同組合が主催する静岡ホビーショーとして知られており，協賛企業なども含めて全国から 60 社以上が参加し，内外から 7 万人以上の入場者を迎えている（2020 年はコロナ禍により中止）。こうした盛況ぶりからプラモデル業界は順風満帆に見えるかもしれないが，長期的には需要の変化の波にさらされてきた。

プラモデルと競合する玩具としては電子ゲームの台頭が著しく，このため 2000 年代においては一時期出荷額が低迷するという事態に見舞われている。長期的には高度経済成長期を経て，街で見かけることの多かった専門店は減少しており，少子化によって小中学生が減少したことなどに加えて，従来よりもセミプロ嗜好が強いコアファン層が増える一方で，一般購買層が離れていったことも出荷額低迷の原因として考えられる。

経済産業省［2015］の「プラモデル出荷動向」によれば，1970 年代から 2010 年代前半までの工業統計に基づく長期のプラモデル出荷額は，1980 年代にはプラモデル史上最大のヒットとなった機動戦士ガンダムの「ガンプラ」（バンダイスピリッツ）と「ミニ四駆」ブームによって増加し，1989 年には 479 億円を記録した後，1990 年代以降減少し 2007 年にはピーク時の 24% にまで落ち込み，その後再び増加傾向を示している。出荷指数で見ても 2011 年以降上昇傾向にある[13]。

ただし，2010 年代に再び増加傾向に転じたといっても，2018 年時点においても 243 億円でピーク時の約半分にすぎない。他方で 2010 年代に静岡県は全

国シェアの 90％以上を占めるようになっており，静岡のメーカーが市場の変化に比較的うまく対応してきたことも示している。事業所数には変動があるものの，2017 年時点において従業者数が 4 人以上のプラモデル関連事業所は全国で 38，県内で 15 だった[14]。

　こうした経営環境の変化にもかかわらず，県内のメーカーが市場の変化に対応できた理由として，従来のミリタリーや自動車などのプラモデル離れに対応して，タミヤやバンダイスピリッツが「ミニ四駆」や「ガンプラ」製造（後続シリーズを含む）に傾斜したことで，地域集積の斜陽化を回避できたことを指摘することができる。むろん金型や成型の優れた技術基盤がベースになっていたことは言うまでもない。また各メーカーはプラモデルの種類別（ミリタリー，自動車，二輪車，列車，アニメキャラクター，建築物など）に得意とするモデルがあり，それを細分化された購買層が支えているという構図もあった。

　最も多くの種類を網羅しているのは総合メーカーの名前の通りタミヤであるが，アオシマ，ハセガワ，バンダイスピリッツを除けば，特定種類のモデルに特化する傾向が強いため，企業規模的には中小零細という特徴がはっきりしている。種類特化型の中小零細メーカーの場合，種類のレンジを増やすことは容易ではない。企画から設計，原型制作，金型，成型という工程とともに，購買層への訴求にパッケージングのデザインも重要な役割を果たしている。工程とデザイン以外にも，わかりやすい説明書やデカール（シール）作成も含めて手を抜くことはできない。金型は製造コストの大きな部分を占め，戦車なら戦車用というように 1 つのモデル用になっている。

　このように現代においても金型はメーカーの技術資産となっており，世界のメーカーについても規模の面では同じような状況に置かれている。倒産したメーカーの金型が他のメーカーに移されて過去のシリーズモデルが復刻・製造販売されることも珍しくない。また世界的にはトップメーカーといえども，単独企業として上場するほど大きくなく，買収側からすれば企業規模も小さいため買収も容易である。既に見たように，アメリカのレベルやフロッグのように買収を経て親会社の破たんによって消えてしまうケースも多い。

4── 世界のリーディングカンパニー「タミヤ」の場合

　戦前に静岡で運送事業に従事していた創業者田宮義男が，戦後，田宮商事として製材業を営み，そこから木製模型部門が派生し 1950 年代には木製模型のメーカーになったことから，この世界有数のプラモデルメーカーのビジネスストーリーが始まる。先に見たように，プラモデルの輸入と国産化が試みられる中で，タミヤも 1960 年に第 1 号モデル（800 分の 1 スケール）として戦艦大和を発売した [15]。

　最初のモデルは同じような他社の戦艦モデルに比較して価格が高すぎたことと，自前の金型を持っていないためにコスト高を解消できず，プラモデル市場に参入したものの，苦戦が続いた。その後，借り受けた金型を用いてレーシングカーがヒットしたことで，次第に事業は軌道に乗っていくことになり，小型モーターを搭載した戦車（パンサー）を発売し高い評価を得るに至った。1960 年代中頃からは金型を内製化するようになっており，最も川上の工程において精度の高い金型を作れるようになったことが，タミヤを業界のトップに押し上げ，その後の競合他社に対する競争優位を築き上げる源泉となった。

　タミヤの事例から，LC としてのイノベーション創出として，海外市場，プロダクトイノベーション（新製品），プロセスイノベーションの事例を順に見てみることにしよう。まず海外市場については，他の産業同様，初動探索として海外見本市への出品があり，タミヤは 1968 年に世界最大級の玩具見本市ドイツのシュピールヴァーレンメッセ（当時はニュルンベルグ国際玩具見本市）に初めて自社製品を出品し，その精密さが国際的に評価されていた。そのとき出品されたのは 12 分の 1 ホンダ F-1 だった。

　タミヤのプラモデル製品における強みは，単にミリタリーモデルだけでなく，ホンダ F-1 に示されるように，レーシングカーやバイクなど，1960 年代後半以降台頭する日本の自動車・バイク製品の精巧な再現性にあった。こうした強みは今も変わらず，トヨタやホンダなどとも提携しモデルを製造している。

タミヤ初のオールプラスチックモデル戦艦大和（1960年発売）

アオシマ初のオールプラスチックモデル（1961年）

タミヤのホンダF1（1967年）
写真3点とも『静岡模型全史』より。

　国際的評価を高めたタミヤの海外市場への進出は，1980年代後半に入るまでは輸出の段階にとどまっていた。海外に販売・製造拠点を置く動きは，多くの国内製造業と同様，1985年プラザ合意以降の円高不況が契機になっており，1989年にロサンゼルスにタミヤアメリカを，ドイツのノイスにタミヤヨーロッパGMBHを設立した。ただし，これらの海外拠点は欧米市場での販売拡充を目的としたもので，ドイツ法人はEU統合を見据えた進出だった。

　アジアへの進出は1993年のタミヤ香港設立を契機にして，翌年にはタミヤ・

フィリピンをセブ・マクタン島特別輸出加工区に設立しており，アジアにおける製造拠点を構築している。以後欧米法人の移転などによる海外販路の強化も行われてきた。特にフィリピンでは金型製造も行っており，東南アジア市場を見据えた進出として位置付けられよう。

　次にプロダクトイノベーションの事例を見てみよう。メーカーとしての本家本元の製品は「実物」のスケールモデルである。このため設計・金型以前の企画段階において，モデルの「実物」を取材し情報を収集する必要がある。戦闘機や戦車，艦船などミリタリーモデルの場合，軍事・防衛に関連するだけに撮影も含めて困難を極める場合も少なくなかった。他方で自動車やオートバイの場合，自動車メーカーの協力を得られることが多く，精巧・精密にこだわったタミヤのお家芸ともなり，目の肥えた購買層をうならせた。

　しかしながら，先に述べたように精密化すれば部品点数も増え，ますますマニアックな市場を形成することで市場全体を狭めてしまったことと，電子ゲームやミニカーなどの完成品と競合し，一般購買層離れも起きていた。そこで旧来のプラモデルから，折からのブームも手伝って「ミニ四駆」などの完成品に製造販売がシフトしていくことになった。こうしたシフトは製品ラインナップの多様化を伴ったものであり，1980 年代以降の大手メーカーの対応として共通するものであった。

　例えばバンダイスピリッツは「ガンプラ」製造を強化し，バンダイホビーセンター新館を増設し成形工程を強化してきた。「ミニ四駆」と同様，「ガンプラ」とその後続シリーズへの需要はさらに 2010 年代に高まっており，3 次元 CAD/CAM や FA（ファクトリーオートメーション）の導入によって，多品種少量生産にもより対応しやすくなっている。2020 年にはバンダイナムコホールディングスによって，横浜山下ふ頭に実物大の動くガンダムが完成し公開されたことは，ガンダム人気の相変わらずの根強さを物語っていると言ってよかろう。そして「ミニ四駆」同様，ガンダムが海外市場でも人気が高いことは言うまでもない。

　このように新しいプロダクト（「ミニ四駆」「ガンプラ」）と新しい市場（新しい購買層と海外市場），そして新しい生産革新（3DCAD/CAM, FA）というイノベー

| 図表 10 − 1 | 静岡県内の代表的なプラモデル・模型メーカー |

メーカー	概要
タミヤ	1946年創業, 元木製模型メーカー, 従業員数345名 (2021年) 世界的な総合模型メーカー, ミリタリー, 自動車, ミニカー, ラジコンカー, 「ミニ四駆」など組み立てモデル, 完成モデルの他に組み立て用パーツや素材など製造範囲が広い。工場と物流センター2カ所を擁し, 米独, 香港, フィリピンに現地法人を持っている。1994年設立のタミヤ・フィリピンでは金型も製造している。
アオシマ (青島文化教材社)	1924年創業, 元木製模型メーカー, タミヤ同様, 製造販売品目が広範囲にわたっている。グループ会社2社, 中国青島に現地法人。
ハセガワ	1941年創業の総合模型メーカー, 元木製模型メーカー, 焼津市本社, 特に鉄道と飛行機模型が有名。
バンダイホビーセンター	2006年より稼働, バンダイホビー事業部のプラモデル製造拠点, 企画開発からの一貫生産, 国内唯一の「ガンプラ」製造拠点となっている。
エムエムピー	1998年タミヤの設計技師木谷真人が設立, 有限会社, EBBROブランドのミニカーが主力販売品, 中国に製造拠点を持つ。
フジミ	1961年創業, 有限会社, 自動車, 飛行機, 戦車, 船, 城など幅広い製造品目を有する。
PLATZ	2000年創業, 有限会社　プラモデル, ダイキャストモデルの製造, 海外メーカーの輸入代理店も兼業。

出所:各メーカーのホームページより作成。

ションの組み合わせがプラモデルの産地を支えてきたことを確認できる。他方で非大手は金型・成形などの工程を外注し, 分業構造を利用しながら, 川下の流通販売において海外メーカーの代理店にもなって販売モデルを多様化し, 専門ショップ運営に力を入れてきた。

　図表10−1で代表的な静岡のメーカーを掲げておいたが, 老舗メーカーであるとともに世界的なトップメーカーでもあるタミヤは, まさにそうした地場メーカー群の中心に位置するとともに, タミヤからスピンアウトしたメーカーや販売店からメーカーになったケースもある。静岡の近隣として豊橋市には自社金型を有した新興のファインモールドもある。この地では, 新世代の経営者たちとメーカーが着実に育っているのである。その意味では静岡はプラモデル

の「産地」とともに「聖地」という呼び名がふさわしいのかもしれない。

5── プラモデル産地の課題と新興国メーカーの挑戦

　射出成型機などの機械設備とは異なり，製造の土台部分にあたる金型は製造コストの8割近くを占め，メーカーにとっては非常に大きな負担となっている。製品モデルにもよるが，少なくとも数千万円以上かかることが普通とされている。従って一度制作された金型は航空機なら航空機というように同じ種類のモデルに使いまわされることが多く，結果的に各々のメーカーで得意とするプラモデルの種類が固定化される傾向があった。例えば，アオシマなら戦車，ハセガワなら飛行機といった具合に。これはファン層の間では特定種類のモデル製造において優れている証となったが，次々と金型を製造し製品の種類を簡単に増やせないという苦しいメーカー側の事情もあった。

　金型投資に由来するこうした製品種類の特化は，ただでさえも大きいとは言えない市場規模をさらに細分化することにつながり，中小メーカーのひっ迫やイノベーションの喪失につながりかねないことを，尹［2011］は当該産業に関する研究論文の中で警鐘を鳴らしている。静岡に限らず全国的にみても，総合模型メーカーの上位の数社を除けば，中小零細メーカーの経営は極めて不安定であることは現在も変わりない。

　初期投資の負担にもかかわらず，過去に一定の参入企業があり，集積が保たれてきたのには中小零細メーカーが集積のネットワークに支えられてきたという事情がある。山本［2011］は静岡のメーカーへの聞き取り調査に基づいて，メーカーを類型化しメーカー間の協力関係を明らかにしている。他の業種の産地研究と共通する取引ネットワークをここでも確認することができるとした。

　ほとんどの工程を内部化することは，大手総合模型メーカーを除けば難しいことは言うまでもない。川下の工程においてパッケージデザインを除けば，山本［2011］の調査した7社（1社は東京）は印刷と製函はすべて外注だった。企画設計はほとんど自社において行われているが，金型の外注は3社，成形は2社のみだった。このうち金型と成形を内部化しているのは2社だけだった。

　同研究において調査対象会社はすべて匿名であるが，金型と成形工程を内部化できていたのはタミヤとハセガワだけだと思われる。この2つの工程については，特に金型については1社を除いていずれも中国，韓国などに製造拠点を有している。これらは木製模型からプラモデルへの転向企業であるとともに，こうした先行グループ（同研究ではセンター型と呼んでいる）と新たに静岡に進出し，主力商品の多種多量製造の傾向があるグループ（ネットワーク型），さらに同業他社から独立した企業に分けられている[16]。

　以上の静岡プラモデル産地に関する先行研究は，産地としてのイノベーションの限界論と分業・ネットワーク構造に着目した存立論の2つに集約されているわけだが，イノベーションが存続していないわけではないことと，限界論も存立論も，産地の空洞化を引き起こす可能性を持っているということで互いに関係しているとも言える。

　業界全体のイノベーションについては，タミヤのケースで見たように，新製品，製造工程の革新，新市場に集約されるであろう。新製品については旧来のミリタリーモデルや自動車などから，「ミニ四駆」「ガンプラ」，フィギュアなどへの製造シフトが起こり，これらから新製品が不断に製造販売されてきたことと，ここから国内での新しい顧客層が広がった。そして新製品と国内の新しい顧客層の拡大は，海外市場とそこでの新たな顧客層の拡大にもつながってきた。製造工程に目を向けると，設計・金型においてはCAD/CAMが導入されたことで，最川上の工程におけるコスト減とスピード化が達成されている。

　県内の主要メーカーは図表10－1に示した通りで，新旧のメーカーが混在しており，タミヤやアオシマなどのように海外に生産拠点と販路を持つケースからOEM生産も行うケースまで様々である。フィギュアなどの新しいモデルの製造は規模の小さなメーカーにも商機を生み出してきた。また海外メーカーの代理店などになって，生産面での劣位を幅広い製品流通でカバーしているケースも見られる。

　他方で設計・金型におけるCAD/CAMの普及は，1990－2000年代以降の新興国メーカーの台頭も招き，香港のドラゴン，韓国のアカデミー科学などの先行組を筆頭にして，中国のトランペッターなどの後発組の台頭も目立つように

| 図表 10 － 2 | 世界のプラモデルメーカーの変遷 |

【中心的なプレイヤー】

```
┌──────────┐   ┌─────────────────────────────────┐
│          │   │  英米メーカー，フロッグ（英），   │
│ 1970年代 │   │  レベル（米），モノグラム（米）（以上消滅）│
│ まで     │   │  日本メーカー                   │
│          │   │  マルサン，今井科学（以上消滅）タミヤ，│
│          │   │  ハセガワ，アオシマなど          │
└──────────┘   └─────────────────────────────────┘

┌──────────┐   ┌─────────────────────────────────┐
│          │   │  タミヤ，ハセガワ，アオシマ，     │
│ 1970年代 │   │  バンダイスピリッツ              │
│ 以降     │   │  「ミニ四駆」「ガンプラ」などモデルの多様化│
└──────────┘   └─────────────────────────────────┘
```

新興国メーカー
ドラゴン（香港），
アカデミー科学（韓国），
トランペッター（中国），
モンモデル（中国），
その他台湾，
東欧のメーカーなど

```
┌──────────┐   ┌─────────────────────────────────┐
│ 1990年代〜│   │  タミヤ，ハセガワ，アオシマ，     │
│ 2000年代 │   │  バンダイスピリッツ              │
│ 以降     │   │  イタレリ（伊）                 │
│          │   │  三次元 CAD/CAM などの導入        │
└──────────┘   └─────────────────────────────────┘
```

出所：筆者作成。

なっている。図表10－2は世界市場における各国メーカーの盛衰を示したものである。アメリカの主要メーカーが消滅する一方で，香港，中国，台湾，東欧などの新興国メーカーが日本のメーカーを急追しているのが現状である。

　日本のスケール規格に合わせながら，ドラゴンやトランペッターなども，タミヤやハセガワに追いつき追い越せという勢いである。価格面では日本製より安く，モデルの精巧さも既に日本製に引けを取らない水準に達している。そして価格面だけでなく，流通市場という面でも中国系メーカーは輸出市場だけでなく，広大な中国市場を拠点としていることで将来展望が明るい。

　新興の中国系メーカーはミリタリーモデルを中心として製造販売しており，日本同様コアなファン層に限定されるものの，中国市場の規模は日本よりはるかに大きい。ドラゴンは1987年に模型店を営むフレデリック・リャンが創業し，1990年代に35分の1戦車モデルで市場に参入している。

　ドラゴンの特徴は先進国市場においては基本的にOEM製品の供給が中心で，ヨーロッパではレベル，イタレリに，日本ではハセガワに製品を供給してきた。1990年代後半以降，ボーイングやエアバスなどのダイカスト旅客機モデルシリーズで差別化に成功し，ミリタリーモデルの制作と並行して，アクションフィギュアと呼ばれるジオラマ制作に用いられる兵士の人形制作で目の肥えたファン層を獲得しトップブランドとなった[17]。限られた顧客層の市場で，差別化に成功した後発メーカーの代表的な事例と見ることができよう。

　こうした世界市場における後発メーカーの追い上げによって，かつて世界のLCであったレベルやモノグラムが経験したような衰退という事態に日本のメーカーも陥るのであろうか。日本メーカーの強みは，CAD/CAMのような技術革新によって技術格差がかなり平準化されたことで失われつつあることも確かである。他方でプラモデル市場は，非常に購買層が偏っていることを特徴としている。現在の精密型ミリタリーモデルを中心としたファン層は，子供ではなく，年齢層が青少年以上で男性が中心だからである。

　そしてトップメーカーのタミヤでさえも上場していないことからわかるように，総合玩具メーカーと比べれば，世界的に知られている専門メーカーといえども規模は決して大きくない。市場規模と市場での顧客ターゲットが限られている上に，規模の面から国外に現地法人と工場を設立して製品を供給していくような多国籍企業としてのグローバルな事業展開は，ごく一部のメーカーを除けば難しいのが実情である。製品のライセンス契約のようなものにとどまることも少なくない。

　他方で限定された顧客ターゲットから，既に見たように，より拡大された顧客ターゲットの設定と新しい顧客の獲得を日本メーカーは「ミニ四駆」や「ガンプラ」の製造販売で実現させてきた。これらの製品はより下の世代も取り込み，世界規模での人気となった。日本製アニメのキャラクターと使用権では，

バンダイなどの総合玩具メーカーが強みを持っており，ミリタリーモデル以外にも日本製自動車，オートバイなどの精巧なモデルを製造販売できる聖地静岡とタミヤの優位性も簡単に揺らぐことはないと思われる。

【注】
1 ）　IMA については，Grace's Guide To British Industrial History International Model Aircraft.
　　　https://www.gracesguide.co.uk/International_Model_Aircraft　2022.4.2 閲覧。
2 ）　レベルについては以下を参照。
　　　Revell ウェブサイト　History　https://www.revell.com/history/　2022.3.30.閲覧。
3 ）　小林［2018］p.18。
4 ）　同上，以上 pp.29-31，pp.38-39。
5 ）　同上，pp.31-32。
6 ）　「静岡企業，在宅需要に強み」「日本経済新聞」2021.2.2.
7 ）　「巣ごもりでプラモデル人気」「朝日新聞」デジタル，2020.12.27.
8 ）　静岡模型教材協同組合編［2011］p.37，pp.62-63。
9 ）　ポーターが提示した当該企業が直面する 5 つの脅威，ファイブフォースの内，「売り手（サプライヤー）との交渉力」において，取引の不透明性など不利な立場に直面したために，それを内部化したのがタミヤだった。このように直面する脅威を排除できるか否かが，LC の 1 つの条件であると思われる。
10)　田宮［2000］pp.90-96。
11)　西花池［2019］pp.46-47。
12)　同上，pp.80-81。
13)　経済産業省［2015］経済産業省経済解析室，「プラモデルの出荷動向」参照。
14)　静岡県経済産業部商工業局地域産業課　産業別統計データ　プラモデルより（元データは経産省「工業統計表」）。
15)　以下タミヤについては，田宮［2000］およびタミヤのウェブサイト沿革と歴史などを参考とした（参考文献参照）。
16)　山本［2011］p.37。
17)　同社ホームページ　about DML を参考とした。http://www.dragon-models.com 2022.3.20.閲覧。

参考文献

【第 1 章】

安部悦生［2019］『経営史学の方法　ポスト・チャンドラー・モデルを求めて』ミネルヴァ書房。

井原基［2017］「欧米多国籍企業のアジアにおける流通チャネル戦略：ユニリーバ・P&G の比較」埼玉大学経済学会『社会科学論集』第 151 号。

上野正樹［2018］「新興国戦略の再考：本国優位性の活用と水平展開プロセス」国際ビジネス研究学会『国際ビジネス研究』第 10 巻第 1 号。

宇田川勝，中村青志編［1999］『マテリアル日本経営史―江戸期から現在まで』有斐閣。

澤田貴之［2017］『アジアのコングロマリット―新興国市場と超多角化戦略―』創成社。

Anzoff, H. Igor［1965］*Corporate Strategy*, McGraw-Hill Inc（中村元一監訳『アンゾフ経営戦略論』中央経済社）．

Barney, Jay B.［2002］*Gaining and Sustaining Competitive Advantage*, Prentice Hall（岡田正大訳『企業戦略論［下］全社戦略編―競争優位の構築と持続―』ダイヤモンド社，2003 年）．

Bartlett, C. A., & Ghoshal, S.［1989］*Managing across borders: The transnational solution*, Harvard Business School Press（吉原英樹監訳『地球市場時代の企業戦略：トランスナショナル・マネジメントの構築』日本経済新聞社）．

Chandler, A. D.［1962］*Strategy and Structure: Chapters in the History of the Industrial Enterprise*, MIT Press（有賀裕子訳『組織は戦略に従う』（ダイヤモンド社，2004 年）．

― ［1977］*The Visible Hand: the Managerial Revolution in American Business*, Belknap Press（鳥羽欽一郎，小林袈裟治訳『経営者の時代―アメリカ産業における近代企業の成立（上）（下）』東洋経済新報社，1979 年）．

Dunning, J. H.［1979］"Explaining changing patterns of international production: In defense of the eclectic theory", *Oxford Bulletin of Economics and Statistics*, 41.

Ghemawat, P.［2007］*Redefining Global Strategies*, Harvard Business School Press（望月衛訳『コークの味は国ごとに違うべきか』文芸春秋社，2009 年）．

Govindarajan Vijay and Chris Trimble［2012］*Reverse Innovation: Create Far From Home, Win Everywhere*, Harvard Business Review Press（渡部典子訳『リバースイノベーション』ダイヤモンド社，2012 年）．

Hamel, Gary & Prahalad, C. K.［1994］*Competing for the Future*, Harvard Business School Press（一條和生訳『コア・コンピタンス経営―大競争時代を勝ち抜く戦略』

日本経済新聞，1995 年）.

Hymer, S. [1960] *The International Operations of National Firms: A Study of Direct Foreign Investment*, The MIT Press（宮崎義一編訳『多国籍企業』岩波書店，1978年）.

Kotler Philip Paul and N. Bloom [1975] "Strategies for Market-Share Companies", *Harvard Business Review*, Nov-Dec（DIAMOND ハーバード・ビジネス・レビュー編集部訳『市場戦略論』ダイヤモンド社，2004 年，第 4 章所収）.

Porter, M. E. [1990] *The competitive advantage of nations*, Free Press（土岐坤他訳『国の競争優位』ダイヤモンド社，1992）.

Prahalad, C. K. and Stuart Hart [2002] "The Fortune at the Bottom of the Pyramid", *Strategy +Business*, issue26（スカイライトコンサルティング訳『ネクスト・マーケット―貧困層を顧客に変える次世代ビジネス―』英治出版，2005 年）.

【第 2 章】

安部悦生他 [2002]『ケースブック　アメリカ経営史』有斐閣ブックス。

阿部武司 [2020]『日本綿業史―徳川期から日中開戦まで―』名古屋大学出版会。

石井晋 [2004]「転換期のアパレル産業――九七〇－八〇年代の歴史―」経営史学会『経営史学』第 3 巻第 3 号。

川井充 [2007]「合併と企業統治：大正期東洋紡と大日本紡の比較」『大阪大学経済学』57(3)。

木下明浩 [2005]「製品ブランドから製品・小売ブランドへの発展―― 1960-70 年代レナウン・グループの事例――」『立命館経営学』第 43 巻第 6 号。

― [2009]『日本におけるアパレル産業の成立―マーケティング史の視点から』『立命館経営学』第 48 巻第 4 号。

― [2016]「日本におけるアパレル産業の形成」Fashion Talks, Vol.3, Spring.

澤田貴之 [2003]『アジア綿業史論　英領期末インドと民国期中国の綿業を中心として』八朔社。

地引淳 [1997]「繊維の 50 年を振り返る（その 6）繊維産業 復興・発展期から調整・改革期へ」日本繊維機械学会『繊維工学』Vol.50, No.7。

日高千景 [1966]「英国綿業の衰退をめぐる一考察」経営史学会『経営史学』24.2。

Linden Annie Radner [2016] "An Analysis of the Fast Fashion Industry", Bard College, Bard Digital Commons, Senior Projects https://digitalcommons.bard.edu/cgi/viewcontent.cgi?article=1033&context=senproj 2022.2.27. 閲覧。

Piore, M. J., & Sabel, C. F. [1984] *The second industrial divide: Possibilities for prosperity*, New York（山之内靖・永易浩一・石田あつみ訳『第二の産業分水嶺』筑摩書房，1993 年）.

Zakim Michael [1999] "Ready-Made Business: The Birth of the Clothing Industry in America", *The Business History Review*, Vol.73, No.1.

＜社史＞

鐘紡株式会社［1988］『鐘紡百年史』

東洋紡績株式会社［1953］『東洋紡七十年史』

ニチボー株式会社［1966］『ニチボー七十五年史』

＜ウェブサイト＞（以下 2022.5.1 ～ 6.1. 閲覧）

Brooks Brothers，BROOKS BROTHERS HISTORY
　　https://magazine.brooksbrothers.com/tag/brooks-brothers-history/

Gap．History
　　https://www.gapinc.com/en-us/about/history

Levi Strauss & Co．The Story of Levi Strauss
　　https://www.levistrauss.com/2013/03/14/the-story-of-levi-strauss/

【第3章】

池田仁美［2016］「明治末期から大正期におけるミシン裁縫教育―シンガーミシン裁縫女学院の教育活動と実物教材の検討―」武庫川女子大学『生活環境学研究』No.4.

石川和［2007］「高圧的マーケティングと消費者信用の発達に関する一考察―耐久消費財普及の視座から―」専修大学商学研究所『商学研究所報』第 38 巻第 2 号。

岩本真一［2017］『ミシンと衣服の経済史　地球規模経済と家内生産』思文閣出版。

小原博［2012］『アメリカ・マーケティングの生成』中央経済社。

田中智晃［2019］［2020］［2020］「ミシンとイギリス衣類産業（Ⅰ）（Ⅱ）（Ⅲ）―1880 年代シンガー社ロンドン本部の経営戦略―」東京経済大学経営学会『東京経済大学会誌』304 号，306 号，308 号。

廣田義人［2012］「日本におけるミシン部品量産技術の展開」日本産業技術史学会『技術と文明』17 巻 1 号(26)。

Brandon Ruth［1977］*A Capitalist Romance :Singer and the Sewing Machine*, JB. Lppincott Company.

Christensen, Clayton M.［1997］*The Innovator's Dilemma: When New Technologies Cause Great Firms to Fail*, Harvard Business School Press（玉田俊平太監修，伊豆原弓訳『イノベーションのジレンマ―技術革新が巨大企業を滅ぼすとき』翔泳社, 2001 年).

Drucker, P. F.［1985］*Innovation and Entrepreneurship*, Elsevier, New York（上田惇生，佐々木実智男訳『イノベーションと企業家精神：実践と原理』ダイヤモンド社).

Godley Andrew［2006］"Selling the Sewing Machine Around the World: Singer's International Marketing Strategies, 1850-1920", *Enterprise & Society*. Volume7. Issue2, Cambridge Univ. Press.

Gordon Andrew［2012］*Fabricating Consumers: The Sewing Machine in Modern Japan*, University of California Press（大島かおり訳『ミシンと日本の近代　消費者の創出』みすず書房, 2013 年).

Schumpeter J. A. [1912] *Theorie der wirtschaftlichen Entwicklung* (塩野谷祐一他訳『経済発展の理論』岩波文庫，1977 年).

＜社史＞
蛇の目ミシン社史編纂委員会［1971］『蛇の目ミシン創業五十年史』
東京重機工業［1979］『東京重機工業 40 年史』

＜ウェブサイト＞（以下 2021.12.25. 閲覧）
JUKI　沿革および Web ミシン博物館　https://www.juki.co.jp/company
ジャノメ株式会社　ジャノメの歴史　https://www.janome.co.jp/company
ブラザー株式会社　ブラザーの歴史　創業〜 2010 年代
Global.brother/ja/corporate/history
Library of Congress，https://www.loc.gov/　2021.8.1. と 2022.5.1. 閲覧。

＜施設＞
ブラザーコミュニケーションスペース（愛知県名古屋市瑞穂区）

【第 4 章・第 5 章】
有森隆［2020］「日清製粉グループ本社　豪商の米屋から始まって皇室の外戚に」「山崎製パン　クリスチャン事業家が「人生と経営の師」『創業家一族』エムディエヌコーポレーション。
大崎孝徳［2010］「プレミアムの研究―敷島製パン "超熟" の事例を中心として」名城大学経済経営学会『名城論叢』10(4)。
―［2010］「プレミアムの研究―フジパン "本仕込" の事例を中心として」名城大学経済経営学会『名城論叢』11(1)。
中日新聞社経済部編［2014］「パン製造　ドイツの技　敷島　捕虜と二人三脚」「生産自動化で全国へ　食パン売り込みにも知恵」『時流の先へ　中部財界ものがたり』中日新聞社。
星野妙子［1998］「第 4 章　伝統産業の近代的転換――製パン業におけるビンボー・グループの事例――」『メキシコの企業と工業化』日本貿易振興会アジア経済研究所。
前潟由美子・大西一也［2016］「パン食の普及―大規模パンメーカーの誕生―」大妻女子大学『人間生活文化研究』No.26。
パンの明治百年史刊行会（全日本パン協同組合連合会内）［1970］『パンの明治百年史』
Doolittle Annie and others [2013] Industry Analysis, Bakery Industry, California State University. https://www.csus.edu/indiv/h/hattonl/documents/Bakery Industry.pdf 2021.8.30 閲覧

＜社史＞
安保邦彦［2002］『敷島製パン八十年の歩み』敷島製パン株式会社。
フジパン株式会社（創業八十年社史編纂プロジェクトチーム）［2003］『パンの道八十年　お客様の喜びを糧に』
山崎製パン株式会社社史編纂委員会［1984］『創業三十五周年記念誌　ひとつぶの麦から』

＜ウェブサイト＞
Unigrains - In Brief World rankings - Pastry and bakery companies: Strong growth of European players, World rankings - Pastry and bakery companies（Top 50 in 2017）January 2019.　2021.8.30 閲覧。
https://www.unigrains.fr/wp-content/uploads/2019/01/190123-Unigrains-in-Brief-BVP-World-Rankings.pdf　2021.8.30 閲覧。
山崎製パン，フジパン，敷島製パン各企業沿革のウェブサイト。2021.8.1 〜 8.30. 閲覧
パン食普及協議会，パンのはなし　https://www.panstory.jp/kyokai.html　2022.2.20 〜 2.28. 閲覧。

【第6章・第7章】
池田文痴菴編著［2016］『森永航空宣伝史』ゆまに書房。
上田隆穂・竹内俊子・山中寛子［2019］「日系食品企業のセミ・グローバリゼーション戦略〜 Web 調査による仮説探索と江崎グリコ株式会社インタビューによる探索仮説の議論〜」『学習院大学　経済論集』第 55 巻第 4 号。
ジェローム・シユシヤン［2016］『ターゲット　ゴディバはなぜ売上 2 倍を 5 年間で達成したのか？』高橋書店。
妹尾裕彦［2014］「バリューチェーンの視角からみる世界カカオ産業の構造と動態（1950-2012）：コーヒー産業との比較もふまえて」『千葉大学教育学部研究紀要』第 62 巻。
高橋浩夫［2019］『すべてはミルクから始まった　世界最大の食品・飲料会社「ネスレ」の経営』同文舘出版。
武田尚子［2010］『チョコレートの世界史』中公新書。
宮下史明［2008］「成熟する国内市場と日本の洋菓子メーカーの経営戦略」『早稲田商学』第 417 号。
宮本又郎［2018］『江崎利一　菓子産業に新しい地平を拓いた天性のマーケター』PHP 研究所。
森田克徳［2000］『争覇の経営戦略　製菓産業史』慶應義塾大学出版会。
Boyarskaya, T., Evgenia Ushakova and MarkusSchwaninger（Supervision）［2014］"A Systems Approach to Business Strategy: The Case of Chocolate Production", Institute of Management Discussion Paper Nr. 59, University of St. Gallen, Switzerland, Graduate School of Business, Economics, Law and Social Sciences.

Brenner Joël Glenn［1998］*The Emperors of Chocolate: Inside the Secret World of Hershey and Mars*, Random House（笙玲子訳『チョコレートの帝国』みすず書房，2012 年）.

Garrone, Pieters and Swinnen［2016］"From Pralines into Multinationals：The Economic History of Belgian Chocolate", LICOS Discussion Paper Series, Discussion Paper 378, LICOS Center for Institutions and Economic Performance.

Hyde Dana, Peter Killing and James Ellert［1991］"The Nestlé takeover of rowntree: A case study", *European Management Journal*, Volume 9, Issue 1.

Pataling, Jason C.［2016］"A Case Study of Organizational Form: Hershey versus Mars", *e-Journal of Social &* Behavioural *Research in Business*. Vol.7, No.2.

Ramli Nur Suhaili［2017］"A Review of marketing strategies from the European chocolate industry", *Journal of Global Entrepreneurship Research*. 7: 10.

Sarah Moss and Alexander Badenoch［2009］*Chocolate: A Global History*, Reaktion Books（堤理華訳『チョコレートの歴史物語』原書房，2013 年）.

＜社史＞
明治製菓株式会社［1958］『明治製菓 40 年小史』
―［1968］『明治製菓の歩み』
森永製菓株式会社［1954］『森永五十五年史』
―［2000］『森永製菓 100 年史』

＜報告書＞
江崎グリコ［2019］Annual Report 2019/12.
不二製油グループ［2020］「統合報告書 2020」
明治ホールディングス［2000］「Meiji 統合報告書　2020」

＜ウェブサイト＞
日本チョコレート・ココア協会，チョコレート・ココアの統計・規約
http://www.chocolate-cocoa.com/statistics/index.html　2022.3.20. 閲覧。
モリナガデジタルミュージアム　https://www.morinaga.co.jp/museum/history/detail/
2022.3.20. 閲覧。
David Trainer［2020］Competitive Advantages Drive Sweet Growth Opportunities For The Hershey Company, Forbs, Aug 25, 2020, online. 2020.10.24. 閲覧。
https://www.forbes.com/sites/greatspeculations/2020/08/25/competitive-advantages-drive-sweet-growth-opportunities-for-the-hershey-company/?sh=5468443c2d3f
GODIVA.UK, History. https://www.godivachocolates.co.uk/history　2022.5.1. 閲覧。
KBV Research［2020］(summary) Global Chocolate Market By Product By Traditional Chocolate Type By Distribution Channel By Region, Industry Analysis

and Forecast, 2020 –2026. https://www.reportlinker.com/p05914545/Global-Chocolate-Market-By-Product-By-Traditional-Chocolate-Type-By-Distribution-Channel-By-Region-Industry-Analysis-and-Forecast.html 2020.10.24. 閲覧。

Mars, History in the Making. https://www.mars.com/about/history 2022.5.1. 閲覧。

Milton Hershey Biography (1857-1945) https://www.biography.com/business-figure/milton-hershey 2022.5.1. 閲覧。

The International Cocoa Organization (ICCO), Statistics. https://www.icco.org/statistics/ 2022.5.1. 閲覧。

The Hershey Company [2019] Hershy Facts. https://www.thehersheycompany.com/content/dam/corporate-us/documents/investors/2019-fact-book.pdf 2020.10.24. 閲覧。

Ülker https://www.ulker.com.tr/en/ 2022.5.1. 閲覧。

【第8章・第9章】

久保俊彦［2011］「日本におけるウィスキー産業発展の経緯—産業基盤を形成した1950年代から1960年代を中心に—」『弘前大学経済研究』第34号。

児玉武［2012］『佐治敬三　夢、大きく膨らませてみなはれ』ミネルヴァ書房。

すわべ しんいち［2019］『新世代蒸留所からの挑戦状』リビックブック。

竹鶴正孝［2014］『ウィスキーと私』NHK出版。

谷光太郎［1996］「日本におけるウィスキー産業の成立原因の一考察」『山口経済学雑誌 J（山口大学)』第44巻第5・6号。

穂積忠彦［1965］「洋酒の全般的自由化と対策」日本醸造協會雑誌『醸協』第60巻第2号。

Bower Julie [2016] "Scotch Whisky: History, Heritage and the Stock Cycle", *Beverages*, 2. 11.

Dhanuraj, D. and Rahul V. Kumar [2014] "Liberalizing Liquor Trade in India", Center for Public Policy Research.

Maslow, A. H. [1943] "A Theory of Human Motivation", *Psychological Review*, 50.

Mathur Amit K. [2014] "Alcoholic Beverages industry in India: An Exploratory Study", *Eduved Global Management Research*, Nov-Dec.

Mongay, Jorge and others [2012] "Scotch Whiskey in Thailand. Strategic implications of international alliances and product adaptation. A secondary data research case study", MPRA Paper No.42735. Munich Personal RePEc Archive.

<社史>
サントリー株式会社［1969a］『やってみなはれ　サントリーの70年Ⅰ』

—［1969b］『みとくんなはれ　サントリーの70年Ⅱ』

ニッカウヰスキー株式会社（80年史編纂委員会）［2015］『ニッカウヰスキー80年

　　史　1914 – 2014』

＜ウェブサイト＞
　サントリー，ウィスキーミュージアム「ジャパニーズウィスキー物語」
　　https://www.suntory.co.jp/whisky/museum/mizukaoru/water_story1.
　　html　2022.3.27. 閲覧。
　ニッカウヰスキー株式会社サイト　ニッカウヰスキーストーリー
　　https://www.nikka.com/story/　2022.3.27. 閲覧。
　ディアジオ・インディア（以下 2022.3.29. 閲覧。）
　　https://www.diageoindia.com/
　ペルノリカール・インディア
　　https://www.pernod-ricard.com/en/locations/india
　ADB（Allied Blenders & Distilleries）
　　https://www.abdindia.com/spirits/whiskies/officer-s-choice-whisky/

【第 10 章】
　小林昇［2018］『日本プラモデル六〇年史』文春新書。
　静岡模型教材協同組合編［2011］『静岡模型全史』文芸春秋企画出版部。
　田宮俊作［2000］『田宮模型の仕事』文春文庫。
　西花池湖南［2019］『日本プラモデル　世界との激闘史』河出書房新社。
　山本健太［2011］「静岡におけるプラモデル産業の分業構造と集積メカニズム」経済
　　地理学会『経済地理学年報』第 57 巻。
　尹大栄［2011］「プラモデル産業」法政大学地域研究センター『地域イノベーション』
　　Vol.4。
　Porter, M. E.［1980］*Competitive strategy: techniques for analyzing industries and*
　　competitors, Free Press（土岐坤・中辻萬治・服部照夫訳『競争の戦略』ダイヤモン
　　ド社，1985）。

＜ウェブサイト＞
　Brighton Toy and Model Museum.
　株式会社タミヤ　沿革と歴史，拠点一覧
　　https://www.tamiya.com/japan/company/index.html　2022.3.20. 閲覧。
　経済産業省［2015］経済産業省経済解析室，「プラモデルの出荷動向」。
　　https://www.meti.go.jp/statistics/toppage/report/minikaisetsu/hitokoto_
　　kako/20150902hitokoto.html　2022.3.20. 閲覧。

索　引

228

《著者紹介》

澤田貴之（さわだ・たかゆき）
　名城大学経営学部国際経営学科
　名城大学大学院経営学研究科
　教授　博士（経済学）

主要著書
　単著『アジア新興国のビジネス―スタートアップから財閥まで―』
　　創成社，2020 年。
　単著『アジアのコングロマリット―新興国市場と超多角化戦略―』
　　創成社，2017 年。
　単著『アジアのビジネスグループ―新興国企業の経営戦戦略とプロ
　　フェッショナル―』創成社，2011 年。
　単著『アジア経済論―移民・経済発展・政治経済像―』創成社，
　　2004 年。
　単著『アジア綿業史論―英領期末インドと民国期中国の綿業を中心
　　として―』八朔社，2003 年。
　単著『インド経済と開発―開発体制の形成から変容まで―』（第 2 版）
　　創成社，2003 年。
　編著『アジア社会経済論―持続的発展を目指す新興国―』創成社，
　　2011 年。
　共著『アジア経済の現状とグローバル資本主義』（第 10 章担当「イ
　　ンド EC 市場の成長とユニコーン企業の台頭について」）御茶ノ水
　　書房，2022 年。
　共著『新版　経営から視る現代社会』文眞堂，2014 年。
　共著『現代経営と社会』八千代出版，2004 年。
　共著『インドを知るための 50 章』（改定版）明石書店，2006 年。

（検印省略）

2022 年 9 月 15 日　初版発行　　　　略称―ビジネスヒストリー

ビジネスヒストリーと市場戦略

著　者　澤田貴之
発行者　塚田尚寛

発行所　東京都文京区　　**株式会社 創 成 社**
　　　　春日 2 - 13 - 1
　　　　電　話 03 (3868) 3867　　 Ｆ Ａ Ｘ 03 (5802) 6802
　　　　出版部 03 (3868) 3857　　 Ｆ Ａ Ｘ 03 (5802) 6801
　　　　http://www.books-sosei.com　振　替 00150-9-191261

定価はカバーに表示してあります。

©2022 Takayuki Sawada　　　組版：ワードトップ　印刷：エーヴィスシステムズ
ISBN978-4-7944-2605-5　C3034　製本：エーヴィスシステムズ
Printed in Japan　　　　　　落丁・乱丁本はお取り替えいたします。

―――――――――― 経営・マーケティング ――――――――――

ビジネスヒストリーと市場戦略	澤 田 貴 之	著	2,600 円
アジア新興国のビジネス ―スタートアップから財閥まで―	澤 田 貴 之	著	1,800 円
アジアのコングロマリット ― 新興国市場と超多角化戦略 ―	澤 田 貴 之	著	2,500 円
イ チ か ら 学 ぶ 企 業 研 究 ― 大学生の企業分析入門―	小 野 正 人	著	2,300 円
イ チ か ら 学 ぶ ビ ジ ネ ス ― 高校生・大学生の経営学入門―	小 野 正 人	著	1,700 円
大学生のための国際経営論	岩 谷 昌 樹	著	2,800 円
日本の国際経営の歴史と将来 ―アジアとの交易・投資の通史と国際交流―	丹 野 勲	著	2,800 円
ビジネスデザインと経営学	立教大学大学院 ビジネスデザイン研究科	編	3,000 円
働く人のキャリアの停滞 ― 伸び悩みから飛躍へのステップ―	山 本 寛	編著	2,650 円
働く人のためのエンプロイアビリティ	山 本 寛	著	3,400 円
や さ し く 学 ぶ 経 営 学	海 野 博 畑 隆	編著	2,600 円
おもてなしの経営学［実践編］ ―宮城のおかみが語るサービス経営の極意―	東北学院大学経営学部 おもてなし研究チーム みやぎ おかみ会	編著 協力	1,600 円
おもてなしの経営学［理論編］ ― 旅館経営への複合的アプローチ―	東北学院大学経営学部 おもてなし研究チーム	著	1,600 円
おもてなしの経営学［震災編］ ―東日本大震災下で輝いたおもてなしの心―	東北学院大学経営学部 おもてなし研究チーム みやぎ おかみ会	編著 協力	1,600 円
イ ノ ベ ー シ ョ ン と 組 織	首 藤 禎 史 伊 藤 友 章 平 安 山 英 成	訳	2,400 円
経営情報システムとビジネスプロセス管理	大 場 允 晶 藤 川 裕 晃	編著	2,500 円

(本体価格)

―――――――――――――――――――――― 創 成 社 ――――